羅振玉學術論著集

第四集

羅振玉 著
羅繼祖 主編
王同策 副主編

陳維禮 叢文俊 羅繼祖 整理

第四集目次

敦煌唐寫本周易王注殘卷校字記

宣統二年十月，法友伯希和氏，以其所得敦煌石室中唐寫本諸經殘卷，影照見寄。中有《周易》王弼注二卷：一爲卷三，存《噬嗑》至《離》十卦；一爲卷四，存《解》至《益》三卦。取以校今注疏本及相臺、閩、監諸本，異同固不少。即與開成石本校，亦有異同，而與陸氏《釋文》及日本古本合者，則十八九；且有異文爲陸氏所遺，可據補者。兩卷。繕寫精善，文中不避玄宗諱，其爲睿宗以前寫本可知。六朝以來相傳之善本，幸得寓目。爰爲《校字記》一卷，以餉世之治《周易》學者。上虞羅振玉。

噬嗑但存末數行。

離下艮上䷕**賁亨**　案：《石經》、岳本、宋本、古本《七經孟子考文》所引。並經文與卦連寫，如《乾》則作「䷀乾上乾下乾，元亨利貞」。是也。今注疏本則經文另行，頂格寫。此本卦與經文相連，與《石經》本合，而作「離下艮上䷕」，則與《石經》略異。卦文朱書，頂格寫。「離下艮上」四字雙行在闌外。

小利有攸往　《石經》「利」下旁添「貞」字。案：此本「利」下無「貞」字。

故小利有攸往

文何由生　毛本作「文何繇王」。案：此本「繇王」作「由生」，與宋、岳、閩、監、古、足利六本合。毛誤。

是以亨也　諸本無「也」字。古本有，與此同。

剛上而文柔　諸本奪「而」字。

故小利有攸往也　諸本無「也」字。古本有，與此同。

觀乎人文以化成天下

解天之文則時變可知也解人之文則化成可爲者也　兩「解」字，十行本及閩、監、毛本並誤作「觀」。岳、宋、古、足利四本並作「解」，與此合。又，諸本「也」上無「者」字。

无敢折獄

而無敢折獄也　諸本無「也」字。惟古本有，與此同。

賁其須

二俱无應而比焉　諸本悉無「二」字。

永貞吉

物莫之淩　諸本「淩」作「陵」。

莫之淩也　諸本「淩」作「陵」。

匪寇婚媾

欲靜則欽初之應　「欽」，十行本及閩、監、毛本並作「疑」。此作「欽」，與宋、岳、古、足利四本合。

吝終吉

其害道矣　諸本「矣」作「也」。

故施賁于束帛　諸本「帛」上奪「施」字。

坤上艮下䷖**剥**

天行也

觸忤隕身　諸本「忤」下有「以」字。案：《釋文》出「以隕」二字，是陸氏所據本有「以」字。

剥牀以辯　諸本「辯」作「辨」。案：下《象》曰「剥牀以辨」之「辨」，仍作「辨」。

長柔而消正　「消」，諸本作「削」。

剥无咎　石本、十行本、岳、閩、監、毛本並作「剥之无咎」。案：《釋文》出「六三，剥无咎」。注：「一本作剥之无咎，非。」則此本與陸本合。

可以无咎也　諸本「咎」下無「也」字。惟古本有，與此合。

剥牀以膚凶

初二剥　諸本「剥」下有「牀」字。古本無，與此同。

豈唯消正　諸本「消」作「削」。

靡所不凶也　諸本「凶」下無「也」字。古本有，與此同。

切近灾也　諸本「灾」作「災」。

无不利

終无尤矣　諸本「矣」作「也」。

碩果不食

故果至于碩而不見食者也　諸本「食」下無「者」字。古本有，與此同。

震下坤上䷗**復**

反覆其道　「覆」，諸本皆作「復」。案：《釋文》：「反復，本又作覆。」《彖》並注「反復」皆同。

凡七日也　諸本無「也」字。古本有，與此同。

天行也

反覆不過七日　岳、閩、監、毛本「覆」作「復」。十行本、錢本作「覆」，與此同。

无祇悔　「祇」，岳、十行、閩、監、毛五本皆作「祗」。惟石本作「祇」，與此同。

休復吉

既得中位　諸本「得」作「處」。

復之休者也　諸本無「者」字。古本有，與此同。

六三頻復

頻慼之貌也　諸本「慼」作「蹙」。《釋文》出「頻戚」，是。陸本作「戚」。「戚」、「慼」，正、俗字。

已失復遠矣　「失」，岳本作「去」。十行本、閩、監、毛本與此同。

于十年不克征

則反乎君道者也　諸本無「者」字。惟古本與此同。

震下乾上**䷘无妄**

天命不祐行矣哉

天命之所不祐也　諸本無「也」字。古本有，與此同。

先王以茂對時育萬物

莫盛於斯矣　諸本「矣」作「也」。

无妄往吉

故往得其志也　諸本無「也」字。此本於「也」字旁，又注「矣」。古本亦有「也」字。

无妄之灾　諸本「灾」作「災」。下「邑人之灾」、「邑人灾也」、「窮之灾也」及注中諸「灾」字，並同。

故曰行人之得邑人之灾　諸本「灾」下有「也」字。

勿藥有喜

故曰勿藥有喜也　諸本無「也」字。古本有，與此同。

不可試也

藥攻於有妄者也　諸本無「於」字。

乾下艮上䷙**大畜**

剛健篤實

凡物厭而退者　諸本「物」上有「既」字。

唯剛健篤實者也　諸本無「者」字。古本有，與此同。

不犯灾也　諸本「灾」作「災」。

未果其進者也　諸本「進」作「健」。案：疏有「不須前進」語，則孔氏所據本初亦作「進」。又，諸本無「也」字。古本有，與此同。

故能利已也　諸本無「也」字。古本有，與此同。

輿説輹

故車説輹也　諸本「車」作「輿」。

利有攸往

之乎通路　「之」，十行本、閩、監、毛諸本並作「在」。岳、宋、古、足利四本作「之」，與此同。

不憂險厄　諸本「厄」作「阨」。

豶豕之牙吉

柔能制强　諸本「强」作「健」。

何天之衢亨

大畜以至於大亨之時也　諸本無「也」字。古本有，與此同。

乃天之衢亨者也　諸本無「者」字。

震下艮上䷚頤

自求口實　「實」，十行本及閩、監、毛本作「食」。石本、岳、宋、古、足利五本作「實」，與此同。

觀我朵頤凶

脩己莫若自寶　「寶」，諸本作「保」。

而闚我寵禄之競進　諸本作「闚我寵禄而競進」。案：《釋文》出「而闚」，則陸本正與此同。

頤貞凶

未見其福　諸本「福」下有「也」字。

故曰頤貞凶也　諸本無「也」字。古本有，與此同。

行失類也

而二處下養初也　諸本無「也」字。古本有，與此同。

虎視眈眈　「虎」缺末筆，避諱。注「故虎視眈眈」，同。

不惡而嚴也　諸本無「也」字。古本有，與此同。

然後乃得全其吉而无咎也　諸本無「也」字。古本有，與此同。

居貞吉

以陰而居陽　諸本無「而」字。

得順之吉也　「順」，諸本作「頤」。《釋文》「得頤」注：「一本作得順。」案：以下文「順以從上」觀之，則作「順」是也。又，諸本無「也」字。古本有，與此同。

上九由頤

必宗於陽者也　諸本無「者」字。古本有，與此同。

故物莫不由之　諸本均無「物」字。

故厲乃吉也　諸本無「也」字。古本有，與此同。

巽下兑上䷛大過

音相過之過也　岳、錢、宋、足利四本無「也」字。古本有，與此同。

剛過而中

不失其中者也　諸本無「者」字。古本有，與此同。

利有攸往乃亨

故往乃亨也　諸本無「也」字。古本有，與此同。

遯世无悶

非凡所及者也　諸本無「者」字。古本有，與此同。

枯楊生梯　諸本「梯」皆作「稊」。此本則經注中四「梯」字，皆从「木」。案：《大戴記·夏小正》「柳稊」之「稊」，宋本亦作「梯」。疑古有作「梯」之本，著之俟考。

心無持吝　諸本「持」作「特」。案：《釋文》：「特，或作持。」

无衰不濟者也　諸本無「者」字。古本有，與此同。

老夫更得其少妻　諸本無「其」字。

棟橈凶

宜其淹溺而凶喪矣　「溺」，十行本、閩、毛本均作「弱」。岳、宋、古、足利四本作「溺」，與此同。案：《釋文》出「淹溺」，則陸本亦作「溺」。又，「喪矣」，諸本作「衰也」。

棟隆吉　「隆」字不缺筆，此寫於初唐之證。

故棟隆吉　諸本「吉」下有「也」字。

過涉滅頂凶

過之甚者也　諸本無「者」字。古本有，與此同。

故至于滅頂凶也　諸本「于」作「於」。惟岳本、十行本與此同。又，諸本無「也」字。古本有。

坎下坎上䷜**習坎**

謂便習之也　諸本無「也」字。古本有，與此同。

重險也

故特名重險也　諸本無「也」字。古本有，與此同。

行險而不失其信

行險而不失其信者也　諸本無「也」字。

其信習險之謂也　諸本皆無「其信」二字。《考文》載古本二：一作「其信，習險謂也」，一作「信，習險之謂也」。與此正同。乃一本奪「之」字，一本奪「其」字耳。

天險不可升也

故得保其威尊也　諸本無「也」字。古本有，與此同。

水洊至以習坎　諸本均無「以」字。

習乎坎者也　諸本無「也」字。古本有，與此同。

入于坎窞凶

習爲險難之事者也　諸本無「者」字。古本有，與此同。

最處欿底　「欿」，諸本均作「坎」。《釋文》出「處欿」注，亦作「坎」。是此本與陸本合。下四「欿」字，諸本並作「坎」。

坎窞者也　諸本「坎」上有「入」字，此殆奪。

行險不能自濟　諸本「險」下有「而」字。

坎有險

欿而有險　諸本「欿」作「坎」。惟古本與此同。

未能出險之中者也　諸本無「者」字。古本有，與此同。

六三來之坎坎

出則亦坎　「亦」，諸本作「之」。《釋文》：「一本作出則亦次，誤。」

出則無所之處則無所安　諸本奪兩「所」字。

樽酒簋貳

一簋之食　「一」，諸本作「二」。

象曰樽酒簋　諸本作「樽酒簋貳」。《釋文》出「《象》曰：樽酒簋。」注：「一本更有貳字。」是陸氏所據本無「貳」字也。

祇既平　十行本、閩、監、毛本「祇」並作「祇」。石本、岳本作「祇」，與此同。《注》中「祇」字並同。

爲險之主　諸本「險」作「坎」。

三歲不得凶

故三歲不得也　諸本無「也」字。古本有，與此同。

離下離上䷝**離**

離麗也

各得所著之宜也　諸本無「也」字。

重明以麗正　諸本「麗」下有「乎」字。

大人以繼明照于四方

不絶曠者也　諸本無「者」字。

以避咎也　「避」，諸本作「辟」。

慼嗟若　「慼」，諸本作「戚」。《釋文》出「戚」注：「《子夏傳》作嘁。」

无咎

乃得无咎　諸本「咎」下有「也」字。

象曰用出征　諸本「用」上有「王」字。

周易卷第三　案：此卷第與《釋文》及古本、足利本合。

解此卷自本卦《彖》「往有功也」起，與上非一部。寫亦精。

解之時大矣哉

非治難時也　諸本無「也」字。古本有，與此同。

故不曰義也　諸本無「也」字。古本作「者也」。又，一本無「者」字，與此同。

初六無咎　「無」，諸本作「无」。此卷經注中，凡「无」字皆作「無」。

處此時也　諸本「時也」作「之時」。古本作「之時也」。

而無咎者也　諸本無「者」字。
義无咎　諸本「咎」下有「也」字。
田獲三狐
能獲隱伏者也　諸本無「者」字。古本有，與此同。
得于理中之道　「于」，諸本作「乎」。
貞吝
正之所賤　諸本「賤」下有「也」字。
朋至斯孚
然後朋至而信也　諸本「也」作「矣」。
未當位　諸本「位」下有「也」字。
有孚于小人
故曰有孚于小人　諸本「人」下有「也」字。
公用射隼于高墉之上
故曰高墉也　諸本無「也」字。
故用射之也　諸本無「也」字。

☶☱兌下艮上**損**　此卷每卦之題與《石經》同式，而與前卷小異。

損下益上

陰悦而慎即順之別字**之**　諸本無「之」字。

利有攸往

損之爲義　諸本「義」作「道」。

損剛益柔者也　諸本無「者」字。古本有，與此同。

非補不足者也　諸本無「者」字。古本有，與此同。

非長君子之道者也　諸本無「者」字。古本有，與此同。

利攸往矣　諸本「利」下有「有」字。

剛損而不爲邪　「剛損」，諸本作「損剛」。

以斯而往　「而」，諸本作「有」。

物無距矣　諸本作「物无距也」。

與時偕行

故必與時偕行　諸本「行」下有「也」字。

山下有澤

損之象　諸本「象」下有「也」字。

君子以懲忿窒欲

莫善忿欲　諸本「欲」下有「也」字。

酌損之

故能獲無咎　「能」，諸本作「既」。

尚合志也

尚於合志　諸本作「尚合於志」。

弗損益之

柔不可以全益剛不可以全削　諸本無二「以」字。古本有，與此合。

九二不損而務益以中爲志者　諸本「九」上有「故」字，「者」作「也」。

則得其友

其實乃損也　諸本無「也」字。古本有，與此同。

使遄有喜

能損其疾者也　諸本無「者」字。

故速乃有喜也　諸本無「也」字。

故速乃有喜　諸本「速」上有「使」字。

弗尅違　諸本「尅」作「克」。此俗作。

智者慮能明者獻策不能違也　岳本「智」作「知」。十行本、閩、監、毛本與此同。「獻策」，諸本作「慮策」，「不」作「弗」。

足以盡天人之助者也　諸本無「者」字。古本有，與此同。

䷩震上巽下**益**

民説無疆

損上益下之謂　諸本「謂」下有「也」字。

中正有慶也　諸本無「也」字。

與時偕行

施未足者也　諸本無「者」字。古本有，與此同。

故凡益之道與時偕行　諸本「行」下有「也」字。

有過則改

之善改過　諸本「之」作「遷」。

元吉無咎

必獲大功也　諸本無「也」字。古本有，與此同。

下不厚事也

故元吉乃得無咎　諸本「咎」下有「也」字。

王用享于帝吉

不召而至　諸本「而」作「自」。

興益之宗也　諸本無「也」字。古本有，與此同。

在此時者也　諸本無「者」字。

告公用珪　「珪」，諸本作「圭」。

故曰益之也　諸本無「也」字。

救凶則免也　諸本無「也」字。

處卦之上　諸本「卦」上有「下」字。

足以告公而得用珪者也　諸本「珪」作「圭」。又，諸本無「者」字。

故曰中行告公用圭　諸本「圭」下有「也」字。

利用爲依遷國

誰有不納　諸本「納」下有「也」字。

勿問元吉

固不待問而元吉也　諸本無「也」字。

或擊之

故或擊之　諸本作「故曰：或擊之也」。

求益無已心無恒者也無厭之求　三「無」字，諸本作「无」。《釋文》出「無厭」，是陸本作「無」，正與此合。

周易第四　卷第與《釋文》、石本、古本、足利本合。又，前卷後題作「《周易》卷第三」。此題無「卷」字，亦非出自一部之證。

敦煌唐寫本隸古定尚書孔傳殘卷校字記

敦煌唐寫本隸古定尚書孔傳殘卷校字記 夏書

自唐玄宗廢《隸古文尚書》，其舊本藏之書府，罕傳人間。逮有宋薛氏，又据拾字書所載，馮肊綴集為《書古文訓》。鄭聲紫色，傳疑到今。雖阮、段諸儒僉議其偽，而終不獲真本以為證據。雖日本《七經孟子考文》中尚載古本，阮氏又疑其多俗書不足信。予頻年以來，見日本所傳《隸古定尚書》唐人寫本殘卷，計《商書》九篇，《周書》五篇。其文字與薛書大異，而與《考文》所載古本多合，始恍然悟薛書自偽，而《考文》所據自真，學者猶未以為信。及去年秋，見伯希和氏所得敦煌石室中唐寫本《顧命》殘篇，其中古文與日本所傳《古文尚書》唐寫本一一吻合。今年冬，又影照在敦煌石室中所得二殘卷見寄，則益得證成予說，乃為之狂喜。此《夏書》即伯希和氏所寄二卷之一，僅

《禹貢》「四海會同」以上文缺佚，其《甘誓》《五子之歌》《胤征》三篇俱完好，繕寫精整，殆出初唐人手。爰取今本，校其異同，並別紙錄為《校字記》。惜遲出百年，阮相國不得見此，為可憾也。宣統二年十月，上虞羅振玉。

禹貢　「九澤既陂」以前全佚。

四𣳚㣛同

萬國共貫也　諸本無「也」字。《考文》引古本以下省稱《考文》本。有。

言政化和也　諸本無「也」字。《考文》本有。

庶土交正厎昚財賦

謂壤墳壚也　諸本無「也」字。考文本有。

言取民有節　諸本「民」作「之」。《考文》本作「之民」，衍「之」字。

不過度也　諸本無「也」字。《考文》本有。

成賦中邦

明水害除也　諸本無「也」字。《考文》本有。

祗台悳先不距朕行

王者常自以敬我為先　諸本「我」下有「德」字。案：《疏》皆言「敬我德」，則此奪「德」字。

則天下無距違我行者也　諸本無「也」字。

乂百里甸服

去王城面五百里内　諸本無「内」字。《考文》本有。《史記·夏本紀集解》引作「去王城五百里内」。

百里賦納緫

甸服内之近王城者也　諸本「之」下有「百里」二字，「者」下無「也」字。《考文》本有。《史記集解》引作「甸内近王城者」。

入之供飼國馬也　諸本無「也」字。《考文》本有。《史記集解》引作「供食國之馬也」。

所銍刈謂禾穗也　諸本作「銍刈謂禾穗」。《考文》本與此合。

三百納秸服三百里粟㐅百里米

麤者多也　諸本無「也」字。《考文》本有。

㐅百里侯服

甸服外之五百里也　諸本無「也」字。

百里采

侯服内之百里也　諸本無「也」字。《考文》本有。

不主一也　諸本無「也」字。《考文》本有。

二百里男邦

男任任王者事也　諸本作「男，任也」，「事」下無「也」字。《考文》本有。

《史記集解》引作「任壬事者」。

三百里諸侯

㐅百里娞服

娞安也　「娞」諸本作「綏」。

安服王者政教　十行本、閩、監、毛本「者」下有「之」字。岳本、宋本、《考文》本均無，與《疏》及《史記集解》合。

三百里揆文教

揆度　諸本「度」下有「也」字。

三百里皆同也　諸本無「也」字。

二百里奮武衛

文教外之二百里也　諸本無「也」字。《考文》本有。

天子所以安也　諸本無「也」字。《考文》本有。《史記集解》引作「安之」。

五百里要服

綏服外之五百里　「娞」，諸本作「綏」。

要束以文教也　諸本無「也」字。《史記集解》引有。

三百里夷

五百里荒服

言荒又簡略也　諸本無「也」字。《考文》本有。

三百里蠻

不制以法也　諸本無「也」字。《考文》本有。

二百里流

流移言政教隨其俗也　諸本作「流，移也」。「俗」下無「也」字。《考文》本有。

東漸于衆
朔南泉聲教
漸入　諸本「入」下有「也」字。
而朝見也　諸本無「也」字。《考文》本有。
訖于三衆
命錫玄圭
告身成功
天色也　諸本無「也」字。
故堯賜玄圭以章顯之　「章」諸本作「彰」。
言天功成也　諸本無「也」字。《考文》本有。
尚書曰斷第二　夏書　孔氏傳
启與又扈戰于曰之壄作曰斷

夏啟嗣禹立　「立」，諸本作「位」。惟《考文》本、宋本作「立」，與《疏》同。

曰新

大弇于曰

其將皆命卿也　諸本無「也」字。《史記集解》引有。

予誓告女

文扈氏畏侮乂行　今本「畏」作「威」。《考文》本與此同。

怠弃三正　諸本「弃」作「棄」。《開成石經》作「弃」，與此同。

所取法也　諸本無「也」字。

言亂常也　諸本無「也」字。《考文》本有。

天用勦絕亓命

故也勦截截絕謂滅之也　諸本作「故勦截也。截絕謂滅之」。

今予惟龔行天之罰

言欲截絶之也　諸本無「也」字。《考文》本有。

左弗攻于左女弗龔命

攻治　諸本「治」下有「也」字。

右弗攻于右女弗龔命

主執戈牟以退敵　諸本無「主」字，「牟」作「矛」。

女弗龔命

御以正馬爲政者也　諸本無「者也」二字。《考文》本有。《史記集解》引有「也」無「者」。

皆不奉我命也　諸本無「也」字。《考文》本及《史記集解》引有。

用命賞于祖

亦不專也　諸本無「也」字。《考文》本及《史記集解》引有。

弗用命戮于社

奔背者　「背」，諸本作「北」。

親祖嚴社之義也　諸本無「也」字。《考文》本有。

予則伖翏女

奴子也非但止身　諸本「奴」作「孥」，「止」下有「汝」字。《史記集解》引

亦無「汝」字。

言恥累之也　諸本無「之」字。《史記集解》引有。案：《疏》言「以恥惡

累之」，是《孔傳》原亦有「之」字。

尚書㐅子之哥第三　夏書　孔氏傳

大康失邦

般于遊田　「般」，諸本作「盤」。

不得返國　「返」，諸本作「反」。

昆弟㐅人須于洛汭

作㐅子之哥

大康五弟　「大」諸本作「太」。

故作歌也　諸本無「也」字。《考文》本有。

㐅子之哥

大康尸位以逸悆

不勤也　諸本無「也」字。《考文》本有。

烕氒悳

黎民㦲弍

則衆民二心矣　諸本「民」下有「皆」字。

乃般遊亡度

盤樂樂遊逸無法度　諸本奪一「樂」字。《考文》本有。

畋于又洛之表

水之南也　諸本無「也」字。《考文》本有。

畋獵過百日不還也　「畋」，諸本作「田」，又無「也」字。《考文》本有。

又窮后羿因民弗忍距于河

羿諸侯名也　諸本無「也」字。《考文》本有。

歫大康於河　諸本「歫」作「距」，「大」作「太」。

遂廢之也　諸本無「也」字。《考文》本有。

氒弟㐅人御亓母吕刅

御侍言從畋也　諸本「侍」下有「也」字，「畋」下無有。《考文》本與此同。

徯于条之汭㐅子咸怨

侍大康怨其久畋失國也　「大」，各本作「太」，又無「也」字。《考文》本有。

述大命之戒以作哥

亓一曰皇祖又訔

弗可丅

皇君君祖禹有訓戒也　諸本作「皇，君也」。又「戒」下無「也」字。《考文》本有。

下謂失分也　諸本無「也」字。《考文》本有。

本固邦寍

言人君當固民以安國也　諸本無「也」字。《考文》本有。

予眎天丅

所以得衆心也　諸本無「也」字。《考文》本有。

弗見是圖

㮚虖若朽索馭六馬

言多也　諸本無「也」字。

腐索馭馬危懼甚也　諸本作「腐索馭六馬，言危懼甚。」

為人上者柰何弗敬

能敬則不憍在上不憍則高而不危也　諸本「憍」作「驕」，又無「也」字。

亓二曰訔又之

內作色巟外作禽巟

禽鳥獸也　諸本無「也」字。

曰酒耆音峻寓彫牆

甘嗜無猒足也峻高大彫飾畫也　諸本無兩「也」字。

又一于此未或弗亡

亓三曰惟此陶唐又此冀方

帝堯氏也　諸本無「也」字。《考文》本有。

今失氒道亂亓紀綱乃底烕亡

自致滅亡也　諸本無「也」字。《考文》本有。

亓三曰明明我祖万邦之君又典又則貽氒子孫

君萬國為天子也　諸本無「也」字。《考文》本有。

則法也貽遺　諸本作「則，法，貽，遺也。」《考文》本作「則，法也。」與此同。

關石咊鈞王府則又巟墬氒緒覆宗絕祀

而大康失其業以取亡者也　諸本「大」作「太」，無「者也」二字。

亓㐅曰於虖曷歸予褱之悲

言思而悲也　諸本無「也」字。《考文》本有。

万姓仇予予將疇依

鬱陶虖予心顏垕又忸怩

心慙也慙愧於仁人賢士也　諸本無兩「也」字。《考文》本有。

弗昚氒惪雖悔可追

言無益也　諸本無「也」字。《考文》本有。

尚書亂征第三　夏書　孔氏傳

廢峕亂日

承大康之後　諸本「大」作「太」。

亂往征之作亂征

奉王命往征之　「奉」諸本作「受」。

亂征

惟中康肇位三棄

羿廢大康而立其弟中康為天子　諸本「大」作「太」，「中」作「仲」。

亂侯命掌六師

中康命亂侯也　諸本「中」作「仲」，「侯」下無「也」字。《考文》本有。

掌主主六師為大司馬也　諸本作「掌王（宋本作「主」。）六師為大司馬」。《考文》本作「掌，主也，主六司為大司馬也」，與此同，但多一「也」字。

羲咊廢氒職酒荒于氒邑

不修其業也　諸本無「也」字。《考文》本有。

亂后承王命徂征

就其私邑討之也　諸本「邑」下有「往」字，「之」下無「也」字。

嗟予又眾

誓勑之也　諸本無「也」字。

聖又暮訔

所以定國安家也　諸本無「也」字。《考文》本有。

臣人克乂常憲

臣能奉有常法也　諸本無「也」字。《考文》本有。

百官修輔氒后惟明明

君臣俱明也　諸本無「也」字。《考文》本有。

每歲孟春

所以振文教也　諸本無「也」字。《考文》本有。

工執藝事㠯諫

官衆官也　諸本作「官衆，衆官」。《考文》本、岳本、宋本作「官師，衆官」。又《考文》本「官」下有「也」字，與此同。

諫失常也　諸本無「也」字。《考文》本有。

亓或弗龔邦乂常刑

服大刑也　諸本無「也」字。

惟旹羲咊顛覆氒悳

言反倒也　諸本無「也」字。

犯令之誅也　諸本無「也」字。

沈𤔔于酒

次位也　諸本「次」上有「失」字。

遐弃氒司

乃季秌月朔辰弗集于防

不合則日食可知　「則」諸本作「即」。

庻人走

責上公也瞽樂官進鼓則伐之也　諸本作：「責上公。瞽，樂官，樂官進鼓，則伐之。」

馳取幣禮天神也　諸本無「也」字。

羲咊尸身官守聋知

所以罪重也　諸本無「也」字。

吕干先王之誅

言亂之也　諸本作「言昬亂之甚」。

先峕者殺亡赦

若周官六卿之治典也　諸本無「也」字。

先天時　諸本無「天」字。

先天時則罪死無赦也　諸本無「也」字。《考文》本有。

弗及峕者殺亡赦

謂歷象後天時也　諸本無「也」字。《考文》本有。

今予以尒又眾奉將天罰

尚弼予欽承天子畏命

使用命也　諸本無「也」字。

玉石俱焚

言火逸而害玉也　諸本無「也」字。

天吏佾悳烈于猛火

佾過也　諸本「佾」作「逸」。

殲氒渠魁脅从罔治

指謂羲和罪人之身也　諸本無「也」字。

於虖

隸古定尚書孔傳唐寫本殘卷校字記一

陳維禮復校

敦煌唐寫本隸古定尚書孔傳殘卷校字記　商書

老友宜都楊星吾大令守敬，曩隨使日本，曾得《隸古定尚書》唐寫本十卷。往在鄂渚，欲借觀未果也。去年夏，移書乞録副，不逾月影寫見寄。開函審視，則《商書》九篇，起《盤庚上》訖《微子》，皆完好，爲驚喜累日。頃法友伯希和氏又郵寄其所得敦煌唐寫本諸經，則《隸古定尚書》凡二卷：一《夏書》，一《商書》。其《商書》一卷以校楊氏所藏，則前缺《盤庚上》一篇及《盤庚中》之上半，而此下至《微子》均無損佚。其繕寫出初唐人手，故尤精好。因取兩本互勘，以校宋以來諸本，爲《校字記》一卷。兩本中敦煌本較善，故以爲主，而以楊本爲副。其敦煌本所缺者，則以楊本補焉。宣統二年冬，上虞羅振玉。

尚書盤庚上第九　商書　五　孔氏傳

盤庚五䙴

治亳殷　各本「治」上有「將」字。

民胥怨　各本「胥」上有「咨」字。

乃咨嗟憂愁相與怨上也　各本無「也」字。《考文》本有。《史記·商本紀·集解》引作「皆咨嗟憂愁，相與怨其上也。」

盤庚上

殷王名也　各本「殷」上有「盤庚」二字，又「名」下無「也」字。《考文》本有。

以名名篇也　各本作「以名篇」。《考文》本亦作「以名名篇」。案：《疏》「故以王名名篇」，則《正義》本原亦重「名」字。

盤庚䙴于殷

亳之別名也　各本無「也」字。《考文》本有。

民弗適有居

不欲之殷有邑居也　各本無「也」字。《考文》本有。

衛籲衆慼出矢言

出正直之言也　各本無「也」字。《考文》本有。

旡爰宅于茲

我王祖乙也　各本無「也」字。《考文》本有。

此居耿也　各本作「居耿」。《考文》本作「此居耿」。

言祖乙已亳殆「宅」字傳寫之譌。於此也　各本作「言祖乙已居於此」，無「也」字。《考文》本有。

亡盡劉

无欲盡殺故也　各本無「也」字。《考文》本有。

弗能胥迋㠯生卜乩曰

言我民不能相迮以生　各本無「我」字。

如我所行也　各本作「其如我所行」。《考文》本與此同。

咎謹天命茲猶弗常寍

有可遷輒遷也　各本無「也」字。《考文》本有。

弗常厥邑至于今五邦　各本無「至」字。《考文》本有。

凡五徙國都也　各本無「也」字。

今弗承于古亡知天之斷命

天將斷絕汝命也　各本無「也」字。

矧曰其克从先王之烈

天將絕汝命　各本無「汝」字。《考文》本有。

若顛木之有由枿

有用生蘖栽也　各本作「有用生蘖哉」。《考文》本與此同。

天其永我命于茲新邑

不可不從也 各本無「也」字。

底綏四方

言我從欲如此也 各本無「也」字。《考文》本有。

盤庚學于民曰 各本無「也」字。《考文》本有。

以常舊服正法度

正法度也 各本作「正其法度」。

曰亡或敢伏小民之逌箴

戒朝臣也 各本無「也」字。《考文》本有。

王命衆悉至于王庭 各本「庭」上無「王」字。《考文》作「朝庭」。

衆羣臣以下也 各本無「也」字。《考文》本有。

格女衆予告女訓

教告女以法教也　各本作「告女以法教」，《考文》本作「告女以法度教」。

女猷黜乃心亡憂「㬰」之劢康誥。

從心所安也　各本無「也」字。

亦惟圖任舊人共政

先王謀任人老成人共治其政也　各本作「先王謀任久老成人，共治其政」。

王𤲸告之修弗匿厥指

王布告民以所偱之政　各本「民」作「人」。

不匿其指也　各本無「也」字。《考文》本有。

亡有逸言民用丕變

民用大變從化也　各本無「也」字。《考文》本有。

予弗知乃所訟

无知之皂也　各本無「也」字。《考文》本有。

我不知汝所訟言何謂也　各本無「謂」字。《考文》本有。

非予自巟茲德惟女含德弗悬予一人

非廢此德也　各本無「也」字。《考文》本有。

我觀女情如見火也　各本作「我視汝情如視火」。《考文》本「見」作「視」，「火」下亦有「也」字。

予亦炪甚「甚」謀譌。之作乃佾

成女過也　各本無「也」字。《考文》本有。

若网在綱

若莀服田力嗇乃亦有秌

紊亂　各本「亂」下有「也」字。《纂傳》本無，與此同。

則有福也　各本無「也」字。

女克黜乃心

丕乃敢大言女有積德

汝有積德之臣也　各本無「也」字。《考文》本有。

惰農自安弗昬作勞弗服田畝粵其它有黍稷

戎大也　各本無「也」字。

則黍稷无所有也　各本無「也」字。《考文》本有。

女弗咊吉言于百姓惟女自生毒

是自生毒害也　各本無「也」字。《考文》本作「是汝自生毒害也」。

乃敗禍姦宄以自災于厥身

言女不能相率共從　各本無「能」字。

以自災之道也　各本無「也」字。《考文》本作「以汝自災之道也」。

乃旡先惡于民奉其侗女悔身何及
是先惡於民也　各本無「也」字。《考文》本有。
則於身旡及也　各本作「則於身無所及」。《考文》本作「於身無所及也之」。「之」殆衍文。
相旹無民猷胥顧于箴言
其發有脩口敓予制乃短兵之命
是不若小民也　各本無「也」字。《考文》本作「之也」。
女害弗告朕
有禍害也　各本無「也」字。《考文》本作「也之」。「之」衍。
弗可嚮迩
尚可刑戮絕也　各本「也」作「之」。《考文》本與此同。
則惟女衆

是女自為非謀所致也　各本無「也」字。《考文》本有。

遲任有言曰

古賢臣也　各本無「臣」「也」二字。《考文》本作「古賢人」。

是不遺舊也　各本無「也」字。《考文》本有。

臮乃祖乃父

予敢動用非罸

言古君臣　各本「古」下有「之」字。

予弗弇尒善

是我忠於女也　各本無「也」字。《考文》本有。

茲予大亯于先王尒祖其从與亯之

此所以不弇汝善也　各本無「此」、「也」二字。《考文》本作「所以此不掩汝善也」。

作福作災予亦弗敢塦用非德

我豈敢動用非罰加女　各本「豈」作「不」。《考文》本作「豈不」。

從女善惡而報之也　各本無「也」字。《考文》本作「乎」。

予告女于難

乃善也　各本無「也」字。

女亡侮老成人亡弱孤有幼

是老侮之也　各本誤作「是侮老之」。

是弱易也　各本「也」作「之」。案：當爲「是弱易之也」。古本奪「之」字，今本奪「也」字耳。

各兵于厥居

聽從遷從之謀也　各本無「也」字。《考文》本有。

亡有遠迩用辠伐厥死

使勸慕競為善也　各本無「也」字。《考文》本有。

邦之臧惟女衆

有善則衆臣之功也　各本無「也」字。《考文》本有。

邦之弗臧

罪己之義也　各本無「也」字。《考文》本有。

其惟致告

致我訓告汝衆也　各本作「致我誠告汝衆」，無「也」字。《考文》本有。

龔尔事　各本「恭」上有「各」字。

庬乃口

勿浮言也　各本無「也」字。《考文》本作「勿得浮言也」。

罰及尔身弗可悔

罰已及汝身　各本無「已」字。《考文》本有。

雖悔何可及乎　各本作「雖悔可及乎」，《考文》本與此同。

尚書盤庚中第十　商書　孔氏傳

惟涉河以民遷

用民徙也　各本無「也」字。《考文》本有。

乃話民之弗率

話善言也　各本無「也」字。《考文》本有。

用誠於其有衆也　各本作「用誠於衆」，《考文》本同，但無「有」字。

勿褻在王庭

无有褻慢者也　各本作「無褻慢」，《考文》本與此同。

盤庚乃登進厥民

升進命使前也　各本無「也」字。《考文》本有。

亡荒失朕命

荒廢也　各本無「也」字。

烏乎古我前后罔弗惟民之承

無不承安民而恤也　「也」各本作「之」。《考文》本作「之也」。此奪「之」字。

鮮以弗浮于天旹

相與憂行君命也　各本「命」作「令」，無「也」字。《考文》本有。

言皆行天時也　各本無「也」字。《考文》本有。

先王弗褱

則先生不思故居而行徙也　各本無「也」字。《考文》本有。

厥逌作眎「眎」之譌。民利用遷

則用徙也　各本無「也」字。《考文》本有。

女害弗念我古后之眘

古君先王也　「君」，各本作「后」。宋本、《考文》本與此同。又，各本無「也」字。

闇之殆誤倒。謂遷事也　各本無「也」字。《考文》本有。

兼女罪女惟喜康共非女有咎

今比近殃罰也　各本「近」下有「於」字，「罰」下無「也」字。《考文》本有。

予若籲褱茲邑亦惟女故呂丕从厥志

故大從其志而徙也　各本「也」作「之」。《考文》本作「之也」。

今予將試以女䙴

女弗憂朕心之逌困

乃咸大弗宣乃心欽念乃忱嶂予一人

是汝不盡忠也　各本無「也」字。

尒惟自鞠自苦

自取窮苦也　各本無「也」字。《考文》本有。

若乘舟女弗泲

臭敗其所載物也　各本無「也」字。《考文》本有。

爾忱弗屬惟胥以沈弗其或乩自怒害瘳

何瘳差乎也　各本無「也」字。

女弗𢘓長以思乃灾女誕勸憂

苟欲不徙　各本作「苟不欲徙」。

是大勸憂之道也　各本無「也」字。《考文》本有。以上皆據楊氏本。

今亓ナ今亡後女何生在上

汝何得久生在民上　各本「民」作「人」。

禍將及之也　楊本作「禍將及汝也」。各本作「禍將及汝」。《考文》本與楊本同。

今予命女一亡迟穢吕自臭

志楊本如此作。人、倚乃身

迂僻也楊本。、各本無「也」字。敦煌本有。《考文》本有。

予卸楊本作「御」。續乃命于天予豈女畏　《匡謬正俗》引「迓」作「御」，與此同。

卸楊本作「御」。迎也　各本「卸」作「迓」。

用奉畜養汝楊本「汝」下有「也」字。　各本作「用奉畜養汝衆」。《考文》本作「用奉畜養汝衆也」。

予念我先神楊本如此作。后之勞介敦煌本如此作。先予丕克羞介用褱介然

大能進勞汝先楊本有。　今本無「先」字。《考文》本有。

是反先人　各本作「是汝反先人」。楊本作「是女反先人也」。

敷　楊本作「敷」。于茲

害虐朕臣

女万臣乃弗生生泉亏一人猷同心

不進進謀同心從也　各本無「也」字。《考文》本有。

先后丕降与女辠疾曰害弗泉朕幼孫𠂇比

比同心也　各本無「也」字。《考文》本有。

故𠂇爽悳自上亓罰女女它能迪

罰汝無能道　各本無「罰」字。《考文》本有。

言無辭也　各本無「也」字。《考文》本有。

古我先后　楊本「后」作「王」。无勞乃祖　楊本如此作。乃父

勞之共治民也　各本「民」作「人」，又無「也」字。《考文》本與此同。

女共作我畜民女ナ戕

有殘民之心而不欲楊本有。徙　各本「民」作「人」，《考文》本與此同。

是反父祖之行也　各本無「也」字。《考文》本有。

乃斷弃女弗救乃死

不救汝死也　各本無「也」字。《考文》本有，與此同。

茲予ナ𤔔楊本作「𤔔」。政同位

但念具貝玉而已　各本無「具」字。《考文》本有。

言其貪也　各本無「也」字。《考文》本有。

作丕刑于朕子孫楊本。　各本無「子」字。敦煌本并無「孫」字。唐石本、

《考文》本與楊本同。

求討不忠之罪也　各本無「也」字。《考文》本有。

丕乃崇降弗祥楊本如此作。

大重下不善以罰女陳忠孝之義督之也 楊本。各本「督之也」作「以督之」。敦煌本作「大重下不善忠，陳孝之義督之也」，殆誤。《考文》本作「以督之也」。

烏乎今予告女弗易

凡我所言皆不易之事也 楊本。各本及敦煌本無「我」字及「也」字。《考文》本有，與此同。

永敬大卹亡胥𢇍 楊本作「𢇎」。遠

無相與絕遠棄廢也 「也」，各本作「之」。

女分猷念吕相从

群臣當分相與謀念 各本「分」下有「明」字，乃衍文。《疏》言「汝羣臣當分，相與計謀念」，是孔子初亦無「明」字。

各設中正於汝心也 各本無「也」字。《考文》本有。

乃𠂇弗吉弗迪

謂山人也　各本無「也」字。《考文》本有。又，《考文》本及宋本「謂」作「為」。

顛粵楊本如此作。弗龔

顛隕越墜　各本「墜」下有「也」字。

不奉上命也　各本無「也」字。《考文》本有。

為姦於外為宄於內也楊本。　各本無「也」字。敦煌本「內」「外」二字互易。案：成十七年《左傳》「亂在外為姦，在內為宄」。敦煌本誤而楊本是也。

我乃劓殄滅㞢亡遺育亡畀易種于茲新邑

言不吉之人　敦煌本無「言」字。各本及楊本均有，殆奪文。

於此新邑也　各本無「也」字。《考文》本有。

往才生生今予將試㠯女䙴

自今已往　「已」楊本及各本均作「以」。

我用以汝徙　「用」各本作「乃」，《考文》本、宋本並作「用」，與此同。

長立汝家也　各本無「也」字。

卿大夫稱家也　各本無「也」字。《考文》本有。

尚書盤庚丁第十一　商書　孔氏傳

盤庚先䙴奠氒逌居乃正氒位

正郊廟朝社之位也　各本無「也」字。《考文》本有。

娞爰𠂇眾曰亡戲怠楙建大命

勉立大教也　各本無「也」字。《考文》本有。

今予亓旉心腹腎腸歷告尒百姓亐朕志

以告志也　各本無「也」字。

亡罪尒衆尒亾共怒

故禁其後也　各本無「也」字。《考文》本有。

而妄言也　各本無「也」字。

將亖于歬功

多大前人之功美也　各本無「也」字。《考文》本有。

用降我凶息嘉績于朕邦

立善功於我國也　各本無「也」字。《考文》本有。

今我民用蕩析離居亡ナ定極

徙以為之極也　各本無「也」字。《考文》本有。

尒胃朕害震動万民吕䙴

言皆不明己本心也　各本無「也」字。《考文》本有。

肆上帝將復我高祖　楊本如此作。　业悳𤔔粤　楊本如此作。　于我家　「于」字旁《注》楊本無。

治理於我家也　各本無「也」字。《考文》本有。

朕及竺敬龔承民命

用長居新邑也　各本無「也」字。《考文》本有。

非廢乓謀弔繇靈

至用其善也　各本無「也」字。《考文》本有。

各非敢韋卜

宏賁大也　各本「大」上有「皆」字。

用大　敦煌本無「大」字。　此遷都大業也　各本無「也」字。《考文》本有。

烏乎邦伯師長百執事㞢人尚皆隱才

共　楊本及《考文》本作「其」。　為善政也　各本無「也」字。《考文》本有。

予亓楙柬　楊本作「東」。　相尒念敬　敦煌本作「敬念」。　我衆

念敬我衆民也　各本無「也」字。《考文》本有。

朕弗肩好楊本如此作。貨敢龔生生鞫楊本作「鞠」。人惎人之保居

我不任貪楊本下有「貨」字。　各本作「我不任貪貨之人」。

今我既羞告爾于朕志若否罔有弗欽

無敢有不敬也　各本無「也」字。《考文》本作「之也」。

亡總于貨珤

當進進皆自用功德也　各本無「也」字。《考文》本有。

式尃民悳

長任一心以事君也　各本無「也」字。《考文》本有。

尚書說命上第十二　商書　孔氏傳

高宗夢㝵說　《一切經音義》卷一引正作「㝵」，與此同。

小乙子也　各本無「也」字。

其名曰說也　各本無「也」字。《考文》本有。

岑百工營求𡽹　楊本如此作。　埜㝵𡽹傅巖

經營求之於外野　十行、閩、監、葛本俱脫「營」字、「外」字。岳本、《纂

傳》均有，與此同。

得之於傅巖之谿也　各本無「也」字。

使攝政也　各本無「也」字。《考文》本有。

亮侌　楊本譌「衾」。三祀

三年不言也　各本無「也」字。

旡免喪亓惟弗言

猶不言政也　各本無「也」字。《考文》本有。

烏乎知㞢曰明哲　楊本作「悊」。

制作法則也　各本無「也」字。《考文》本有。

天子惟君万邦

百官仰法也　各本無「也」字。《考文》本有。

弗言臣下亡逌稟令

王庸作書吕誥曰吕台正于四方台恐悳弗背

用臣下怪之也　各本及楊本無「也」字。

故作誥　楊本及《考文》本「誥」下有「也」字。

此故不敢言也楊本。　今本作「此故不言」。敦煌本同。《考文》本與此同。

龔默思道夢帝賚予良弼

將代我言政教也　各本無「也」字。《考文》本有。

乃審氒象畀吕形旁求于元下

以四方旁求之於民間也　各本無「也」字。《考文》本有。

說築傅巖之埜

似所夢之形者也　各本無「者也」二字。楊本及《考文》有「也」無「者」。

爰立佐相王置諸亓左右　「佐」，楊本仍作「作」，與今本同。

於是禮命立以爲佐相　各本無「佐」字。楊本作「於是禮命之以爲佐相」。

使在左右也　各本無「也」字。《考文》本有。

命㞢曰朝夕納誨吕輔台悳

以輔、成德也楊本。　各本無「也」，敦煌本並無「德」字。《考文》本與此同。

用女作砅

以成利器也　各本無「也」字。《考文》本有。

若濟巨川用女作舟敦煌本。　楊本「舟」下有「檝」字，同今本。

待舟檝也　各本無「也」字。敦煌本同。《考文》本有。

用女作霖雨

三日雨也　各本及敦煌本均無「也」字。

霖以救旱也　各本及敦煌本均無「也」字。《考文》本有。

啓乃心

氒疾弗瘳

以自警也　各本無「也」字。《考文》本與此同。楊本作「以警也」。

若跣弗敦煌本作「不」。眎地氒足用傷

言欲使為已視聽也　各本無「也」字。《考文》本有。

惟臮乃僚它弗同心吕匡乃侯　「侯」，楊本作「侯」。

以匡正汝君也　各本無「也」字。《考文》本有。

畀衛先王

以康兆民

以安天下也　各本無「也」字。《考文》本有。

烏乎欽予旹命亓惟𠂇㚖

使有終也　各本無「也」字。《考文》本有。

惟木从繩則正后从諫則聖

君以諫明也　各本無「也」字。《考文》本有。

臣弗命亓承

其承意而諫　各本「諫」下有「之」字。楊本「之」作「也」。《考文》本作「也之」誤。

𠷎𣪊弗祗若王之休命

言如此　各本「言」下有「王」字。

而諫之也　各本「之也」作「者乎」。楊本及《考文》本作「者乎也」。

尚書說命中第十三　商書　孔氏傳

惟說命總百官

在冢宰之任也　各本無「也」字。《考文》本有。

烏乎明王奉若天道建邦設都

以立國設都也　各本無「也」字。《考文》本有。

尌后王君公承㠯大夫師長

言立君臣上下也　各本無「也」字。《考文》本有。

故先舉其始也　各本無「也」字。《考文》本有。

弗惟逸悆惟以亂民

使治民也　各本無「也」字。《考文》本有。

惟天聰明惟聖旹憲惟臣欽若惟民从乂

民以從上為治也　各本無「也」字。《考文》本有。

惟口起羞惟甲冑起戎

易用兵也　各本無「也」字。《考文》本有。

惟干戈眚氒躬　《釋文》「省」，一本作「眚」。

兵不可任非其才也　各本無「也」字。《考文》本有。

王惟戒兹允兹克明乃亡弗休

政乃無不美也　各本無「也」字。敦煌本同。《考文》本有。

惟治亂在庶官

庶官得人則治　各本「庶」上有「言」字。敦煌本「庶」作「所」。

失人則亂也　各本無「也」字。楊本同。《考文》本有。

官不及厶昵惟亓能

惟能是官也　各本無「也」字。敦煌本同。《考文》本有。

爵亡及惡悳惟亓賢

言非賢不爵也　各本無「也」字。

慮善㠯𢓸𢓸惟丮旹

言善非時不可動也　各本無「也」字。《考文》本有。

ナ亓善喪丮善矜亓能喪丮功

亦必以讓得之也　各本無「也」字。《考文》本有。楊本作「亦必謙以為得也」。

乃亓ナ備ナ備亡患

非一事也　各本無「也」字。《考文》本有。

亡啓寵納侮

則納侮之道也　各本無「也」字。敦煌本同。《考文》本有。

亡恥過作非

遂成大非也　各本無「也」字。《考文》本有。

惟丮逌居

則王之政事醕粹也　各本無「也」字。

旹冐弗欽禮煩則𤔔　楊本「禮」作「礼」。

故說因以戒之也　各本無「也」字。敦煌本同。

旨才說乃言惟服

皆可服行也　各本無「也」字。《考文》本有。

乃弗良于言予它𦖞于行

則我無聞於所行之事也　各本無「也」字。敦煌本同。《考文》本有。

說拜䭫首曰

言知之易而行之難以勉高宗也　各本無「而」字、「也」字。《考文》本有。

王忱弗艱

則信合於先王成德也　各本無「也」字。《考文》本有。

惟說弗言ナ身咎

則有其罪咎也　各本作「則有其咎罪」。敦煌本同。

尚書說命下第十三　商書　孔氏傳

來女說台小子舊學于甘般

有道德者也　各本無「也」字。《考文》本有。

旡乃遯于荒埜

故使居民閒也　各本無「也」字。《考文》本有。

臮身𣅀亾顯

其終故自無顯明之德　各本「自」作「遂」。楊本同。楊本、《考文》本「德」下有「也」字。

尒惟旹于朕志

使我志通達也　各本無「也」字。《考文》本有。

尒惟麴糵

亦言我須汝以成也　各本無「也」字。《考文》本有。

若作咊羹尒惟鹽梅

鹽鹹梅酢羹須鹹酢以和之也　各本兩「酢」字作「醋」，「之」下無「也」字。《考文》與此同，「惟」之「也」誤作「也之」。楊本又無「之」字。

尒交脩予亡予弃予惟克邁乃訔

言我能行汝教也　各本無「也」字。《考文》本有。

王人求夛𦖞峕惟建事

學古訓乃有所得　各本「古」上有「於」字。楊本同。楊本、《考文》本「得」下均有「也」字。

事弗師古吕克永世匪說逌𦖞

言無是道也　各本無「也」字。《考文》本有。

務旹敏氒修乃來

其德之脩乃來也　各本無「也」字。敦煌本同，《考文》本有。

允褱于茲道積于氒躬

則道積其身也　各本作「則道積於其身」。敦煌本同。

念冬乨典于學氒悳修罔覺

是學之半也　各本無「也」字。《考文》本有。

則其德脩無能自覺也　各本「德」下有「之」字，「覺」下無「也」字。《考文》有「也」無「之」。敦煌本並無「也」字。

亓永無愆

其惟學乎也　各本無「也」字。

旁招畯乂列于庶位　《釋文》「俊」本又作「畯」。

使列衆官也　各本無「也」字。

烏乎說四𣴎之内咸仰朕悳旹乃風

是汝教也　各本無「也」字。敦煌本同。

良臣惟聖

手足具乃成人也有良臣乃成聖也　各本無兩「也」字。敦煌本同。

《考文》本作「手足具乃成人，有良臣乃成聖也」。

昔先正保奐

保衡伊尹　各本「尹」下有「也」字。

作起也　各本無「也」字。楊本同。

昔言先世長官之臣也　各本無「昔」、「也」二字。敦煌本同。《考文》本有

「昔」無「也」。

予弗克畀氒后惟堯舜亓心愧恥

故成其能也　各本無「也」字。《考文》本有。

一夫弗獲則曰旹予之辜 楊本、《考文》本「辜」並作「辠」。

則以為已罪也 各本無「也」字，《考文》本有。

右我烈祖格于皇兲

功至大天 今本「大」作「於」。宋、岳、葛、十行、閩、監、《纂傳》並作「大」，與此同。

無能及者也 各本無「也」字。

尒尚明保予亡畀阿奧尝媺ナ商

則與伊尹同美也 各本無「也」字。《考文》本有。

惟后非臤弗乂惟臤非后弗食

賢須君食也 各本無「也」字，《考文》本有。

亓尒克紹乃侵 楊本作「侯」。予先生永娞民

則汝亦有保衡之功也 各本無「也」字。敦煌本同，《考文》本有。

說拜䭫首曰敎對敭兲子之休命

而稱揚之也　各本無「也」字。考文本有。楊本有「也」無「之」。

尚書高宗肜日第十㐅　商書　孔氏傳

有飛雉升鼎耳而雊

耳不聰之異雊鳴也　各本無「也」字。考文本有。楊本「異」下亦有「也」字。

祖己訔諸王

高宗之訔

高宗肜日

周曰繹也　各本無「也」字。敦煌本同。考文本有。

越ナ雊雉

有雉異也　各本無「也」字。敦煌本同。考文本有。

正氒事

而異自消也 各本無「也」字。敦煌本同。《考文》本有。

乃訓于王曰惟天監下民典氒誼

遂以道訓諫王也 各本無「也」字。敦煌本同。

以義為常也 各本無「也」字。敦煌本同。《考文》本有。

降年ナ永ナ弗永非天夭民民中絕命 敦煌本無下「民」字。

以致絕命也 各本無「也」字。《考文》本有。

民ナ弗若惪弗聽辠天旡孚命正氒惪

言無義也 各本無「也」字。敦煌本同。《考文》本有。

不改修也 各本無「也」字。《考文》本有。

謂有永有不永也 各本無「也」字。《考文》本有。

乃曰亓如台

天道其如我所言也　各本無「也」字。《考文》本有。

烏乎王司敬民宅非充亂典祀亡豐于迡　楊本「典祀」作「[illegible]祀」

入其言也　各本無「也」字。《考文》本有。

不當特豐於近　各本「近」下有「廟」字。《史記集解》亦無「廟」字，與

此同。

欲王因異服罪改修也　各本「也」作「之」。

尚書西伯戡黎第十六　商書　孔氏傳

殷亂周咎　各本作「咎」。周、楊本同。

咎惡也　各本無「也」字。敦煌本同。《考文》本有。

周人乘黎

所以見惡也　各本無「也」字。《考文》本有。

祖伊恐

賢臣也　各本無「也」字。《史記·殷本紀集解》引及《考文》本均有。

奔告于受

暴虐無道也　各本無「也」字。《考文》本有。

作西伯戡黎

西伯戡黎

西伯旡戡黎

近王圻之諸侯也在上黨東北也　各本無兩「也」。《考文》本有。

天旡訖我殷命

言將化為周也　各本無「也」字。《考文》本有。

亡敢知吉

皆無知吉也　各本無「也」字。《史記集解》引，作「者」。

非先王弗相我後人惟王滛戲用自㡭

以王淫過戲怠　「怠」，各本作「逸」。《考文》本、岳本、宋本、《纂傳》均作「怠」。

用自絶於先王也　各本無「也」字。

故兲弃我弗𠂇康食弗虞兲性弗迪衛典

言多罪也　、各本無「也」字。《考文》本有。楊本作「之也」。

今我民罔弗欲喪曰天害不降畏大命弗摯今王亓如台

王之凶禍　各本「禍」作「害」。

其如我所言也　各本無「也」字。《考文》本有。

烏乎我生弗𠂇命在兲

遂惡之辭也　各本無「也」字。敦煌本同。

烏乎乃辠多厽在丄乃能責命于兲

反報報紂言楊本作「信」。也　各本作「反報紂也」。《考文》本、「反報也，報紂也」。

參列於天　各本「於」下有「上」字。楊本作「參列在天」。《考文》本作「參列在於天」。

距天誅也　各本作「拒天誅乎？」

殷业即喪指乃功弗楊本作「不」。亡戮于邦　各本「邦」上有「爾」字。

立可待也　各本無「也」字。楊本作「在可待也」。《考文》本作「立在可待也」。

尚書微子第十七　商書　孔氏傳

殷旡錯天命微子作誥父師少師

告二師而去紂也　各本無「也」字。敦煌本同。《考文》本有。

微子

子爵也　各本無「也」字。《考文》本有。

去無道也　各本無「也」字。《考文》本有。

父師少師

比干也　各本無「也」字。敦煌本同。《考文》本有。

順其事而言也　各本「也」作「之」。

殷亓弗或率正四方

將必亾也　各本無「也」字。《考文》本有。

我祖底楊本作「致」。遖軙亏丄

陳列於上世也　各本無「也」字。《考文》本有。

用率敗乓惪亏下

敗亂湯德於後世也　各本無「也」字。敦煌本同。《考文》本有。

殷亡弗小大好屮竊姦宄

又為姦宄於外內也　各本無「也」字。「外內」作「內外」。《考文》本亦作「外內」也。

凡ナ辜辠乃它恆獲

六卿典事　各本「事」作「士」。案：《疏》中正作「典事」，與此同，則作「士」誤也。

無秉常得中者也　今本無「也」字。敦煌本並無「者也」二字。《考文》本有。

小臣方興

而小民各起一方　今本「民」作「人」。《史記集解》引及《考文》本並作「民」，與此同。

言不和同也　各本無「也」字。敦煌本同。

今殷亓淪喪若涉大水亓亡津涯

如涉水無涯際　各本「水」上有「大」字。

無所依就也　各本無「也」字。《考文》本有。

殷逋喪曰　楊本作「粵」。至于今

不待久也　各本無「也」字。《考文》本有。

我亓發出狂吾家旄孫于荒　楊本「家」上有「在」字，「荒」上無「于」字。

言愁悶也　各本無「也」字。敦煌本同。《考文》本有。

今尒亡指告予顛隮若㞢何亓

父師若曰王子

省文也　各本無「也」字。《考文》本有。

故曰王子也　各本無「也」字。楊本同。

天毒降災荒殷邦

是天毒下災也　各本無「也」字。敦煌本同。

不可如何也　各本無「也」字。敦煌本同。

乃罔畏畏咈亓耇長舊ナ位人

言起沈酒者　各本作「言起沈湎」。《考文》本作「言起沈湎者」。

致士之賢　「士」各本作「仕」。

法紂故也　各本無「也」字。《考文》本有。

今殷𠬝乃攘竊神祇㞢犧牷牲用目容楊本作「宄」。將食亡灾

言政亂也　各本無「也」字。敦煌本同。《考文》本有。

降監殷𠬝用乂讎斂召讎敵弗怠

辠合于一𡖋瘠罔詔

言殷人上下有罪　各本「人」作「民」。《考文》本亦作「人」。

皆合于一紂　各本「一」下有「法」字。案《疏》言「合於一紂之身」，是《正義》本初亦無「法」字。

而無詔救　各本「救」下有「之者」二字。

商今亓ナ叐我興受亓敗

我起受敗　各本「受」下有「其」字。楊本同。

義不忍也　各本「也」字作「去」。楊本及《考文》本作「去也」。

商亓淪喪我罔為臣僕

欲以死諫紂也　各本無「也」字。《考文》本有。

合於道也　各本無「也」字。《考文》本有。

我舊員刻子王子弗楊本作「不」。出我乃顛隮

則宜為殷後者也　各本無「也」字，誤以下句「者」字屬此句末。

《考文》本有「也」字，與此同。

乃隕墜無主也　各本無「也」字。《考文》本有。楊本作「乃復隕墜，

無其主也」。

自靖

以不失道也　各本無「也」字。楊本同。

我弗顧行遯

言將與紂俱死也　各本無「也」字。

明君子之出處默語非一塗也　各本「默語」作「語默」。又「塗」下無「也」字。考文本有。

尚書卷第五　原隔一行書此題。

隸古定尚書孔傳殘卷校字記二

敦煌唐寫本隸古定尚書孔傳校字記 周書

宣統紀元夏，予再遊榑桑。簡書之暇，頗蒐求古籍，卒不得善本。既返京師，吾友江陵田君伏侯吴焯自東京以書來，言日本某舊家有藏書覓售，中有古寫本《尚書·孔氏傳》殘卷。乃亟裁書答之，乞為介紹。再匝月而此卷至，尚存《周書》五篇：一《洪範》、二《旅獒》、三《金縢》、四《大誥》、五《微子之命》，首尾及中間頗有殘佚，然書法樸雅，果千年物也。校以《史記·微子世家·集解》所引《孔傳》，十合八九。而經文中若「彝倫逌斁」與《漢書·五行志》所引合，「于亓亾野」與《史記·微子世家》所引亦合。為之狂喜。寒冬長夜，篝燈校勘，三夕而成《校字記》一卷。鍵稿篋中，忽已逾歲。及去歲，先後見宜都楊氏所藏及伯希和氏影寄之本，於是備見夏商周三書，所不可見者，帝典耳。宣統辛亥閏月上虞羅振玉。

《尚書·洪範》第六

敎受

以為王者之後　今本「者」下無「之」字，《七經孟子考文》所引古本有，與此同。

一名祿父也　今本無「也」字，《考文》本有。

呂笄子歸

歸鄗京　今本「鄗」作「鎬」。案，《釋文》「鎬」，本又作「鄗」，與此同。

箕子作之也　今本無「也」字，《考文》本有。

洪範

言天地之大法也　今本無「也」字，《考文》本作「之矣也」。

惟十又三祀

不忘本也　今本無「也」字，《考文》本有。

次問天道之也　今本無「之也」二字，《考文》本有「也」字。

焉雩　「焉雩」乃「烏虖」之譌。

相協身居　「身」者「氒」之譌。

助合其居　今本作「是助合其居」。案，《史記·微子世家》、《集解》引亦作「助合其居」，無「是」字。

使有常生之資也　今本無「也」字，《史記·集解》引有。

我不知亓彝倫逌敘　《漢書·五行志》引《書》「攸」字正作「逌」，與此同。

汩敶亓㐅行

□乱陳其五行之也　今本無「之也」二字，《考文》本無「之」字。又，今本「亂」字上無字，《史記·集解》引作「是亂陳其五行」,《疏》亦云「是乃亂陳其五行」,可見唐本有「是」字。此「亂」上一字漫滅,當即「是」字矣。

弗畀洪範九口　「畀」乃「畁」之譌。

故常道所以敗之也　今本無「之也」二字,《考文》本有。

彝倫逌斁　《漢書·五行志》亦作「逌」。「斁」乃「斁」之別構。

鯀則殛死　《釋文》「殛」,本或作「極」。此作「極」即「極」之別字。

禹乃孠興　「禹」乃「禼」之譌,《考文》本《舜典》「禹」作「禼」。

放鯀至死不赦也　今本無「也」字。

堯舜之道也　今本無「也」字,《考文》本有。

天乃錫禹洪範九疇

洛出書也　今本無「也」字,《史記集解》引及《考文》本均有。

彝倫逌敘　《漢書·五行志》亦作「逌」。

常道所以次敘也　今本無「也」字，《考文》本有。

此下原缺一葉十七行。

皀曰龔　「皀」乃「皃」之別字。梁蕭憺碑「皃齊在皀」，从「白」，此又譌「白」爲「匕」。

儼恪也　今本無「也」字。

言曰从

是則可從也　今本無「也」字，《考文》本有。

眎曰明

必清審也　今本無「也」字，《考文》本有。

聽曰聦

必微諦也　今本無「也」字，《考文》本有。

思曰睿　《詩》鄭箋引《書》作「睿」，與此合。

必通於微也　今本無「也」字。

龔作肅

心敬也　今本無「也」字。

刅作叉　「叉」乃「乂」之譌。

可以治也　今本無「也」字，《考文》本有。

明作栝　今本「哲」作「晢」。案，《玉篇》口部，「哲，智也。」《書》曰「明作哲」，與此正合。《正義》曰，「晢」字王肅及《漢書·五行志》皆云「悊，智也」，鄭本作「晢」，讀為「哲」。考《說文》，「哲，知也」，「悊，敬也」。今本訓「知」，則作「哲」為當。

照了也　今本無「也」字。

聽作惎

昕謀必成當也　今本無「也」字，「當」今本作「審」。案，

《考文》本有「也」字，《史記·集解》引亦有「也」字，與此同。「當」《史記·集解》引作「當」，與今本同。

一曰食

勤農業也　今本無「也」字。案，《原本玉篇》食部引及《考文》本並有「也」字，與此同。

二曰貨　「貨」乃六朝別字。

寶用物也　今本無「也」字，《考文》本有。

三曰司空

主空土以居民也　今本無「也」字，《考文》本有。

五曰司徒

主徒眾教以禮義也　今本無「也」字。

六曰司寇　「寇」乃六朝別字。

主姦盜使無縱也　今本無「也」字。

七曰賓

禮賓客無不敬也　今本無「也」字。

八曰師

士卒必練也　今本無「也」字，《考文》本有。

一曰歲

所以紀四時也　今本無「也」字，《考文》本有。

二曰月

所以紀一月也　今本無「也」字，《考文》本有。

三曰日

所以紀一日也　今本作「紀一日」。案，《考文》本亦作「所以紀一日也」。

三曰星辰

十二辰以紀日月所會也　今本無「也」字，《考文》本有。

又曰歷數

敬授民時也　今本無「也」字，《考文》本有。

又曰皇極　「極」乃六朝別字。

皇建亓ナ極

謂行九疇之義也　今本無「也」字，《考文》本有。

用旉錫氒庶民

用布與衆使慕也　今本作「用布與衆民使慕之」。

惟旹氒庶民于女極

言從化也　今本無「也」字，《考文》本有。

惟皇作極

惟天下皆大爲中正也　今本無「之也」二字。案，《史記集解》引及《考文》本竝有「也」無「之」。

凡乓庻巳　今本「巳」作「民」。案，「巳」缺末筆，乃避唐太宗諱，然他「民」字或否，寫官之失也。

女則念㞢　今本「㞢」作「之」。案，「之」《説文》作「㞢」，《考文》本《舜典》及古文《孝經》「之」字均作「㞢」。

女則念録序之也　今本無「也」字，《考文》本有。

皇則受㞢

大法受之也　今本無「也」字。

予迪好悳女則錫㞢福

我所好者德也　今本無「也」字。案，《考文》大本及《史記集解》引均有「也」字，與此同。

女則與之爵祿矣　今本無「矣」字，《考文》本有。

旹人斯亓惟皇㞢極　「斯」乃「所」傳寫之譌。

言可勉進也　今本無「也」字。案，《史記集解》引及《考文》大本均有「也」字，與此同。

亡虐煢獨

寵貴者不枉法畏之也　今本無「也」字，《考文》本有。

𡥈著亓行而邦亓昌

女國其盛也　今本作「汝國其昌盛」。案，《考文》本作「汝國其昌盛也」。

旡畐方穀

又當以道善接之也　今本無「也」字。

于亓亡野　今本作「于其無好德」。案，阮氏《校勘記》曰：疏云「無好」對「有好」，又云傳記言「好德者多矣」，故傳以「好德」言之。疑孔氏所見之本經無「德」字，至傳乃有之耳。又云定本作「無惡」者，疑誤耳。蓋謂經文「無好」，定本作「無惡」也。玉案，《史記·微子世家》引正作「于其毋好」，亦無「德」字，《集解》引鄭注「無好於女家之人」，是鄭本亦作「無好」矣。

於其無好惡之人　今本「惡」作「德」。案，作「惡」者，殆孔氏因下文有「作好」、「作惡」之文，故於此增「惡」字，或謂孔氏所見經文當是「于亓亡野惡」，未必然也。

亓作女用咎

女雖與爵禄　今本「與」下有「之」字。

以敗女善之也　今本無「之也」二字，《考文》本有「也」無「之」。

亡偏亡頗　今本作「無偏無陂」。案，阮氏《校勘記》云：《唐書·藝文志》，開元十四年，以《洪範》「無頗」聲不協，詔改為「無陂」。《困學紀聞》，宣和六年，詔《洪範》復從舊，又以「陂」為「頗」，然監本未嘗復也。又云，顧炎武曰，《呂氏春秋》引正作「頗」，今惟足利古本尚作「頗」字。又按，《疏》云「無偏私，無陂曲」，又云「偏頗阿黨，是政之大患」，此在《孔疏》元本必皆作「頗」，後人據今本經文改之，而所改又不盡耳。玉考阮說是也。但《史記宋世家》引亦作「毋頗」，阮氏未及徵引。又沖遠作《疏》在唐初，元本作「頗」，後人依經文追改「陂」，乃不待言者。

頗不正也　今本「頗」作「陂」，又無「也」字。《史記集解》作「頗」，但亦無「也」字。

導王出誼　顏氏《匡謬正俗》引亦作「誼」。

言當□先王正義以治民也　今本「王」下有「之」字，「民」下無「也」字。《史記集解》引「王」下亦無「之」字，與此正合。

導王出路

必偱先王之道路也　今本「偱」作「循」，「路」下無

「也」字。案，「脩」者「循」之譌，《考文》本亦有「也」字。

王道蕩蕩

言開辟也　今本無「也」字，《考文》本有。

此下原缺一葉。

口用仄頗辟已用僭忒　「仄」乃「仄」之譌。「辟」，《史記·宋世家》引與此同，《漢石經》亦作「辟」，古今文同也。又「忒」从「弋」，此从「戈」，別體。

則下民僭差也　今本無「也」字，《考文》本有。

擇建立卜筮人　「筮」乃「筮」之別字。

著曰筮　「著」乃「蓍」之譌。

而建立之也　今本無「也」字，《考文》本有。

乃命卜筮

命以其職也　今本無「也」字。

曰雨曰濟　今本作「曰雨曰霽」。案，「雨」乃「雨」之譌，《周禮·太卜》注及《史記·宋世家》引並作「濟」，與此同。

龜兆形也　今本無「也」字，

有似雨止者也　今本無「也」字，《考文》本有。

曰蝨　下「曰蝨恒風若」字又作「蝨」。案，《古文四聲韻》引古《尚書》「蒙」作「蝨」，又「[illegible]」、「蝨」並古文，則「蝨」乃「蝨」之譌，此與《古文四聲韻》所引合。又案，《周禮·太卜》鄭注引作「曰蟊」，與「蝨」形近，疑「蟊」為本字，「蝨」為傳寫之變體。

蒙陰闇也　今本無「也」字，《考文》本有。

曰圛　「圛」乃「圛」之譌，《周禮·太卜》注引作「圛」。王應麟云，《詩》「齊子豈弟」，《箋》古文《尚書》以「弟」爲「圛」。《正義》云，《洪範》稽疑論卜兆有「五曰圛」，《史記·宋世家》引作「曰涕」，《集解》駰案，《尚書》作「圛」。

氣落驛不連屬也　今本無「也」字。

曰克

兆相交錯也　今本無「也」字，《考文》本有。

五者卜兆之常法也　今本「兆」作「筮」，「法」下無「也」字。案，齊氏召南《注疏考證》曰，雨霽蒙圛，「克」與「筮」無涉，當作「兆」。《考文》本、岳本、宋本、十行本、《纂傳》本俱作「兆」，與此同。又《考文》本亦有「也」字。

曰悔

凡七

卜莁之數也　今本無「也」字，《考文》本有。

術或　「術」乃「衍」之别字。

三人占則从二人㞢言

善釣從衆也　「釣」乃「鈞」之譌。又今本無「也」字，《考文》本有。

卜莁各三人也　今本無「也」字，《考文》本有。

𢝊及卜莁

然後卜莁以决之也　今本無「也」字。

女則从龟从莁

是大同於吉也　今本無「也」字，《考文》本有。

身亓康彊子孫亓逢吉　「彊」乃「彊」之别字。

故後遇吉也　今本無「也」字。案，《史記集解》
引及《考文》本均有。
卿士逆庶民逆吉
中吉亦可舉事也　今本無「也」字，《考文》本有。
女則逆庶民逆吉
亦中吉也　今本無「也」字，《考文》本有。
女則逆卿士逆吉
亦卜筮以決之也　今本無「也」字。
作內吉作外凶
不可以出師征伐也　今本無「也」字，《考文》
本有。
龜筮共違于人

皆逆也　今本無「也」字。

用靜吉用作凶

動則凶也　今本無「也」字，《考文》本有。

曰兩　「兩」乃「雨」之譌。

曰陽　《史記·宋世家》、《漢書·五行志》引並作「陽」。

曰燠

陽以乾物　今本「陽」作「暘」。案，《史記集解》引亦作「陽」。

燠以長物　今本「燠」作「煖」。案，宋本、岳本、《考文》本俱作「燠」，與此同。惟《史記集解》引作「煖」，與今本同。

所以為衆驗也　今本無「也」字，《考文》本有。

五者是来偹　今本無「是」字。案，阮氏《校勘記》云：「王應麟云，『五者』《史記》作『五是』。今本《史記》仍作『者』，蓋元明以来刊本之誤也。《七經孟子考文》云，古本『者』下有『是』字，蓋或據《史》、《漢》、箋『是』字於『者』字之旁，而轉寫者因增諸字下，致不可通，」云云。今此本正與《考文》本同。又《後漢書》引作「五氏」，一作「五韙」。

庶草畨庑

則衆草物畨滋廡豊也　今本「草」下無「物」字，《考文》本有。案，《正義》釋傳云，「衆草百物蕃滋廡豐」，則孔氏所見本「草」下有「物」字也。《史記集解》引文作「衆草木」。

一極亡凶

謂不時失叙也　今本無「也」字，《考文》本有。《集解》引作「謂其不失時叙之謂也」。

曰休嶶　「嶶」乃「徵」之别字。

叙美行之驗也　今本無「也」字，《考文》本有。

曰又旹暘若　前後兩「暘」字皆作「陽」，此傳文亦作「陽」，而經顧作「暘」者，殆傳寫之譌。又「又」乃「乂」之誤。

君政治則時陽順之　今本「政」上有「行」字，「陽」作「暘」。案，《史記集解》引亦無「行」字。《正義》云「人君政治」，是《正義》原本無「行」字，與此正合。

曰晢旹燠若　前「晢」作「哲」，「燠」作「⿰火乞」，此又作「晢」作「燠」、下「恒燠若」同。乃傳寫之譌。

則時燰順也　今本「暖」作「燠」，「也」作「之」。案，《史記集解》及宋本均作「燰」。

曰悊旹寒若

君能謀則時寒順之也　今本無「也」字，《考文》本有。

曰聖旹風若

君能通理則時風順之也　今本無「也」字，《考文》本有。

曰咎徵

敘悪口之驗也　今本無「也」字，《考文》本有。

曰狂恒雨若

君行狂妄　今本「妄」作「疾」。案，《史記集解》

引及《考文》本、宋本、岳本均作「狂妄」，正義亦言「君行狂妄」，則孔氏所見本亦作「妄」。

則常雨順之也　今本「之」下無「也」字，《考文》本有。

曰僭恒陽若

則常陽順之也　今本無「也」字。

曰悆恒燠若

則常煖順之也　今本「暖」作「燠」，「之」下無「也」字。案，宋本亦作「暖」。

曰蟊恒風若

則常風順之也　今本無「也」字，《考文》本有。

王青惟嵗　「青」，《史記·宋世家》引作「眚」。此作「青」乃「眚」字傳寫之譌。

如歲兼四時也　今本無「也」字，《考文》本有。

卿士惟月

如月之有別也　今本無「也」字，《考文》本有。

師君惟日

如日之有歲月也　今本無「也」字，《史記集解》引有，《考文》本又作「之也」。

歲月日旹已易

各順常也　今本無「也」字，《考文》本有。

义用明　「义」乃「乂」之譌。

則正治明也　「正」乃「政」之譌。又，今本無「也」字，《考文》本有。

畯已用章　「畯」今本作「俊」，《史記．宋世家》引作「畯」，

日月歲旹无易

喻君臣易職也　今本無「也」字。

刈用旦弗明

畯巳用嶶

國家亂矣　「嶶」乃「微」字傳寫之譌。今本無「矣」字，《考文》本「矣」作「也」。

庻巳惟星

故衆民惟若星也　今本無「也」字，《考文》本有。

亦民所好也　今本無「也」字，《考文》本有。

則ナ冬ナ夏

小大各有常法也　今本「小大」作「大小」，又無「也」字。案，《考文》本、宋本、岳本、葛本、閩本、《纂傳》俱作「小大」，《正義》亦言「小大各有常法」，是孔氏本與此正同。

則呂風雨

故政教失常　今本無「故」字。

亦所以亂也　今本無「也」字，《考文》本有。

一曰壽

百廿年者　今本無「者」字，《考文》本「者」作「也」。

二曰富

財豐備也　今本無「也」字，《考文》本有。

三曰康寍

無疾病也　今本無「也」字，《考文》本有。

亖曰逌好悳

所好者德福之道也　今本無「也」字，《考文》

本有。

乄曰考㚇命

𠂆横也　今本無「也」字，《考文》本有。

一曰凶短折

折未卅　今本作「未二十」。案，《考文》本、岳本、宋本、十行本、閩本、監本皆作「三十」。

言辛苦也　今本無「也」字，《考文》本有。

二曰疾

常抱疾苦也　今本無「也」字，《考文》本有。

三曰憂

多所憂也　今本無「也」字，《考文》本有。

三曰穷　「穷」今本作「貧」。案，《說文》「貧」，古文作「𡧍」。

《汗簡》宀部引《尚書》同。

困於財也　今本無「也」字，《考文》本有。

㐅曰惡

醜陋也　今本無「也」字，《史記集解》引有。

六曰𢀶　今本「𢀶」作「弱」，此作「𢀶」乃別字。

尪劣也　今本無「也」字。

旅獒第七

西旅獻獒

遠國也　今本無「也」字，《考文》本有。

太保作旅疑　「疑」乃「獒」之譌。

召公陳戒也　今本無「也」字。

旅獒

因敖而陳道義也　今本無「也」字。

逋通道于九𡰥八蠻

言非一也　今本無「也」字，《考文》本有。

無遠不服也　今本無「也」字，《考文》本有。

西旅庢貢氒敖

西戎之長　阮氏《校勘記》曰：「長」，十行本、葛本、《纂傳》俱作「旅」，與《疏》標目不合。今此本亦作「長」，作「旅」者譌也。

致貢其敖也　今本無「也」字。

以大爲異也　今本無「也」字，《考文》本有。

用訔于王

以訓諫也　今本「也」作「王」。

三尸咸賓

皆賓服也　今本無「也」字。

亡ナ遠近

言不為耳目華侈之也　今本無「之也」二字，《考文》本有「也」無「之」。

亡替氒服

謂遠夷之貢也　今本無「也」字。

使無廢其職也　今本無「也」字，《考文》本有。

分瑤玉于伯赦㞢戜　「瑤」者「珤」之譌，「赦」者「叔」之譌。

旹庸　親

是用誠信其親〻之道也　今本無「也」字，《考文》

本有。

惟悳亓物

言物貴由人也　今本無「也」字，《考文》本有。

所貴在乎德也　今本無「也」字，《考文》本作「所貴在於德也」。

罔吕盡其力

人忌其勞　「忌」乃「忘」之譌。

弗役耳目

則百度正也　今本無「也」字，《考文》本有。

玩人喪悳玩物喪志

則喪其德矣　今本無「矣」字，《考文》本有。

則喪其志也　今本無「也」字，《考文》本「也」作「矣」。

言以道接

故君子勤道也　今本無「也」字，《考文》本作「之也」。

弗貴異物賤用物民乃足

以器用爲貴　今本無「以」字。

所以化俗生民也　今本「俗」作「治」，「民」下無「也」字。案，《考文》本、宋本均作「俗」。又，《考文》本亦有「也」字。

犬馬非亓土姓弗畜

以不習其用也　今本無「也」字，《考文》本有。

弗育于國　前作「或」，此作「國」，殆傳寫之譌。

有損害故也　今本無「也」字，《考文》本有。

夙夜它或弗勤　「夙」乃「𡖊」傳寫之譌。

𣅀累大悳

故君子慎其㣲也　今本無「也」字。

功虧一遺　「遺」乃「遺」之譌，為「匱」之別字。

是以聖人乹〻日側　今本「側」作「昃」，誼同。

慎終如始也　今本無「也」字，《考文》本有

惟乃世王

天子乃世〻王天下也　今本無「也」字，《考文》本有。

猶設此誠　「誠」乃「誡」之譌。

況非聖　今本「聖」下有「人」字。

其不免於遇　「遇」乃「過」之譌。

巢伯來朝

慕義而來朝也　今本作「慕義來朝」，《考文》本作「慕義而來朝」。

苪伯作旅巢命　「苪」乃「芮」之譌。

陳威德以命巢也　今本無「也」字，《考文》本有。

此下原缺一葉

⿱叀力⿰亻𠂇三方　今本「⿰亻𠂇」作「佑」。案，「⿰亻𠂇」即「佐」之別字，古「佐」、「佑」皆訓助。

以⿰亻𠂇助四方　今本「⿰亻𠂇」作「佑」。

言不可以死也　今本無「也」字，《考文》本有。

它弗祗畏

無不敬畏也　今本無「也」字，《考文》本有。

我先王亦永𠂇依歸　《考文》本「有」下有「所」

字，此本亦注「所」字於旁，不知係補奪，抑後人追加。

言不掇則墜天寶命也　今本「天」下有「之」字，「命」下無「也」字，《考文》本作「言不救則墜天之寶命也」。

救之則先王長有依歸矣　今本無「矣」字。

今我即命于元龜

就受三王之命於元龜　今本「元」作「大」。

卜知吉凶也　今本無「也」字，《考文》本有。《史記集解》引作「者也」。

㠙呂俟尒命

待命當以事神也　今本無「也」字，《考文》本有。

尔弗我許　今本作「許我」。

不愈也　今本「不」上有「謂」字，此奪。

我乃屏璧與珪

屏藏　今本「藏」下有「也」字。

一習吉

一相㠯而吉也　今本無「也」字，《考文》本有。

启籥見書

乃亦并是吉也　今本無「也」字，《考文》本有。

王亓它害

言必愈也　今本無「也」字，《考文》本有

惟永㚇是圖

我小子新受三王命　今本「命」上有「之」字。

武王惟長終是謀周之道也　今本無「也」字，
《考文》本有。
能念予一人
成周之道也　今本作「成周道」，《考文》本作
「成周道也」。
從擅歸也　今本無「也」字，《考文》本有。「擅」乃
「壇」之譌。
王翌日
翌明　今本「翌」作「翼」。
此下原缺一葉。
亓勿穆卜
故心也　今本作「故止之」，《考文》本作「故止也之」。

「也之」殆「之也」之譌。

惟予沖人弗及知

言己幼童　今本作「童幼」。

不及知周公昔日忠勤也　今本無「也」字，《考文》本有。

呂彰周公之悳

以明周公聖德也　今本作「以明周公之聖德」，《考文》本作「以明周公之聖德也」。

我⿹戈至家禮亦宜㞢

遣使者逆之　今本「逆」作「迎」。

亦国家禮有德之宜也　今本無「也」字，《考文》本作「也矣」。

禾則盡⿺辶己　今本「⿺辶己」作「起」。案，《說文》走部「起」，古文作「起」。《考文》本「益稷起」亦作「䢳」。

郊以玉、弊謝天也　今本無「也」字，《考文》本有。又，「弊」乃「幣」之譌。

明郊之是也　今本無「也」字，《考文》本有。

凡大木所邊　「邊」乃「邉」之別字。

盡䢳而筑出　《釋文》「築」，本亦作「筑」，此作「筑」者，「筑」之別字。《爾雅·釋言》：「筑，拾也。」馬、鄭訓「築」為「拾」，則馬、鄭本似亦作「筑」。

桒菓無野　「桒菓」今本作「禾木」。案，《考文》本、岳本、宋本、十行本、《纂傳》本皆作「桑果」。阮氏《校勘記》云：「桑果言木，百穀言禾。」今本作「禾木」，則與百穀複矣。

周公之德也　今本無「也」字，《考文》本有。

此以上　今本「以」作「已」。

大誥第九

三監及淮尸叛

皆叛周也　今本無「也」字。

作大誥

大誥天下也　今本無「也」字，《考文》本有。

大誥

陳大道以告天下遂以名篇也　今本「告」作「誥」，「篇」下無「也」字。案，岳本、《纂傳》均作「告」，與此同。《考文》本亦有「也」字。

王若曰繇　今本「繇」作「猷」。案，繇猷古通。《詩·巧言》「秩秩大猷」，《漢書·叙傳》注引作「秩秩大繇」。《文選·幽通賦》「謨先聖之大猷兮」，注「猷或作繇」。《釋文》·馬本作「大誥繇爾多邦」，《考文》古本《盤庚》「猷」亦作「繇」。古文《孝經》作「䌛」，又「繇」之別字。

大誥尒多邦

以告天下衆國　今本「告」作「誥」，岳本同。

及於御治事者盡及也　今本「也」作「之」。

弗予　「予」即「弔」之別字。唐《濮陽吳府君墓誌》「弔」作「予」，與此同。

天降創于我家弗少

並作難也　今本無「也」字，《考文》古本有。

惟我幼沖人　阮氏《校勘記》云：「惟」下古本有「累」

字。案，疏言「惟我幼童人，謂損累之」，故傳加「累」字，是孔穎達所見經文無「累」字。案，此本「惟」字下旁注一「累」字，不知係當時人補奪，抑後人追加。

此下原缺一葉。

口敫易法　「敫」乃「斁」之譌。

誕以近𦙍伐于牟室　「𦙍」即「胥」之別字。碑版「胥」字多作「𦙍」，此作「𦙍」乃由「𦙍」譌變。

予宮敫弗髟朕晦

除草養苗者也　今本無「者也」二字，《考文》本有。

言當滅殷也　今本無「也」字，《考文》本作「之也」。

寧盜人乃指量土

脩文王所有指意　「脩」今本作「循」，此「脩」字乃「循」之譌。

言不可不從也　今本無「也」字，《考文》本有。

天命不替　「替」乃「暜」之别構。

大以尒衆　今本「尒」作「汝」。

不可不勉也　今本無「也」字，《考文》本有。

㣲子之命第十

命㣲子啓代殷後

爲湯後也　今本無「也」字，《考文》本有。

作㣲子之命

封命之書也　今本無「也」字。

㣲子之命

稱其本爵以名篇也　今本無「也」字。

帝乙元子也　今本無「也」字。

故順道本而稱也　今本「也」作「之」，《考文》本作「也」，與此同。

惟稽古崇悳象賢

言今法之也　今本無「也」字，《考文》本有。

修亓禮物

言二王後　今本「後」上有「之」字。

正朔服色　今本「服」作「物」。案，《考文》本、宋本、岳本、葛本、閩本、十行本、《纂傳》並與此同，《疏》亦作「服色」。

与時王並通三統也　今本無「也」字，《考文》本有。

永世亾窮

長世無竟也　今本無「也」字，《考文》本有。

克巠聖廣囫

澤流後世也　今本無「也」字，《考文》本有。

皇天眷右

謂天命也　今本無「也」字，《考文》本有。

除其恥厓　「恥」即「邪」之別構。

放桀恥厓湯之德也　今本作「放桀邪淫蕩之德」。案，《考文》本、岳本並與此同。宋本亦同，但無「也」字。

尒惟踐修氒繇舊ナ令䎽

女嶶子也　今本無「也」字，《考文》本有。

昭闡遠近也　今本無「也」字，《考文》本有。

曰笠弗忘　「笠」者「竺」之别構。

謂厚不可忘也　今本無「也」字，《考文》本有。

庸建尔于上公

口口則神歆饗　今本「饗」作「享」。

施令則民敬和　今本「民」作「人」。

宗在京師東也　今本無「也」字，《考文》本有。

欽才

敬其爲君之德也　今本無「也」字。

住甹乃訔　「住」乃「往」之譌。

率由典常

循用舊典　今本「循」作「循」。

戒也　今本作「戒之」，《考文》本作「戒之也」。

陳維禮復校

敦煌古寫本毛詩校記

往歲，予在海東，既影印敦煌古卷軸爲《古籍叢殘》，欲取諸經校以今本，爲《羣經點勘》。亡兒福葨，時受《毛詩》，因授以敦煌本，記其文字於木瀆周氏本《毛詩詁訓傳》之上。欲以暇日加以考證，乃因循不果者垂二十年。頃以一月之力成之，爰書其端曰《敦煌本毛詩古寫本》，凡六卷，甲至丙爲唐鈔，丁至己則六朝人所書。今校理既畢，撮其大要，得四事焉：一曰「異文」。諸卷中與今本不同諸文，或與《釋文》本合，或與《釋文》所載一本、或本合。其不見《釋文》，每與諸書所引合；亦有《釋文》所不載，諸書所未引而實可刊訂今本者。如甲本《泉水》「思湏與漕」，今本「湏」作「須」。《毛傳》：「須，漕，衛邑。」陳氏奐引《水經·濟水注》「濮渠東逕須城北，《衛詩》云『思須與曹』也」。考《説文》，「沬」之古文作「湏」，疑「湏」即《桑中》之「沬」。後人因「須」之別搆作「湏」，遂疑「湏」爲「須」之別字而改之。此一事也。二曰「語助」。諸卷傳、箋中，句末多有語助。校以山井鼎所撰《七經孟子考文》中所載古本，十合八九。雖間有因夾注行末有空隙而加「乎」、「者」、「也」諸字者，然不過什佰之一二。阮文達公撰《十三經注疏校勘記》，其時海内士夫不見唐本，不知刊本語助爲後人所删，乃詆山井氏《考文》，謂喜於句中增加虛字。此二事也。三曰「章句」。段茂堂先生《毛詩故訓傳定本》，因《正義》謂《定本》章句在篇後，遂疑《正義》本章句在篇前，乃一一移之。既移章句於前，又移篇末每篇都數於章句之前。陳碩甫先生撰《毛詩傳疏》，亦遵其師説。今觀諸卷章句在篇後，且不僅六朝、唐人本然，《漢石經·魯詩》亦然。段氏未免誤信《正義》之説。此三事也。四曰「卷數」。《隋志》及《開成石經·毛詩》均二十卷。段氏因《漢志》、《毛詩經》二十九卷，《毛詩故訓傳》三十卷，因就《周南·關雎故訓傳》第一至《那故訓傳》第三十之舊，定爲三十卷，以復《漢志》。其實如此分卷亦未必遂合《漢志》。段君言《漢志》傳多於經一卷，其分合今無考。予以意度之，古本必以《詩序》爲一卷。經二十九卷，殆舍序言之；傳三十卷，殆兼序言之。《魯詩》亦有序，今出土《漢石經·魯詩》經文連接，中間不見《詩序》一字，此古人序别爲卷之證也。今此諸卷中，丁、戊、己三卷有卷九、卷十後題，與《隋志》、唐刻相合。而《周南·關雎》第一至《那》第三十舊題自在，則二十卷者雖非《漢志》之舊，六朝已如此，亦不必遽改。此四事也。往歲，葨兒從予受《詩》，頗明故訓。今此編之成，傷兒之不及見也。悲夫！己巳十一月，上虞羅振玉書於遼東寓居之魯詩堂。

甲本起《周南・汝墳》末章，訖《陳風・宛丘》次章。《唐風》以上無傳箋，以下有。

父母孔尔　「尔」，各本均作「邇」。

夫人起家而居之　各本「居之」作「居有之」。

可以奉祭祀　各本「可」字上有「夫人」二字。

薄言旋歸　各本「旋」作「還」。日本山井鼎《毛詩考文》古本「還」作「旋」。《文選》王仲宣《從軍詩》注、江文通《雜體》注引，並作「薄言旋歸」。

供祭祀矣　各本「供」作「共」。《釋文》：「共，本或作供。」

有齋季女　各本「齋」作「齊」。《釋文》：「齊，本亦作齋。」《白帖》六十九引《詩》，亦作「齋」。

蔽茀甘棠　各本「茀」作「芾」。《韓詩外傳》、《家語・廟制》引《詩》，並作「茀」。

不能侵淩貞女也　各本「淩」作「陵」。

誰謂汝無家　各本「汝」作「女」。

鵲巢功之所致也　各本作「鵲巢之功致也」。《毛詩考文》古本「致」上有「所」字。此「功之」二字殆誤倒。

委々蚫々　各本作「委蛇委蛇」。《釋文》：「讀此句當云『委虵委虵』。沈讀作『委委虵虵』。」案：此作「蚫」，爲「虵」之譌字。《釋文》謂當讀「委虵委虵」是也。古寫本凡重句、重字疊見者，皆於字下作「々」字。如此本《江有汜》次章之「不我與，不我與」，作「不々我々與々」。《殷其靁》「歸哉！歸哉」作「歸々哉々」，均其例也。

磤其雷　各本「磤」作「殷」，「雷」作「靁」。案：「磤」，别字。《釋文》：「靁，亦作雷。」

莫敢遑處　各本「敢」作「或」。《毛詩考文》：古本「莫」下有「敢」字。

傾筐塈之　各本「傾」作「頃」。

勤而不怨　各本「不」作「無」。

强暴相淩　各本作「彊暴相陵」。

白茅苞之　各本「苞」作「包」。《釋文》：「苞，逋茆反。」段氏《詩經小學》：「苞、苴字，皆從艸。」作「苞」者是。

林有樸梀　各本「梀」作「樕」。案：《説文》：「速，从辵，束聲。」籀文从「欶」，則从「束」與从「欶」同。

無撼我帨兮　「撼」，各本作「感」。《釋文》：「感，如字。又，胡坎反。」《韻會》：「撼，動也，通作感。與《詩》『無感我帨』之『感』同。」《太平御覽》九百四引亦作「撼」。陳氏《傳疏》：「感，古撼字。」

無使狵也吠兮　各本「狵」作「尨」，是。此作「狵」，俗字。又，各本無「兮」字。

棠棣之華　各本「棠」作「唐」。《御覽》百五十二、百七十二兩引均作「棠」。

則王道成矣　各本「矣」作「也」。

騶虞二章章四句　今本作「三句」。此作「四句」，殆以「于嗟乎」爲句耶？

鄁栢之什詁訓傳第三　今本作「《邶·柏舟詁訓傳》第三」。此奪「舟」字，衍「之什」二字。《釋文》：「邶，本又作鄁。」《國語·魯語》、《漢書·叙傳·注》引均作「鄁」。《釋文》又云：「柏字，又作栢。」

毛詩國風二　各本無「二」字。

如有殷憂　各本「殷」作「隐」。《淮南·説山》高注及《文選》引均作「殷」。陸士衡《歎逝賦》、向子期《思舊賦》、阮嗣宗《詠懷詩》、劉越石《勸進表·注》引《韓詩》、謝宣遠《答靈運詩》、嵇叔夜《養生論·注》引《毛詩》，又作「慇」。

以遨以遊　各本「遨」作「敖」。《釋文》：「敖，本亦作遨。」《蜀石經》亦作「以遨以遊」。

我心匪監　各本「監」作「鑑」。《釋文》出「匪監」云：「本又作鑒。」

薄言往訴　各本「訴」作「愬」。

遘閔既多　各本「遘」作「覯」。《釋文》出「遘閔」注：「本或作覯。」《漢書·叙傳·注》引亦作「遘」。

寤嬖有摽　各本「嬖」作「辟」。《釋文》：「辟，本又作擘。」《考文》亦云：「古本作擘。」此作「嬖」，殆「擘」之譌。

曷云其已　各本「云」作「維」。

湊其北風　各本「北」作「以」。此本亦作「以」，後改「北」。

瞻望不及下二章同　各本「不」作「弗」。《列女傳・衛姑定姜傳》及《後漢書・皇后紀》、《文選》曹子建《上責躬應詔詩表》、陸士衡《赴洛詩・注》、《藝文類聚》九十二引並作「不」。

竚立以泣　各本「竚」作「佇」。《釋文》出「竚立」，則陸氏本亦作「竚」。楚辭《大司命》及《九歌》王注引均作「竚」。

傷己不答於先君以至困窮也　各本「答」上有「見」字，「困窮」下有「之詩」二字。

見侮慢而不能正也　各本「不」上無「而」字。《蜀石經》有。《考文》古本亦有「而」字。

願言則嚏　各本「嚏」作「疐」。《蜀石經》作「嚏」。《釋文》出「疌」字注：「本又作嚏，又作疐。」玄應《一切經音義》三及十、十四，三引下作「願言即嚏」。

擊鼓其鐺　各本「鐺」作「鏜」。

土國城曹　各本「曹」作「漕」。

死生挈闊　各本「挈」作「契」。《釋文》：「契，本亦作挈。」《漢石經・魯詩》亦作「挈」。

颻風　各本「颻」作「颽」。《爾雅·釋天》、《釋文》亦作「颽」。

並爲淫亂焉　各本無「焉」字。《考文》：「亂下有焉字。」

嗺嗺鳴雁　各本「嗺」作「雝」。《爾雅·釋詁·疏》引亦作「嗺」。

人涉仰否　各本「仰」作「卬」。《釋文》：「卬，五郎反。本或作仰，音同。」

僶俛同心　各本「僶俛」作「黽勉」。《釋文》：「本亦作僶。」《白帖》十七、《御覽》五百四十引亦作「僶俛」。

不遠伊尔　各本「尔」作「邇」。《呂氏春秋·孟春紀·注》引亦作「爾」。

燕尔新婚下第六章同　各本「燕」作「宴」，「婚」作「昏」。《釋文》：「本又作燕。」《考文》古本作「燕」。《蜀石經》同。《白虎通·嫁娶》引亦作「燕」。

僶俛求之　各本「僶俛」作「黽勉」。《文選》陸士衡《文賦》、殷仲文《解尚書表·注》引並作「僶俛」。

黎侯寓乎衛　各本「乎」作「于」。《釋文》：「于，又作乎。」

黎侯寓乎衛不能脩方伯連帥之職　各本「乎」作「于」，「帥作率」。

瑮兮尾兮　各本「瑮」作「瑣」。《釋文》出「瑮兮」注：「依字作瑣。」

袞如充耳　各本「袞」作「褎」。《釋文》：「本亦作袞。」

出宿于濟　各本「濟」作「泲」。《儀禮・士虞禮》鄭注《列女傳・魯之母師傳・注》、《初學記》十八、《白帖》三十四、《御覽》四百八十九、《文選》陸士衡《挽歌・注》引並作「濟」。

載脂載舝　各本「舝」作「牽」。《文選》潘正叔《贈陸機出爲吴王郎中令詩・注》引作「轄」。「轄」、「舝」同字。

思湏與漕　各本「湏」作「須」。案：作「湏」是也。《説文》「沬」，古文作「湏」。《鄘風・桑中》「沬之鄉矣」傳：「沬，魏邑。」此「湏」，即《桑中》之「沬」。後世「湏」之别搆作「須」。校書者不知爲「沬」之古文，遂改爲「須」矣。

憂心慇慇　各本「慇」作「殷」。《釋文》：「本又作慇」。《蜀石經》亦作「慇」。

莫不相携持而去之焉　各本無「之」字。

俟我乎城隅　各本「乎」作「于」。《韓詩外傳》及《説苑・辨物》、《文選》向子期《思舊賦・注》引並作「乎」。

貽我乎彤管　各本「貽」作「詒」，無「乎」字。《釋文》出「貽我」注：「本又作詒。」《蜀石經》亦作「貽」。

悦懌女美　各本「悦」作「説」。《釋文》：「説，本又作悦。」《蜀石經》亦作「悦」。《白帖》二十、《御覽》六百五引，均作「悦」。

詢美且異　各本「詢」作「洵」。《釋文》：「洵，本亦作詢。」

久而要之　各本無「久」字。

國人傷而思之而作是詩也　各本「作」上無「而」字。《蜀石經》及《考文》古本均有。

汎汎其影　各本「影」作「景」。《釋文》：「景，如字，或音影。」

凡八千四百七十三言第二　此十一字在《邶風》末，各本均無。《漢石經》每卷後皆記字數，《蜀石經》作「經第二千二，注五千九百九十三字」。

國風三　各本作「毛詩國風」。

故作是詩以絶之也　各本無「也」字。《考文》古本「絶」之下有「也」字。

實惟我儀下章同　各本「惟」作「維」。《列女傳·漢孝平王后傳》引亦作「惟」。

之死夫靡匿　各本「匿」作「慝」。《唐石經》初刻「匿」，後改「慝」，知當時有作「匿」之本。

牆有茨不可埽　各本「埽」下有「也」字。此本首章初亦有四「也」字，後塗去。後二章無八「也」字。《考文》古本「埽」下無「也」字，二本同。

中遘之言下二章同　各本「遘」作「冓」。《釋文》：「冓，本又作遘。」

不可攘也　各本「攘」作「襄」。《考文》古本「襄」作「攘」。二本同。

委委他他　各本「他」作「佗」。盧氏《毛詩釋文考證》：「宋本作他他。」《讀詩記》引《釋文》亦作

「他他」。

其之狄兮　各本作「其之翟也」。《釋文》出「狄」字注：「本亦作翟」。《考文》古本「翟」作「狄」。《北堂書鈔》百二十七引亦作「狄」。

胡然而天胡然而帝　各本兩句末，各有「也」字。

衛爲翟人所滅下攘夷翟同　各本「翟人」作「狄」。《釋文》：「一本作狄人。」《考文》載古本亦有「人」字。

野處曹邑　各本「曹」作「漕」。《釋文》：「漕，音曹。」

作爲楚宮下作爲楚室同　各本兩「爲」字，均作「于」。《考文》古本兩「于」字，均作「爲」。《白帖》三十八、《御覽》百七十三、《文選》左太沖《魏都賦・注》引並作「為」。

升彼墟矣　各本「墟」作「虚」。《釋文》：「本或作墟。」《水經》八《濟水注》引亦作「墟」。

乃如之人兮　各本「兮」作「也」。《韓詩外傳》及《列女傳・陳女夏姬傳》、《説苑・辨物》引均作「兮」。

太無信也　今本「太」作「大」。《釋文》：「大音泰。」

衛文公正其羣臣　今本「正」上有「能」字。

閔其宗國自傷不能救之　今本「宗國」下有「顛覆」二字，「之」作「也」。

露於曹邑　今本「曹」作「漕」。

言至乎曹　今本「乎」作「于」，「曹」作「漕」。《列女傳·許穆夫人傳》引亦作「曹」。

言采其莔　今本「莔」作「蝱」。《御覽》五十六及九百九十二兩引均作「莔」。

控乎大邦　今本「乎」作「于」。

故能入相乎周　今本「乎」作「于」。

瞻彼淇隩下二章同　今本「隩」作「奥」。《禮記·大學》引作「淇澳」。《釋文》：「澳，本亦作奥」「本又作隩。」《爾雅·釋丘·疏》引亦作「隩」。《漢石經》、《魯詩殘字校記》亦作「隩」。

如珪如璧　今本「珪」作「圭」。《考文》古本「圭」作「珪」。《文選》王簡《栖頭陀寺碑文·注》、《北堂書鈔》五引並作「珪」。

國人閔而憂之也　今本無「也」字。《考文》古本有。

領如蝤齊　今本「齊」作「蠐」。《釋文》出「蠀」字注：「本亦作蠐，又作齊。」

稅乎農郊　今本作「説于農郊」。《釋文》：「本或作稅。」《文選》司馬長卿《上林賦》張揖注引亦作「稅」。

狄茀以朝　今本「狄」作「翟」。

鱣鮪濊濊　今本「濊濊」作「發發」。案：《吕氏春秋·季春紀》高注、《淮南·説山》高注引均作

「潑潑」。「潑」，殆「潑」之譌。

復相弃背　今本「弃」作「棄」。《釋文》出「弃背」，此與《釋文》本同。

喪其配偶　今本「配偶」作「妃耦」。《釋文》：「妃耦，音配。」

士之罔極　今本「之」作「也」。

至乎暴矣　今本「乎」作「于」。

竹干下同　今本「干」作「竿」。

思而能以禮也　今本「也」上有「者」字。

淇水悠悠　今本「悠」作「滺」。《漢石經·魯詩校記》亦作「悠」。《御覽》六十四吴淑《事類賦》引均作「悠」。

丸蘭下同　今本「丸」作「芄」。《釋文》：「本亦作丸。」

宋襄公母歸乎衛　今本「乎」作「于」。

曾不容舠　今本「舠」作「刀」。《釋文》：「字書作舠。」《御覽》七百七十引亦作「舠」。

邦之傑兮　今本「傑」作「桀」。《玉篇·人部》及玄應《一切經音義》五引均作「傑」。

喪其配偶　今本「配偶」作「妃耦」。

會男女之無室家者　今本「室」作「夫」。案：作「室」義爲長。

所以蕃育民人也 今本無「蕃」字，「民人」作「人民」。《釋文》：「本或作蕃育者，非。」《考文》古本「人民」亦作「民人」。

出處于曹 今本「曹」作「漕」。

大夫行役 今本「大」上有「周」字。

右招奪我字**游遨** 今本「游遨」作「由敖」。《考文》古本「敖」作「遨」。

周人怨焉 今本「怨」下有「思」字。

中谷有推下同 今本「推」作「蓷」。

條其嘯矣 今本「嘯」作「歗」。《釋文》：「歗，籀文嘯字，本又作嘯。」《考文》古本作「嘯」。《事文類聚》引亦作「嘯」。

菟爰下同 今本「菟」作「兔」。《漢書·李廣傳·注》引王風《菟爰之詩》曰：「有菟爰爰。」

諸侯背畔 今本「畔」作「叛」。

雉羅于羅下二章同 今本「羅」作「離」。

葛虆下又作藟 今本作「藟」。

王族刺桓王也 今本「桓」作「平」。《釋文》出「刺桓王」注：「本亦作刺平王。」案：《詩譜》是平王詩。皇甫士安以爲桓王之詩。崔集注本亦作「桓王」。

禮義淩遲　今本「淩」作「陵」。

其將來施施下同　今本「其將」作「將其」。《考文》古本「將其來食」作「其將來食」。盧氏文弨據上章正義言「其將來之時施施，則上章亦似作其將來施施」。今此本正與盧説合。

詒我佩玖　今本「詒」作「貽」。《釋文》出「詒我」。《白帖》三十五引亦作「詒」。

美武公之德也　今本無「之德」二字。《考文》：「一本作美武公之德也。」

弊予又改爲兮下二章同　今本「弊」作「敝」。《釋文》：「本又作弊。」《考文》古本作「弊」。《文選》潘安仁《西征賦》注、《北堂書鈔》五十一、《御覽》六百九十引均作「弊」。

緇衣之席兮　今本「席」作「蓆」。宋本《爾雅·釋詁》郭注、邢疏，吴淑《事類賦》引均作「席」。

叔失道而公弗制祭仲驟諫而公弗聽　今本「叔」上有「弟」字，「仲」下無「驟」字。《考文》：「一本諫上有驟字。」

叔馬嫚忌　今本「嫚」作「慢」。《釋文》出「嫚」字注：「本又作慢。」《考文》古本「慢」作「嫚」。

而御狄于境　今本「御」作「禦」，「境」作「竟」。《釋文》出「而御」，此與《釋文》本同。《考文》古本「竟」作「境」。

羔裘大夫刺朝也　今本無「大夫」二字。

彼己之子下二章同　今本「己」作「其」。《考文》古本「其」作「己」，下皆同。《左》襄公廿七年傳亦作

「彼己之子」，注見《鄭風》。《左》昭公六年傳、注，《新序・義勇》、《節士》，《韓詩外傳》引並作「己」。

無我𢿎兮　今本「𢿎」作「魗」。《釋文》：「本亦作𢿎，又作𢿎。」此作「𢿎」，从「犮」，殆从「攴」之譌。盧氏文弨曰：「《説文》：『𢿎，棄也。』引《詩》『無我𢿎兮』。《毛傳》：『魗，棄也。』正爲《説文》所本。魗，乃俗字。」

不寁好兮　今本「兮」作「也」。《釋文》：「故也，一本作故兮。後好也亦爾。」此本「好也」作「好兮」，「故也」不作「故兮」。

陳古士義以刺今不説德而好美色也　今本無「士」字、「美」字。

雜珮以贈之下二珮字同　今本「珮」作「佩」。《白帖》引正作「珮」。

鄭人刺忽之不婚于齊也　今本「婚」作「昏」，無「也」字。《考文》古本「昏」作「婚」。

齊女賢而忽不取　今本無「忽」字。《考文》古本有。

所美非美人　今本「人」作「然」。

使我不能飡兮　今本「飡」作「餐」。《考文》古本作「飡」。此作「飡」，「飡」之俗作。

男行而女不隨也　今本無「也」字。《考文》古本有。

俟我于巷兮　今本「于」作「乎」。《考文》古本「乎」作「於」。

子之倡兮　今本「倡」作「昌」。

東門之壇下同　今本「壇」作「墠」。《釋文》出「東門之壇」注：「依字當作墠。」

其室則爾　今本「爾」作「邇」。

風雨蕭蕭　今本「蕭」作「瀟」。《御覽》九百十八、《事類賦》十八引均作「蕭」。

亂世則學校不脩　今本「亂世」作「世亂」，「脩」下有「焉」字。《釋文》出「世亂」注：「本或以世在下者，誤。」《考文》古本亦無「焉」字。

維予與汝下廷汝同　今本「汝」作「女」。《考文》古本亦作「汝」。

聊樂我云　今本「云」作「員」。《釋文》：「本亦作云。」《御覽》八百十九引亦作「云」。

匪我思徂　今本「徂」作「且」。《釋文》出「思且」注：「音徂。」

聊我與虞　今本「虞」作「娛」。《釋文》：「本亦作虞。」《考文》古本作「虞」。二本同。

君之澤不流於下　今本作「君之澤不下流」。

零露團兮　今本「團」作「漙」。《釋文》：「本亦作團。」《考文》古本作「團」。《文選》謝惠連《詠牛女詩》、江文通《雜體詩》注、《藝文類聚》八十一引均作「團」。

婉如清陽　今本「陽」作「揚」。《藝文類聚》四十一魏文帝《善哉行》：「婉如清陽。」又，《説苑·尊賢》、《文選》傅武仲《舞賦》、《洛神賦·注》並引詩「清陽婉兮」。此本「清揚婉兮」，仍作「揚」，與今本同。

與子皆臧　今本「皆」作「偕」。宋十行本《注疏》作「皆」，與此同。

維士與女下章同　今本無「維」字。《考文》古本亦有「維」字。

卷第四　此行在《鄭風》末，今本無。

相成之道也　今本「也」作「焉」。

無庶與子憎　今本「與」作「予」。《正義》云：「今《定本》作與子憎。」

從禽獸而無饜　今本「饜」作「厭」。《釋文》：「或作饜。」

並驅從兩豜兮　今本「豜」作「肩」。《釋文》：「本亦作豜。」《説文·豕部》引《詩》「並驅從兩豜兮」。此作「豜」，乃「豣」之别字。

刺襄公也　今本作「刺哀也」。《釋文》出「刺哀」注：「或作刺襄公，非也。《南山》以下，始是襄公之詩。」

在我達兮下章同　今本「達」作「闥」。

自公命之　今本「命」作「令」。

不能晨夜不夙則暮　今本「晨」作「辰」，「暮」作「莫」。《考文》古本「辰」作「晨」。《白帖》一引亦作「晨」。

作詩而去焉　今本「焉」作「之」。

從衡其畝　今本作「衡從其畝」。玄應《一切經音義》三及六，兩引《韓詩》作「從横其畝」。

娶妻如之何　今本「娶」作「取」。《孟子・萬章篇》趙注、《孔叢子・論書》、《白虎通・嫁娶》、《吕氏春秋・當務》高注引均作「娶」。

不脩其德而求諸侯　今本無「其」字。《考文》古本有。

所求之者　今本作「所以求者」。

無佃甫田下章同　今本「佃」作「田」。

未幾見之　今本「之」作「兮」。《釋文》：「一本作見之。」《考文》古本亦作「之」。

盧鈴鈴下同　今本「鈴」作「令」。《爾雅・釋訓》作「鈴鈴」。

故陳古以刺風焉　今本無「刺」字。

其魚魴鯤　今本「鯤」作「鰥」。《御覽》九百四十引作「鯤」。

無禮儀故盛其車服　今本「儀」作「義」。

駟驪濟濟　今本「駟」作「四」。

齊子愷悌　今本「愷悌」作「豈弟」。《考文》古本亦作「愷悌」。

齊子遊遨　今本「遨」作「敖」。《考文》古本亦作「遨」。

有威儀伎藝　今本「伎」作「技」。

巧趁蹌兮　今本「趁」作「趨」。《釋文》：「本又作趁。」《考文》古本亦作「趁」。

以御亂兮　今本「御」作「禦」。《儀禮・大射注》引亦作「御」。

宛然左僻　今本「僻」作「辟」。《説文・人部》引《詩》「宛如左僻」。《考文》古本作「宛然左僻」。

殊異乎公輅　今本「輅」作「路」。

而作是詩也　今本「而」作「故」。

園有棘　今本「棘」作「棘」。《釋文》：「俗作棘，同。」

國小而迫而數見侵削　今本作「國迫而數侵削」。《考文》古本作「國小迫而數見侵削」。

役于大國之間　今本作「役乎大國」。

十畝之間下章同　今本有「兮」字。《考文》古本亦無「兮」字。《白帖》八十二引同。

行與子旋兮　今本「旋」作「還」。《釋文》：「本亦作旋。」

胡取禾三百壥兮　今本「壥」作「廛」。《釋文》：「本亦作壥，又作壥。」

河水清且淪漪　今本「漪」作「猗」。《説文・水部》引作「漪」。然此本前二章均作「猗」。

伐檀三章章十句　今本「十」作「九」。案：作「十句」是。

國人刻其君之重斂　今本無「之」字。

誰之詠號　今本「詠」作「永」。《釋文》出「咏」字注：「本亦作永。」「咏」、「詠」同字。《考文》古本作「詠」。

卷第五　此行在《衛風》末，今本無。

唐蟋蟀詁訓傳第十卷第六　今本無「卷第六」三字。

歲聿其暮　今本「暮」作「莫」。《文選》曹顏遠《思友人詩》、潘安仁《寡婦賦》注引《毛詩》、陸士衡《長歌行》、《短歌行》、袁彦伯《三國名臣序贊》、張景陽《詠史詩》、江文通《雜體詩》注引《韓詩》並作「歲聿其暮」。

傳聿遂也　今本無「也」字。《考文》古本有。

箋歲時之候也　今本無「也」字。《考文》古本有。

無已太康下二章同　今本「太」作「大」。《後漢書·張升傳·注》、《爾雅·釋詁·疏》引，亦作「太」。

傳已甚也康樂也　今本無兩「也」字。《考文》古本有。

好樂無荒箋君子之好樂　今本無「子」字。

職思其外傳外謂國外至四境也　今本「至」作「之」，無「也」字。《考文》古本亦作「至四境也」。

良士蹶蹶傳動而敏於事也　今本無「也」字。《考文》古本有。

良士休休傳休休樂道之心也　今本無「也」字。

山有樞傳如山隰不能自用其材也　今本「材也」作「財」。《考文》古本亦作「材」。

菀其死矣下二章同　今本「菀」作「宛」。《釋文》：「宛，本亦作苑。」「菀」、「苑」，古通用。

傳菀死貌也　今本「菀」作「宛」，無「也」字。《考文》古本有「也」字。

山有栲傳栲山樗也　今本無「也」字。《考文》古本有。

子有庭内　今本「庭」作「廷」。《御覽》百八十五引亦作「庭」。

弗擊弗考　今本「擊」作「鼓」。《釋文》：「鼓，本或作擊，非。」《文選》潘安仁《河陽縣詩·注》引亦作「擊」。

何不日鼓瑟傳不離於側也　今本無「也」字。《考文》古本有。

白石鑿鑿傳鑿鑿然鮮明貌　今本無「然」字。《考文》古本有。

白石浩浩傳同　今本「浩」作「皓」。

不可告人　今本作「不敢以告人」。《荀子·臣道》引《詩》：「國有大命，不可以告人。」

君子見沃之能脩其政　今本「之」下有「彊盛」二字。

子孫將有國焉　今本「有」下有「晉」字。

椒聊之實蕃衍盈升箋椒性芬香而少實　今本「椒」下有「之」字。

又喻桓叔晉君支別耳　今本「支」上有「之」字。

又將以日盛也　今本作「將日以盛也」。

彼己之子下章同　今本「己」作「其」。《韓詩外傳》引亦作「己」。《考文》古本、宋本均作「己」。

碩大無朋箋謂狀貌佼好也　今本「狀」誤作「壯」。

又平均不黨也　今本「不」下有「朋」字，無「也」字。《考文》古本有「也」字。

三星在天傳若薪芻待人事而束也　今本「束」上有「後」字。

又可嫁娶也　今本作「可以嫁娶矣」。

見此良人傳良人善室也　今本「善」作「美」。

子兮子兮箋斥娶者也子之娶後陰陽交會之月　今本「斥」下衍「嫁」字，無「也」字，「子」下無「之」字。《考文》古本有「也」、「之」二字。

見此解覯下解覯同傳同　今本「解覯」作「邂逅」。《釋文》：「邂，本亦作解」，「逅，本又作覯。」《考文》古本亦作「覯」。

三星在户箋六月之中也　今本無「也」字。《考文》古本有。

見此粲都下粲都同　今本「都」作「者」。案：《國語》「女三爲粲」注：「粲，美貌。」「粲都」，猶言其人美且都，義較「粲者」爲長。

其葉湑湑傳湑湑枝葉不相比近者　今本「比近者」作「比也」。

其葉菁菁傳菁菁葉盛貌也　今本無「貌」字。《考文》古本有。

獨行嬛嬛傳同　今本「嬛嬛」作「睘睘」。

晉人刺其君　今本無「君」字。《考文》古本有。

羔裘豹袪傳袂末也　今本無「末」字。《正義定本》云：「袂末」。

又不相親比之貌也　今本無「也」字。《考文》古本有。

羔裘豹褎　今本「褎」作「褏」。《釋文》出「豹褎」注：「本又作褏，同。」

傳究究猶居居　今本「居」下有「也」字。

箋亦唐之遺風焉　今本無「焉」字。《考文》古本「焉」作「也」。

肅肅鴇羽序及下章同　今本「鴇」作「鴇」。「鴇」，正字；「鴇」，俗字。

傳鳥羽聲也　今本「鳥」作「鴇」。

又集止也苞稹也　今本無兩「也」字。《考文》古本有。

生于道左傳道之陽　今本「之」上有「左」字。

箋以其特生蔭寡也　今本「蔭」作「陰」。《釋文》：「陰，本亦作蔭。」

噬肯適我箋至於此邦　今本「邦」作「國」。

角枕粲兮傳齋則角枕錦衾箋齋字同　今本「齋」作「齊」。《釋文》：「本亦作齋，下同。」《考文》古本亦作「齋」。

夏之日冬之夜箋於晝夜長之時　今本誤作「於晝夜之長時」。

首陽之顛　今本「顛」作「巔」。

箋皆云我時月而采之於首陽山之上　今本作「皆云采此苓於首陽山之上」。

凡三千二百五十二字　此九字在《唐風》之末，今本無。

有車馬禮樂侍御之好焉　此下有注「秦仲爲周宣王大夫也」九字。今本無。《考文》古本亦有「秦仲，周宣王大夫也」八字。

寺人之令箋時秦仲始有此臣也　今本作「時秦仲又始有此臣」。

逝者其耋箋謂仕焉也而去在他國　今本無「也」字，「在」作「仕」。《考文》：「一本焉下有也字，下仕作在。」與此本同。

四驖下同　今本「四」作「駟」。《説文・馬部》引《詩》「四驖孔阜」。《漢書・地理志》、《秦詩・四载》之篇集注引「四载孔阜」。段氏玉裁曰：「言馬四，則但謂之四；言施乎四馬者，乃謂之駟。今《詩》作『駟驖』，而《干旄》引《異義》、《公羊・隱元年・疏》皆作『四』。」陳氏奂曰：「駟，當作四。四驖孔阜，猶云四牡孔阜耳。」

苑囿之樂焉　今本「苑」作「園」。

公之媚子箋媚於上下者謂使君臣上下和合也　今本上句無「者」字，下句無「上下」二字。《考文》古本亦作「媚於上下者」。

奉時辰牡傳時是也　今本無「也」字。《考文》古本有。

又羣獸也　今本無「也」字。《考文》古本有。

舍拔則獲箋舍括則獲言善射也　今本「括」作「拔」，「言」下有「公」字。

輶車鸞鑣傳輶車輕車也　今本作「輶，輕也」。

載歛歇獢　今本作「載獫歇驕」。《釋文》：「驕，本又作獢。」《爾雅・釋畜》作「猲獢」。郭注及《漢書・地理志・注》引亦作「猲獢」。

婦人則閔其君子焉　今本「則」作「能」。

游環脅驅傳順駕具　今本「順」作「慎」。《釋文》：「慎，或作順。」

言念君子箋我念君子之性　今本脱「我」字。《考文》古本有。

蒙伐有菀傳同　今本「菀」作「苑」。《玉篇・盾部》引《詩》「蒙瞂有菀」。

傳厹矛三偶矛　今本作「厹，三隅矛也」。

秩秩德音傳有智也　今本「智」作「知」。《釋文》：「知，本亦作智。」

蒹葭箋其人被周之德化日久矣　今本「化」作「教」。

蒹葭蒼蒼傳然後歲事成　今本「成」下衍「興」字。《考文》古本亦不衍「興」字。

菀在水中央下二章同　今本「菀」作「宛」。《釋文》：「本亦作菀。」

箋菀然坐見貌也　今本無「然」字、「也」字。《考文》古本有「也」字。

白露未晞箋未爲霜也　今本無「也」字。《考文》古本有。

而作是詩以戒勸之也　今本「而」作「故」，無「也」字。《考文》古本亦作「而」，有「也」字。

有樤有梅《傳》同　今本「樤」作「條」。《考文》古本亦作「樤」。注同二本同。

傳樤梠也　今本無「也」字。《考文》古本有。

箋此之謂戒勸也　今本無「也」字。《考文》古本有。

錦衣狐裘傳采衣也　今本「衣」作「色」。《考文》古本亦作「衣」。

又朝廷之服也　今本無「也」字。《考文》古本有。

顔如渥丹箋渥淳漬也顔色如淳漬之丹　今本兩「淳」字並作「厚」。《釋文》出「淳」字注：「本亦作厚。」《考文》古本亦作「淳」。

交交黄鳥傳交交小貌也　今本無「也」字。《考文》古本有。

又亦得其所也　今本無「也」字。《考文》古本有。

惴惴其栗下二章同　今本「栗」作「慄」。《孟子·公孫丑》趙注、《淮南·説山》高注、《文選》潘安仁《楊仲武誄·注》引並作「栗」。段氏玉裁云：「當作栗。」

鴥彼晨風　今本「鴥」作「鴪」。《釋文》、《説文》作「鴥」。《説苑・奉使》、《爾雅・釋鳥・注》、《北堂書鈔》十一、《文選》曹顔遠《感舊詩》、左太沖《蜀都賦》、干寶《晉紀論・注》引並作「鴥」。段氏玉裁謂：「當從《釋文》所引《説文》作鴥。」

豈曰無衣傳則百姓能致其死　今本「能」作「樂」。

與子皆作下皆行同　今本「皆」作「偕」。《漢書》趙充國、辛慶忌兩傳贊並作「與子皆行」。

曰至渭陽箋送舅氏於咸陽之地也　今本無「也」字。《考文》古本有。

路車乘黄傳乘黄四馬黄也　今本脱下「黄」字。《考文》古本作「四馬皆黄也」。

凡二千九百八十字　卷六　此十字在《秦風》末，今本無。

陳菀丘詁訓傳第十二卷七　今本無「卷七」二字。

菀丘下同　今本「菀」作「宛」。《水經・潧水・注》引《詩・菀丘》之下，字亦作「菀」。

子之湯兮傳子卿大夫也　今本無「卿」字。《考文》古本有。

箋游蕩無所不爲也　今本無「也」字。《考文》古本有。

乙本起《邶風・栢舟》，訖《魏風・匏有苦葉》末章。

鄁栢舟故訓傳第三　「邶」作「鄁」，與甲卷同。

衛傾公之時　今本「傾」作「頃」。

亦汎其流傳汎流貌也　今本作「汎汎，流貌」。複「汎」字，無「也」字。《釋文》出「汎，流貌」注：「本或作汎汎，流貌者，此從王肅注加。」《考文》古本亦有「也」字。

又所宜以爲舟也　今本「宜以」作「以宜」。

又亦汎其流　今本複「汎」字。

箋舟載渡物者也　今本無「也」字。《考文》古本有。

又喻仁人之不用與羣小人並列亦猶是　今本「不」下有「見」字，「用」下有「而」字，「是」下有「也」字。

以遨以遊傳同　「敖」作「遨」，與甲本同。

我心匪監傳箋並同　「鑒」作「監」，與甲本同。

箋我心非如是監也　今本無「也」字。《考文》古本有。

逢彼之怒傳彼兄弟也　今本複「彼」字，無「也」字。《考文》古本有。

不可卷也傳尚可卷也　今本無「也」字。《考文》古本有。

不可選也傳各有宜尔　今本作「各有威儀耳」。

寤擗有摽　今本「擗」作「辟」。《釋文》：「辟，本又作擘。」「擗」與「擘」同，並从手，一在下，一在旁尔。

不能奮飛傳奮翼而飛去也　今本無「也」字。《考文》古本有。

緑衣序注謂公子州吁之母也　今本無「也」字。《考文》古本有。

俾無訧焉　今本「焉」作「兮」。

傳俾使也　今本無「也」字。《考文》古本有。

絺兮綌兮箋所以當暑也　今本無「也」字。《考文》古本有。

燕燕于飛傳燕乙也　今本作「燕燕，鳦也」。《釋文》：「鳦，本又作乙。」

箋謂張舒其尾翼也　今本無「也」字。《考文》古本有。

瞻望不及　「弗及」作「不及」，與甲本同，然下二章又作「弗及」。

傳佇久立也　今本「佇」下有「立」字。

實勞我心傳實是　今本無「實，是」二字。《考文》古本有「實，是也」三字。

其心塞淵傳塞實也　今本作「塞，瘞」。《釋文》：「瘞，崔集注本作實。」

以至困窮也　今本「窮」下有「之詩」二字。

逝不古處傳逝逮也　今本無「也」字。《考文》古本有。

胡能有定傳胡何也　今本無「也」字。《考文》古本有。

見侮慢而不能正也　今本無「而」字，此與甲本同。

顧我則笑箋是無敬心之甚也　今本無「也」字。《考文》古本有。

願言則疐箋言我也　今本無「也」字。《考文》古本有。

又我憂悼而不能寐　今本「我」下有「其」字。

擊鼓序注先告陳與宋以成事　今本「成」下有「其伐」二字。

擊鼓其鏜傳同　「鏜」作「鏜」，與甲本同。

土國城曹傳同　今本「曹」作「漕」，此與甲本同。

憂心有忡傳憂心忡忡然也　今本無「也」字。《考文》古本有。

與子成悅　今本「悅」作「説」。《釋文》：「説，音悅。《毛》：數也；《鄭》：相愛説也。」

颽風下同　「凱」作「颽」，與甲本同。

吹彼棘心傳難長養者也　今本無「也」字。《考文》古本有。

雄雉序注國人久從軍旅之事　今本作「國人久處軍役之事」。

不忮不求傳忮害也　今本無「也」字。《考文》古本有。

匏有苦葉序注謂夷姜也　今本無「也」字。《考文》古本有。

濟有深涉箋時陰陽交　今本作「陰陽交會」，無「時」字。《考文》古本有。

淺則揭箋爲之求配偶也　今本「配偶」作「妃耦」，無「也」字。《考文》古本有。

雍雍鳴雁傳同　今本「雍」作「雝」。《蜀石經》作「雍」，「雍」、「雝」古今字。

丙本起《豳風·七月》，訖《伐柯》。

豳風

七月流火箋故言將寒　今本作「故將言寒」。

三之日于耜傳豳地晚寒　今本「地」作「土」。

田畯至喜箋俱以饟饋來　今本無「饋」字。

又其見田大夫也　今本無「也」字。

女執懿匡傳同　今本「匡」作「筐」，「匡」、「筐」，古今字。

采繁祁祁　今本「繁」作「蘩」。

傳藩蒿也　今本作「白蒿也」。案：《釋文》出「皤蒿」，此「藩」字，殆「皤」之譌。《考文》古本亦作「皤」。

女心傷悲傳秋士思　今本「思」作「悲」。

殆及公子同歸傳殆始也　今本無「也」字。《考文》古本有。

八月藿葦傳同　今本「藿」作「萑」。《唐石經》初亦作「藿」，後改「萑」。《御覽》一千引作「藿」。

載玄載黄傳玄衣熏裳箋同　今本「熏」作「纁」。

十月隕擇箋物成而將寒之候也　今本「物」上有「皆」字，句末無「也」字。《考文》古本有。

一之日于貉傳謂取狐貉之皮也　今本「狐貉」作「狐貍」，無「之」字。《考文》古本有。

又孟冬則天子始裘　今本無「則」字。《考文》古本有。

載纘武功傳纘繼也　今本無「也」字。《考文》古本有。

又箋因習兵事俱習田獵也　今本無「事」字、「獵」字。

六月莎雞振羽傳莎雞羽成振迅之矣　今本「成」下有「而」字，「迅」作「訊」，無「矣」字。《釋文》：「訊，本又作迅。」《考文》古本亦無「而」字。

六月食鬱及薁傳鬱棣屬也　今本無「也」字。《考文》古本有。

七月亨葵及叔下叔麥同　今本「叔」作「菽」。《釋文》：「本亦作叔。」

箋以助其養老之具也　今本無「也」字。《考文》古本有。

予所蓄租傳租爲也　今本無「也」字。《考文》古本有。

又故能免乎大鳥之難也　今本無「也」字。《考文》古本有。

風雨之所漂搖　今本無「之」字，此殆衍文。

東山序注周公於是志意申美而詳之也　今本無「意」字，「申」作「伸」，句末無「也」字。《考文》：「一本志下有意字。」古本句末有「也」字。

零雨其濛傳濛雨貌也　今本無「也」字。《考文》古本有。

又箋又是苦之甚　今本作「是尤苦也」。

我東曰歸箋常曰歸也常曰歸也　今本無複句。

我心西悲傳如其倫之喪也　今本無「也」字。《考文》古本有。

制彼常衣箋同　今本「常」作「裳」。

蜎蜎者蠋傳蜎蜎蠋貌也　今本無「也」字。《考文》古本有。

燿燿宵行箋家無人則生　今本「生」作「然」。

不可畏也箋是不足畏　今本「足」下有「可」字。

鸛鳴于垤傳穴處先知之也　今本作「則穴處先知之矣」。《考文》古本亦作「也」。

洒埽穹窒箋窒塞也洒灑也　今本無兩「也」字。《考文》古本有。

有敦瓜苦箋專專然　今本無「然」字。

又烝塵也　今本無「也」字。《考文》古本有。

零雨其濛箋皆爲序歸士之情也　今本無「也」字。《考文》古本有。

皇駮其馬傳同　今本「駮」作「駁」。《爾雅·釋畜》孫炎注引作「騜駮其馬」。郭注同。

既破我斧傳隋銎曰斧方銎曰斨　今本無「方銎曰斨」四字。《考文》古本有。

四國是爲傳同　今本「爲」作「吪」。《釋文》作「訛」。「爲」，殆「譌」之壞字。

匪斧不尅　今本「尅」作「克」。《考文》古本作「尅」。《淮南·説山》引亦作「尅」。

傳亦治國之柄也　今本無「也」字。《考文》古本有。

匪媒不得箋定室家之道者　今本作「定人室家之道」。《考文》古本亦有「者」字。

丁本《小雅·鹿鳴之什》。

小雅

示我周行傳周至也　今本無「也」字。《考文》古本有。

箋言己維賢是用也　今本無「也」字。

德音孔昭箋孔甚也　今本無「也」字。《考文》古本有。

視民不恌傳恌偷也　今本「偷」作「愉」。正義曰：「定本作視民不偷」。

和樂且湛傳湛樂之久者也　今本無「者也」二字。《考文》古本有。

周道委遲傳同　今本「委」作「倭」。《釋文》：「倭，本又作委。」宋十行本《詩·干旄·正義》引《異義》亦作「周道委遲」。

箋云文王率諸侯撫叛國而朝聘乎紂周公作樂以歌文王之德以爲後世所法　今本以此爲傳文。《考文》古本「倭遲，歷遠之貌上」，一本有「箋云」二字，古本後補入之。案：《考文》「歷遠之貌上」之「上」字，殆「下」字之誤。是《考文》古本亦以「文王」以下爲《箋》語，今本誤爲傳也。今本「周公」上有「故」字，「德」作「道」，「爲」上無「以」字，「世」下無「所」字。

不皇啓處傳及下二章同　今本「皇」作「遑」。《開成石經》及《左傳》襄公廿九年傳引並作「皇」。

翩翩者鵻箋可使獲安乎　今本「可使」作「其可」。

又感厲之辞　今本無「辞」字。

是用作歌箋誠思歸故作此詩歌之　今本「歸」下有「也」字。《考文》古本無「歌之」。今本作「之歌」。

又來告於君曰人之思恒思其親　今本「曰」作「也」，「其親」作「親者」。

言遠而有光華焉　今本「焉」作「也」。

注以延其譽使於四方則爲不辱君命也　今本無「以」字、「使」字、「君」字。《考文》古本有「以」字、「君」字。《釋文》：「不辱命也，一本作不辱君命。」

皇皇者華傳能光君之命　今本無「之」字。《考文》古本有。

箋維所之則然矣　今本無「矣」字。《考文》古本作「也」。

每懷靡及箋使每人懷其私　今本無「使」字。

周爰諮諏下三章及傳同　今本「諮諏」作「咨諏」。《釋文》：「咨，本亦作諮。」

箋則於是訪問求善道　今本「是」作「之」。

周爰諮詢傳常自謂無所及於事乃成於六德也　今本「常」作「當」，無「於事乃」三字。

箋猶尚云　今本「尚」作「當」。

又言慎其事也　今本無「也」字。《考文》古本有。

常棣之華傳常棣栘也　今本「栘」作「棣」。《釋文》：「本或作常栘。」《爾雅》云：「唐棣，栘；常棣，棣。」作「栘」者，非。

兄弟求矣傳求言求兄弟相助也　今本無「相助」二字。

箋故能立顯榮之名也　今本無「也」字。《考文》古本有。

脊鴒在原傳同　今本「鴒」作「令」。《釋文》：「令，本亦作鴒。」《考文》古本作「鶺鴒」。

每有良朋箋每雖也　今本作「每有，雖也」。《考文》古本作「每有，雖有也」。

外御其務　今本「御」作「禦」。正義「本亦作御」云：「定本作禦。」

不如友生傳兄弟上恩熙熙然朋友以義相切切節節然　今本作「兄弟尚恩怡怡然，朋友以義切切然」。《釋文》：「切切然，定本作切切偲偲然。」

箋則友生最急　今本無「最」字。

賓爾籩豆傳同　今本「賓」作「儐」。《文選》左太沖《魏都賦》劉淵林注引《韓詩》「儐」作「賓」。

箋聽朝爲公也　今本無「也」字。《考文》古本有。

妻子好合箋好合者志意合　今本「好合」下無「者」字，「志意合」下有「也合者」三字。

和樂且躭　今本「躭」作「湛」。《釋文》：「湛，又作躭。」《禮記・中庸》、《韓詩外傳》引均作「躭」。

傳躭樂之久也　今本無此五字。

樂爾妻孥　今本「孥」作「帑」。《釋文》：「本又作孥。」

箋則得保樂其家中之大小也　今本無「也」字。《考文》古本有。

亶其然乎箋信其如是也　今本無「也」字。《考文》古本作「乎也，一本作乎」。

自天子以下下至于庶人　今本無「以下下」三字。

鳥鳴嚶嚶箋其鳴之時似於友道　今本作「其鳴之志，似於有友道然」。

求其友聲箋思其尚在深谷者相得則復嚶嚶然鳴　今本「思」作「求」，「者」下有「其」字。「鳴」字在「嚶」上。

相彼鳥矣箋視鳥尚知居高木呼其友　今本無「視」字。

矧伊仁矣　今本「仁」作「人」。「仁」、「人」古通用。

伐木滸滸傳箋同　今本「滸」作「許」。《唐石經》初刻作「滸」，後磨去「水」旁。《後漢書・朱穆傳》、《顔氏家訓・書證篇》、《初學記》二十六引均作「滸」。

釃酒有藇傳以匡曰釃　今本「匡」作「筐」。

微我弗顧箋無使言我不顧念之也　今本無「之」字。

陳饋八簋箋謂食禮也　今本「食」上有「爲」字，句末無「也」字。《考文》古本有。

有酒湑我傳湑泲莤之　今本無「泲」字。

箋此族人陳王意　今本「王意」作「王之恩」也。

飲此湑矣箋欲其无不醉飽之意也　今本「无」作「無」，「醉」下無「飽」字，句末無「也」字。《考文》古本有。

亦孔之固箋保安也　今本無「也」字。《考文》古本有。

如岡如陵箋積小以成高大也　今本無「小以成」三字。

礿祀烝嘗傳同　今本「礿祀」作「禴祠」。《釋文》：「禴，本又作礿。」《考文》古本亦作「礿」。《禮記·王制·注》、《北堂書鈔》八十八引同。《白帖》六十七、《御覽》五百二十四及《文選》張平子《東京賦》、《南都賦·注》、《爾雅·釋天》邢疏引並作「禴祀烝嘗」。

于公先王箋謂后稷諸盩至弗窋　今本作「謂后稷至諸盩」。

君曰卜爾傳卜與也　今本「與」作「予」。

如月之縆傳同　今本「縆」作「恆」。《釋文》：「恆，本亦作縆。」正義云：「集注定本縆字作恆。」《廣韻》「絔」亦作「絙」。此从「亘」，乃从「亙」之譌。

如日之升箋日始出而就明也　今本無「也」字。《考文》古本有。

采薇采薇箋重言采薇采薇　今本作「重言采薇者」。《考文》：「一本作重言采薇采薇者。」

歲亦暮止　今本「暮」作「莫」。《釋文》：「莫，本或作暮。」《御覽》七百九十九引同。

箋汝何時歸何時歸　今本作「女何時歸乎」。《考文》：「一本女何時歸乎下，復有何時歸乎四字。」

不皇啓居下章同　今本「皇」作「遑」。

玁狁之故箋今之匈奴是　今本作「今匈奴也」。

載飢載渴箋言至苦　今本作「言其苦也」。

靡所歸聘　今本「所」作「使」。《釋文》：「靡使，本又作靡所。」

箋我方戍於北狄　今本「戍」作「守」。

又言所以憂之也　今本無「之也」二字。《考文》古本有「也」字。

歲亦陽止箋純巛用事　今本「純巛」作「時坤」。

君子之車箋謂將率也　今本無「也」字。《考文》古本有。

小人所腓箋腓當作庇　今本「庇」作「芘」。

又成卒之所庇倚也　今本無「也」字。《考文》古本有。

象弭魚服傳所以解結箋同　今本「結」作「紒」。

豈敢不戒　今本作「豈不曰戒」。

箋戒者　今本無「者」字。《考文》古本有。

雨雪霏霏傳霏霏甚貌　今本「貌」作「也」。

箋我來戍役止息而始反時　今本無「役」、「息」二字，「而」下有「謂」字，「時」下有「也」字。《考文》古本亦無「謂」字。

行道遲遲箋長遠貌　今本「貌」作「也」。

我出我車箋下我我將率自謂　今本不重「我」字，句末有「者」字。

旆旐英英傳同　今本「英英」作「央央」。《釋文》：「央，本亦作英。」

傳鮮明貌　今本「貌」作「也」。《考文》古本「也」改作「貌」，不知據何本也。

玁狁于襄箋戍役築軍壘　今本無「軍」字。

又自此出征伐　今本「伐」作「也」。

不皇啓居　今本「皇」作「遑」。

傳塗凍始釋　今本作「塗，凍釋也」。

箋非有休息之時　今本無「之時」二字。

倉鶊喈喈　今本「鶊」作「庚」。《文選》宋玉《好色賦·注》引作「鶬鶊」。

采繁祁祁　今本「繁」作「蘩」。《文選》左太沖《魏都賦》引亦作「繁」。

執訊獲醜箋訊言也　今本無「也」字。《考文》古本有。

又執其可言問者及所獲之衆　今本無「者及」二字。

薄言旋歸　今本「旋」作「還」。

有皖其實傳同　今本「皖」作「睆」。《釋文》：「字从白，或作目邊。」

征夫皇止　今本「皇」作「遑」。

我心傷悲箋於今勞苦也　今本無「也」字。《考文》古本有。

四牡管管　今本「管管」作「痯痯」。

憂心孔疚箋君子至期而不裝載意不爲來乎我念之而憂心甚病　今本作「君子至期不裝載，意不爲來，我念之憂心甚病」。《考文》古本亦作「而不裝載」。

卜筮皆止箋同　今本「皆」作「偕」。

征夫尒止　今本「尒」作「邇」。

箋征夫行未如今近　今本作「征夫如今近耳」。

魚麗于罶鱨魦　今本「魦」作「鯊」。《釋文》：「鯊，字亦作魦。」宋本《釋文》：「魦作魦。」《爾雅·釋魚·釋文》：「鯊，本又作魦。」《初學記》二十二、《御覽》九百三十七引均作「魦」。《文選》張平子《歸田賦·注》引《毛傳》亦作「魦」。

傳則萬物莫不多　今本「物」上無「萬」字，「多」下有「也」字。《考文》古本亦有「萬」字。

又不行火田草木不折傷不芟不槎斤斧不入山林　今本作「不行火；草木不折不操，斧斤不入山林」。《釋文》：「草木不折，一本作草木不折不芟。定本芟作操。」

又然後獸　今本「獸」作「殺」，古「獸」、「狩」同。

又大夫不麛卵　今本「麛」作「麝」。《釋文》：「麝，本或作麛，同。」

君子有酒旨且多箋酒美而魚又多　今本「魚」上有「此」字，「多」下有「也」字。

君子有酒多且旨箋酒既多而魚有美　今本作「酒多而此魚又美也」，古「有」、「又」同。

君子有酒旨且有箋酒既美而此魚又有　今本無「既」字。

維其皆矣　今本「皆」作「偕」。

華黍序注遂通尔　今本「尔」作「身」。《考文》古本亦作「爾」。

又非孔子之舊也　今本無「也」字。《考文》古本作「也矣」。

毛詩卷第九　今本無此行。

戊本起《小雅·鹿鳴之什·出車》第四章，訖卷末。

出車

趯趯阜螽箋阜螽跳而從之　今本「跳」作「躍」。丁本作「跳躍」。

執訊獲醜箋訊言也　今本無「也」字。丁本及《考文》古本有。

又執訊執其可言問及所獲之衆　今本作「執其可言，問所獲之衆」。丁本作「執其可言問者，及所獲之衆」。

玁狁于夷箋以爲終也　今本無「也」字。丁本亦有「也」字，與此同。

有皖其實傳同　今本「皖」作「睆」。此从「日」，與丁本同。

傳實貌也　今本無「也」字。《考文》古本有。

又不得盡其天性也　今本無「也」字。《考文》古本有。丁本「也」作「尒」。

繼嗣我日箋無休息也　今本無「也」字。《考文》古本有。

征夫皇止箋同　今本「皇」作「遑」。丁本亦作「皇」。

箋以初時云歲亦莫止也　今本無「也」字。《考文》古本有。

我心傷悲箋心傷悲者　今本無「心」字。《考文》古本作「我心傷悲者」。

征夫歸止傳室家踰時則思也　今本無「也」字。丁本作「之也」。

言采其杞箋而升北山采之者　今本無「者」字。丁本有。

檀車幝幝傳敝貌也　今本無「也」字。《考文》古本有。

征夫不遠箋言其來愈近也　今本作「言其來喻路近」。丁本作「其來遠愈近也」。「遠」字，殆衍文。

憂心孔疚　今本「疚」作「疚」。

期逝不至傳逝往也　今本無「也」字。《考文》古本有。

箋以期望之也　今本無「也」字。《考文》古本有。

卜筮皆止　今本「皆」作「偕」。丁本亦作「皆」。

征夫爾止傳同　今本「爾」作「邇」。丁本亦作「尒」。

魚麗序注於祭祀而歌之也　今本無「也」字。《考文》古本有。

魚麗于罶傳則萬物莫不多　今本作「則物莫不多矣」。丁本亦作「則萬物莫不多」。

又然後乃入澤梁　今本無「乃」字。

維其時矣箋又得其時也　今本無「也」字。《考文》古本及丁本均有。

毛詩卷第九　今本無此行。丁本有。

己本起《小雅・南有嘉魚之什・六月》訖卷末。

則畜積缺矣　今本「畜」作「蓄」。

則爲國之基墜矣　今本「墜」作「隊」。《考文》古本亦作「墜」。

六月棲棲傳簡閱貌也　今本無「也」字。《考文》古本有。

我車既飭　今本「飭」作「飭」。《釋文》：「飭，依字从力。今人食邊作芳，以爲脩飭之字。」

箋革露之等也　今本「露」作「輅」。此作「露」，即路字。「露」、「路」古通用。

玁狁孔熾箋北狄交侵　今本「交」作「來」。《考文》古本亦作「交」。

我是用急箋故王以是急遣我也　今本無「也」字。《考文》古本有。

王于出征箋于曰也　今本無「也」字。《考文》古本有。

以匡王國箋以正王國之封畿也　今本無「也」字。《考文》古本有。

閑之維則傳言先教戰然後用師也　今本無「也」字。《考文》古本有。

于卅里傳箋同　今本作「于三十里」。《開成石經》亦作「于卅里」。

箋可以舍也　今本「也」作「息」。《考文》古本作「可以舍息也」。

王于出征箋今汝出征　今本「今汝」作「今女」，「征」下有「伐」字。《考文》古本亦作「今汝」。

四牡脩廣其大有顒傳脩長也顒大貌也　今本無兩「也」字。《考文》古本有。

以奏膚公傳奏爲也膚大也　今本無兩「也」字。《考文》古本有。

共武之服箋言文武之人備也　今本無「也」字。《考文》古本有。

玁狁匪茹箋匪非也　今本無「也」字。《考文》古本有。

整居焦穫傳周地也接乎玁狁者也　今本無兩「也」字。《考文》古本「玁狁者」下有「也」字。

侵鎬及方箋皆北方地名也　今本無「也」字。《考文》古本有。

織文鳥章箋鳥隼之文章也　今本無「也」字。《考文》古本有。

白茷央央傳同　今本「茷」作「旆」。《釋文》出「白茷」注：「本又作旆」。

傳鮮明貌也　今本無「也」字。《考文》古本有。

元戎十乘箋其古制之同異未聞也　今本無「古」字及「也」字。《考文》古本有「也」字。

戎車既安箋戎車之安也　今本無「也」字。《考文》古本有。

如輊如軒傳輊摯也　今本無「也」字。《考文》古本有。

既佶且閑箋壯健貌也　今本作「壯健之貌」。《考文》古本「貌」下有也「字」。

炰鼈膾鯉箋所以極懽之也　今本「懽」作「勸」。

張仲孝友傳與孝友之臣處內也　今本無「也」字。《考文》古本有。

又箋張仲吉甫之友也其性孝友也　今本無兩「也」字。《考文》古本有。

于彼新田傳二歲曰新　今本「新」下有「田」字。

方叔莅止傳莅臨也　今本無「也」字。

師干之式三章及傳同　今本「式」作「試」。

傳師衆也干扞也　今本無兩「也」字。

四騏翼翼箋壯健之貌也　今本作「壯健貌」。《考文》古本亦作「壯健之貌也」。

路車有奭傳奭赤貌也　今本無「也」字。《考文》古本有。

鉤膺鞗革箋轡首垂者也　今本無「者」字。

于此中鄉箋美地名也　今本無「也」字。《考文》古本有。

朱茀斯皇傳同　今本「茀」作「芾」。《釋文》出「朱茀」注：「本又作芾，或作紱。下篇亦茀同。」

箋朱衣纁裳也　今本無「纁」字。《釋文》：「本或作朱衣纁裳也。纁，衍字。」

鴪彼飛隼　今本「鴪」作「鴥」。《後漢書・謝該傳》引亦作「鴪」。

箋喻士卒至勇　今本「至」作「勁」。

鉦人伐鼓箋各自有人焉言鉦人伐鼓互言之耳　今本無「自」字，「之耳」作「爾」。

陳師鞫旅傳同　今本「鞫」作「鞠」。《御覽》三百三十八引亦作「鞫」。

箋以誓告之也　今本無「以」字。

伐鼓淵淵箋謂戰時進衆也　今本「進」下有「士」字。

克壯其猶傳壯大也　今本無「也」字。

執信獲醜　今本「信」作「訊」。

我車既攻傳攻堅也　今本無「也」字。《考文》古本有。

駕言徂東傳東都洛邑也　今本無「都」字。

田車既好傳然後焚而射之　今本「之」作「焉」。

薄獸于敖　今本「薄」作「搏」。《後漢書・安帝紀》、《水經・沛水》、《文選》張平子《東京賦・注》及《初學記》二十二、《御覽》三百四十引均作「薄」。

赤芾金舄傳同　今本「芾」作「芾」。

箋黄金爲舄朱色也　今本無「金爲舄」三字。

夬拾既佽傳同　今本「夬」作「決」。《釋文》出「夬」字注：「本又作決，或作抉。」

徒御不驚傳輦者也　今本無「者」字。

又故自左膘射之　今本「膘」下有「而」字。《考文》：「一本無而字。」

又射左髀達於右腢　今本「腢」作「䯚」。《釋文》：「右䯚，一本作腢。」

又其餘與卿大夫　今本「與」上有「以」字，「大夫」上無「卿」字。

有問無聲傳箋同　今本「問」作「聞」。《釋文》：「本亦作問。」

傳有善問而無讙譁也　今本作「有善聞而後無諠譁之聲」。《釋文》出「讙」字注：「又作諠。」

箋可謂有問無聲也　今本「問」作「聞」，無「也」字。

允矣君子箋允信也　今本無「也」字。

麃麃俟俟傳同　今本「麃」作「儦」。《釋文》：「本作麃，又作爊。」

又挾我矢　今本「又」作「既」。《開成石經》初刻「又」，後改「既」。《御覽》七百四十四引亦作「又」。

毛詩卷第十　今本無此行。

毛鄭詩校議

毛鄭《詩》世鮮善本，玉所習乃木瀆周氏本。蓋據唐《正義》本而校以宋以後諸本者，於《正義》以前本無所考校，段氏玉裁所訂《詁訓傳》據古籍所引，詳爲讎正。其書善矣，而於鄭氏《箋》闕然。玉不揣檮昧，取《史記》、《漢書》、《文選》、《初學記·注》及倭刻原本《玉篇》、《玉燭寶典》、唐釋慧琳《一切經音義》諸書所徵引，以校今本，於今本之脱誤者多所是正。考《傳》、《箋》之例，隨文加釋，不以已見於彼便略於此。如《板》詩：「及爾同僚」、「及爾游衍」，《箋》兩見「及，與也」。《抑》詩：「無不柔嘉」、「輯柔爾顔」，《箋》兩見「柔，安也」。一篇之中，不憚繁複。又皆先釋字義，後釋句義。今本於字義訓釋之複見數出者多删削。沖遠作疏，不能詳考諸本，沿誤至今。賴有《文選》注、《衆經音義》諸書所引，足以正之。又有字句顯然譌誤而《正義》强爲説解者。《豳詩》：「鑿冰沖沖。」《傳》：「沖沖，鑿冰之音。」據《初學記》引。《正義》本誤作「鑿冰之意」，且爲之説曰：「沖沖，非皃非聲，故曰意。」其説膠固難通，沖遠之忽於校勘如此。若是之類，玉謹據古籍爲之匡正。惜唐以前古書之引毛、鄭《詩》者無多，不能廣爲比校爲可憾。然今本之誤亦有不待據古籍而可知者。《無羊》「爾羊來思」、「爾牛來思」。《傳》：「聚其角而息濈濈然，呞而動其耳溼溼然。」其文不可通。當是「聚而息，其角濈濈然；呞而動，其耳溼溼然」，於文方順。《文王序》「文王受命作周也」。《注》：「受命，受天命而王制立周邦。」其文當是「受命，受天命而王作周制，立周邦」。今《注》殆脱「作周」二字。此均不待據古籍而審爲誤者也。玉校此書，始於庚寅春，徂秋乃畢。通得二百十許則，多前人所未及議者。玉嘗謂：士生今日，幸值文籍大備之時，嘗欲鳩合儕類，將正經、正史分曹勘校，於稽古豈曰無益？惜徒蓄此懷，同志蓋寡。兹序此書而附著其議，異日者或有博雅君子，其與玉共成此志。光緒十六年庚寅，上虞羅振玉。

國風

關雎序風風也　日本刻唐釋慧琳《一切經音義》卷三十六引作「諷也」，與《釋文》所載崔靈恩本同。

故永歌之　《文選》顔延之《曲水詩序・注》、《初學記》歌類、慧琳《音義》卷三十六、日本刻原本《玉篇・言部》引及日本《七經孟子考文》，並作「詠歌」。

主文而譎諫鄭注譎諫詠歌依違不直諫　慧琳《音義》卷九十二、九十三兩引，皆作「不直言」。

先王之所以教注先王斥大王王季　《文選》「王季」下有「文王」二字。

寤寐求之傳寤覺　慧琳《音義》卷四十一、二十四、釋希麟《續一切經音義》卷一引《傳》「寤，亦覺也」。

漢廣不可泳思傳潛行爲泳　慧琳《音義》卷四十一、《續音義》卷一引作「潛行水中爲泳」。

草蟲趯趯阜螽箋異種同類　《文選》劉孝標《廣絶交論・注》引作「異類相應也」。

羔羊退食自公　《箋》當有「公事也」句。今奪。考《傳》、《箋》之例，皆先釋字義，後釋句義。今本凡釋字義處，多所删奪。今爲補出。

殷其靁在南山之側傳亦在其陰與左右也　「亦」，日本刻隋《玉燭寶典》卷十一《注》引作「或」。

江有汜其嘯也歌箋嘯蹙口而出聲　慧琳《音義》卷十五引作「嘯，蹙舌吹而出聲也」。

野有死麕舒而脱脱兮傳脱脱舒遲也　慧琳《音義》卷三十九引作「娧娧，舒遲之皃也」。案：《正義》云：「定本脱脱，舒貌。」《釋文》「脱脱」下亦云：「舒貌。」《考文》：「古本亦作舒遲貌也。」均足正今本之失。

柏舟不可選也傳物其有容不可數也　此句上脱「選，數也」句。陳氏奐曰：「《左傳·注》及《釋文》皆云：『選，數也。』疑杜、陸所見傳文有此三字。」

燕燕其心塞淵傳塞瘞　陳氏奐曰：「塞訓瘞。瘞乃實之誤。崔《集注》本作『實』。《書·堯典·孔疏》及《文選·舞賦·注》、《漢書·敘傳·顏注》引，均作『實』。」

終風顧我則笑　《文選》郭璞《遊仙詩·注》引《箋》「顧，猶視也」。今奪。

願言則疐箋我則嚏也　慧琳《音義》卷四十九、五十八、五十九引「則，皆作即」。

匏有苦葉旭日始旦傳旭日始出謂大昕之時　慧琳《音義》三十三、九十七引作「旭，謂日始出，大昕之時也」。

谷風反以我爲讎　慧琳《音義》卷十六引《箋》：「讎，憎惡也。」今奪。

賈用不售　慧琳《音義》八十引《傳》：「賈，猶賣也。」七十九引《箋》：「賣物和合曰售。」今奪。

簡兮赫如渥赭傳渥厚漬也　慧琳《音義》卷十一、四十六引作「厚也」。案：《正義》引定本：「渥，厚也。」《釋文》亦作「渥，厚也」。並無「漬」字。

北門終窶且貧傳窶者無禮也　慧琳《音義》六十一引作「窶者，不及依禮也」。八十二、九十四引作

「寠，無禮居也」。

室人交徧讁我傳讁責也　慧琳《音義》卷三十六、五十三引作「讁，相責也」。

二子乘舟汎汎其景傳汎汎然迅疾　原本《玉篇·水部》引「迅疾」作「駛疾」。

君子偕老玼兮玼兮傳玼鮮盛貌　陳氏奐曰：「《追師疏》引《傳》：『玼，鮮明貌。』與今本異。」玉案：慧琳《音義》八十引亦作「鮮明貌」。

相鼠胡不遄死傳遄速也　慧琳《音義》八十四、七十七、八十三引作「遄，疾也」。案：作「速」，非也。作「疾」，正與《泉水》「巧言烝民」、《傳》及《爾雅·釋詁》合。

干旄素絲組之箋以素絲縷縫組於旌旗以爲之飾　《文選·宋文皇帝元皇后哀策文·注》引作「以素絲爲縷，縫之旌旗，以爲文飾」。又案：此句上似奪「組，縷也」句。《采蘋·序》：「織紝組紃。」《釋文》：「組，綫也。」縷、綫義同。

淇奥猗重較兮傳重較卿士之車　慧琳《音義》卷八十四引作「較，卿士之車飾」。案：作「車飾」，是也。《輿人》注：「較，兩輢上出式者。」較，謂車兩輢，故曰車飾。奪「飾」字，不復可解。

氓抱布貿絲　慧琳《音義》八十八引《傳》：「貿，買也。」今奪。

無與士耽傳耽樂也　慧琳《音義》五十三引作「躭，樂之太甚也」。案：此當以慧琳所引爲得。言鳩過食葚則醉，女與士樂太甚則傷禮義。今本非。《文選》張翰《雜詩·注》引，又作「耽，樂之久也」。

漸車帷裳傳帷裳婦人之車也　《文選》任昉《奏彈劉整》文注引作「帷裳，婦人車飾」。案：《文選》所引是也。《列女傳·貞順》篇：「妾聞后妃野處，則帷裳擁蔽。」是「帷裳」乃車幙，故言車飾。今本非。

河廣序思而不止　《文選》潘岳《哀永逝文·注》引作「思而不能去」。

黍離行邁靡靡傳靡靡猶遲遲也　《文選》陸機《贈張士然詩·注》引作「靡靡，行皃也」。

君子陽陽左執翿簧翳舞者所持謂羽舞也　慧琳《音義》五十六引作「翿，舞者所持，所以羽舞者也」。玄應《音義》十九引作「翿，舞者所持，以麾舞者也」。

葛藟在河之漘傳漘水隒也　慧琳《音義》九十二引作「水厓隒也」。

大叔于田乘乘馬　《傳》當有「乘馬，四馬」句。今奪。

遵大路摻執子之袪兮傳摻擥　慧琳《音義》八十引作「摻，猶擥也」。

蘀兮風其吹女箋木葉槁待風乃落　《文選》傅咸《贈何劭王濟詩·注》、慧琳《音義》九十八引「待風」，並作「得風」。

出其東門出其闉闍傳闉曲城也　《文選》鮑照《行藥至城東橋詩·注》引作「闉，城曲也」。陳氏奐曰：「《正義》引《説文》：『闉闍，城曲重門。』城曲二字，正用《傳》訓。」是唐初本作「城曲」。

著尚之以瓊瑩乎而傳瓊瑩石似玉　慧琳《音義》六十二引作「瑩，美石也」。

東方之日在我闥兮傳闥門内也　《文選・古傷歌行・注》引作「闥，内門也」。

南山取妻如之何　慧琳《音義》七十引《傳》：「娶，取婦也。」今奪。

園有桃謂我士也驕　慧琳《音義》五十一引《箋》：「憍，逸也。」今奪。

園有棘傳棘棗也　慧琳《音義》五十一引作「棘，酸棗也」。

碩鼠逝將去女箋與之訣別之辭　《文選》江淹《別賦・注》引《箋》「訣」作「決」。又云：「決與訣音義同。」知《箋》字本作「決」。《說文》無「訣」字。「決」即「訣」。

蟋蟀蟋蟀在堂傳蟋蟀蛬也　慧琳《音義》九十二引作「蟋蟀，秋鳴蟲也」。

山有樞弗鼓弗考傳考擊也　《文選》潘岳《河陽縣作詩・注》引作「考，亦擊也」。案：《正義》云：「定本作考，擊也。」無「亦」字。然則，唐初本有「亦」字。

椒聊椒聊之實傳椒聊椒也　郝氏懿行《爾雅（釋木・朻者聊）義疏》引阮氏元説「朻即梂也」。《爾雅》此條似專釋《詩・椒聊》，故《傳》云：「椒聊，椒也。」「也」上必脱「梂」字。《箋》云：「一梂之實。」即承《傳》而述言之。玉案：阮説極確。《詩・桑扈・釋文》：「觓，本或作斛。」求、丩古通假，可爲阮説左證。

杕杜其葉湑湑傳湑湑枝葉不相比也　原本《玉篇・水部》引作「湑湑，支葉扶疏，不相比近也」。

葛生夏之日傳言長也　《文選》潘岳《河陽縣作·注》引「言」下多「時」字。

駟鐵輶車鸞鑣傳輶輕也　慧琳《音義》七十七、八十七、八十八引作「輶，輕車也」。

載獫歇驕傳獫歇驕田犬也　《文選·西京賦·注》引「田」上有「皆」字。

小戎厹矛鋈錞傳錞鐏也　慧琳《音義》九十四引作「鐓，戈鐏也」。

渭陽瓊瑰玉佩傳瓊瑰石而次玉　慧琳《音義》四十五、五十四、八十引，並作「石之次玉者」。

月出月出皎兮傳皎月光也　慧琳《音義》八引《傳》，無「月」字。

澤陂有蒲菡萏傳菡萏荷華也　慧琳《音義》一、二、四、七並引《傳》：「花未開者曰芙蓉，已開者曰菡萏。」

下泉愾我寤嘆傳愾嘆息之意　慧琳《音義》八十六、九十六、一百引，均作「愾，嘆息也」。

七月一之日觱發傳觱發風寒也　希麟《續音義》四引作「寒風也」。《考文》：「古本亦作寒風。」《正義》云：「有觱發之寒風。」是《正義》本，原亦作「寒風」。

二之日鑿冰沖沖傳沖沖鑿冰之意　《初學記·歲時部·冬》類引作「沖沖，鑿冰之音」。案：作「音」，是也。《韓詩》：「沖沖，聲也。」與《毛傳》合。作「意」者，傳繕之譌。《正義》曰：「沖沖，非兒非聲，故曰鑿冰之意。」誤。

十月滌場傳滌埽也　慧琳《音義》四十八引作「滌，埽除也」。

東山熠燿宵行傳熠燿燐也燐螢火也　段氏玉裁云：「螢火，《毛傳》本當作熒火。古無螢字。《傳》所言之螢火即粦，與《爾雅》螢火即炤不同。」玉案：段說極確。慧琳《音義》九十六引《傳》，正作「熠燿，燐也，即熒火也」。日本刻《玉燭寶典》六注引亦作「熒火」，足爲段說左證。

鸛鳴于垤傳鸛好水長鳴而喜也　《初學記・天部・注》引作「鸛好雨。將雨，長鳴而喜也」。

九罭鴻飛遵渚　《文選・辨亡論》下注引《傳》：「遵，循也。」今奪。

小雅

伐木序不遺故舊　《初學記・饗讌》類引作「故舊不遺」。

采薇玁狁之故傳玁狁北狄也　慧琳《音義》八十引作「玁狁，北狄之號也」。八十一引作「玁狁，北狄異名也」。八十七引作「玁狁，北狄古名也」。

歲亦陽止箋時坤用事嫌於無陽　「時」，《玉燭寶典》一注引作「純」。

雨雪霏霏傳霏霏甚也　慧琳《音義》八十三引作「霏霏，雪皃」。六十三又引「霏霏，雨雪皃也」。

出車卉木萋萋　《續音義》引《傳》：「萋萋，衆也。」今奪。

采芑駛彼飛隼箋能深攻入敵也　《後漢書・謝該傳・注》引作「能深入攻敵」。

車攻舍矢如破箋矢發則中　原本《玉篇・石部・注》引作「發矢即中」。

徒御不驚傳徒輦也　《文選・西都賦・注》引作「徒，輦者也」。

吉日悉率左右以燕天子傳驅禽之左右箋悉驅禽順其左右之宜　《文選・東都賦・注》引《傳》：「驅禽獸於王之左右。」又引《箋》：「悉率禽獸，順其左右之宜。」又，《傳》似奪「燕，安也」句。

我行其野蔽芾其樗傳樗惡木也　慧琳《音義》五十五引《傳》「惡木也」下有「大不中繩墨，小不中規矩」二句。

斯干噦噦其冥傳冥幼也　慧琳《音義》十二、六十七引作「冥，窈也」。二十八、一百引作「冥，亦窈也」。案：陳氏奂曰：「冥幼，《釋言》文、崔靈恩、孫炎《集注》作窈，而王肅《述傳》、郭璞《注》皆作幼。幼，古窈字。長讀平聲，長訓廣大，幼訓深遠。皆言宮室之廣遠，非人之長幼也。郭、王不明假借之義，釋幼爲長幼之幼。陸、孔皆因其說，而于經義無當。孫、崔作窈，經義雖當而于《爾雅》、《毛傳》古字，其真已没。今讀幼爲窈，存其假借之幼字，而讀以本義之窈字，斯兩得之矣。」

無羊其角濈濈傳聚其角而息濈濈然　案：似當作「聚而息，其角濈濈然」。

正月憂心惸惸傳惸惸憂意也　慧琳《音義》四十四引作「煢煢，憂思皃」。

不敢不局傳局曲也　慧琳《音義》八十引作「局，猶曲也」。

十月之交山冢崒崩　慧琳《音義》四十七、六十引《箋》：「崩，毁壞也。」今奪。

小旻潝潝訿訿傳訿訿然思不稱乎上　原本《玉篇・言部》引作「訿訿然不思其上也」。

小弁惄焉如擣傳惄思也　慧琳《音義》八十七引作「惄，愁也，思也」。《續音義》十引作「惄，愁也」。

蜩鳴嘒嘒傳嘒嘒聲也　《文選》潘岳《秋興賦・注》引作「嘒嘒，小聲也」。

巧言奕奕寢廟傳奕奕大皃　慧琳《音義》六十八引作「奕，高大也」。二十九引作「奕奕，輕麗廣大皃也」。又，引《箋》：「奕奕，光明皃也」。六十八引同。今《箋》奪。

巷伯哆兮哆兮傳哆大皃　慧琳《音義》六十引作「哆，口大皃也」。

谷風序明友道絶焉　《文選》陸機《猛虎行・注》引《序・注》：「道絶者，棄恩舊也。」今奪。

無木不萎　慧琳《音義》八十一引《箋》：「萎，猶枯也。」今奪。

蓼莪昊天罔極　《後漢書・梁竦傳・注》引《箋》：「極，已也。」今奪。

大東不以服箱傳箱大車之箱也　慧琳《音義》三十四、九十九引作「箱，車服箱也」。

載翕其舌箋翕猶引也　慧琳《音義》四十三引作「吸，猶引氣也」。

北山或王事鞅掌箋掌謂捧之也負何捧持以趨走言促遽也　「掌」，謂捧之也。慧琳《音義》九十七引作「掌，猶捧也。言促遽也」。《音義》三十三、五十八兩引作「促遽，失容儀也」。

鼓鐘懷允不忘　《箋》當有「允，信也」句。今奪。

楚茨祝祭于祊傳祊門内也　《文選》陸機《辨亡論上・注》引作「祊，廟門内之祭也」。

孝孫徂位　《箋》當有「徂，往也」句。今奪。

信南山雨雪雰雰傳雰雰雪皃　慧琳《音義》八十八引作「雰雰，雨雪盛皃」。

既優既渥　《文選·塘上行·注》引《傳》：「渥，厚也。」今奪。

甫田乃求萬斯箱　《箋》當有「箱，車箱也」句。今奪。

大田不稂不莠傳莠似苗也　慧琳《音義》引作「莠似禾而非禾，待穟出，方知別也」。

有渰萋萋傳渰雲興貌　慧琳《音義》八十八、十七、九十一、九十四引作「淹，陰雲皃也」。原本《玉篇·水部》及《顔氏家訓·書證》篇引，並作「渰，陰雲貌」。

桑扈不戢不難　慧琳《音義》七十八、八十八引《箋》：「戢，歛也。」七十五又引《箋》：「戢，莊歛。」今奪。

青蠅止于榛傳榛所以爲藩也　《爾雅·釋言·邢疏》引作「棘榛，所以爲藩」。

賓之初筵發彼有的傳的質也　慧琳《音義》八、六十七引作「的，射質也」。今奪「射」字。

都人士綢直如髮　慧琳《音義》三十四、五十三、六十二引《傳》：「稠，密也。」今奪。

瓠葉炮之燔之傳毛曰炮　《文選·西都賦·注》、慧琳《音義》五十八引作「以毛曰炮」。今奪「以」字。

漸漸之石漸漸之石傳漸漸山石高峻　慧琳《音義》七十五引作「漸漸，山石高峻皃也」。

大雅

文王序文王文王受命作周也注制立周邦　案：「制立周邦」上，當有「作周」二字。今奪。

大明小心翼翼箋小心翼翼恭慎皃昭明聿述懷思也　《文選》于令升《晉紀總論·注》引《箋》：「翼翼，恭順之皃也。」又，「懷，思也」下，有「謂能明事上天，又能述思多福」十二字。今奪。

緜緜緜瓜瓞傳緜緜不絶皃　慧琳《音義》八十一、九十引作「緜緜，長而不絶皃也」。

未有家室傳邑乎岐山之下　「乎」，《文選·晉紀總論》引作「于」。

周原膴膴傳膴膴美也　《文選》張載《七哀詩·注》引作「膴膴，肥美也」。

思齊肆戎疾不殄　《傳》當有「殄，絶也」句。今奪。

譽髦斯士　《傳》當有「髦，俊也」句。今奪。

皇矣奄有四方　《箋》當有「奄，覆也」句。今奪。

攸馘安安傳殺而獻其左耳　慧琳《音義》八十七、九十九引，無「左」字。

下武昭哉嗣服　《箋》當有「昭，明也」句。今奪。

文王有聲適求厥寧　《箋》當有「寧，安也」句。今奪。

生民載震載夙傳震動　慧琳《音義》六十三引作「娠，振也，震動於內」。三十二、三十四、八十八又引《箋》：「動者，懷孕也。」今奪。

誕彌厥月箋大矣后稷之在其母　《後漢書·殤帝紀·注》引「其母」下有「懷也」二字。

克岐克嶷傳嶷識也　慧琳《音義》引作「嶷，識別也」。

行葦介爾景福　《箋》當有「景，大也」句。今奪。

鳧鷖鳧鷖在潨傳潨水會也　慧琳《音義》二十八、九十九引作「潨，水會處」。

假樂顯顯令德　《箋》當有「令，善也」句。今奪。

率由舊章　《後漢書·章帝紀》引《箋》有「由，用也」句。今奪。

公劉迺裹餱糧　《文選》曹植《應詔詩·注》引傳：「糇，糧食也。」今奪。

既庶既繁　《箋》當有「庶，衆也；　繁，多也」句。今奪。

復降在原箋重居民也　《文選》干令升《晉紀總論·注》引作「重民居也」。

卷阿豈弟君子　《箋》當有「豈弟，樂易也」句。今奪。

以引以翼　《箋》當有「引，道也」句。今奪。

民勞無縱詭隨箋無聽於詭人之善不肯行而隨人之惡者　原本《玉篇·言部》引作「無聽於詭之善不肯行，而隨人爲惡」。慧琳《音義》十引作「無聽放詭而隨人爲惡也」。

板詢于芻蕘　《後漢書·胡廣傳·注》引《傳》有「詢，謀也」句。今奪。

無然謔謔傳謔謔然喜樂　慧琳《音義》三十五、五十六引作「謔謔，喜樂也」。原本《玉篇·言部》引作「謔然，喜樂也」。

曾莫惠我師　《箋》當有「師，衆也」句。今奪。

民之多僻　慧琳《音義》四十六、四十七引《箋》：「僻，邪也。」八十九引《箋》：「僻，謂邪僻也。」今奪。

蕩其命匪諶　《箋》當有「命，教道也；　匪，非也」句。今奪。

覃及鬼方　《文選》陸機《五等論・注》引《傳》：「覃，延也。」今奪。

殷鑒不遠　《箋》當有「鑒，明鏡也」句。今奪。

抑往敷求先王　《箋》當有「敷，廣也；　求，索也」句。今奪。

不遐有愆　《箋》當有「遐，遠也；　愆，罪也」句。今奪。

俾臧俾嘉淑慎爾止　《箋》當有「臧，善也；　嘉，美也；　淑，善也」句。今奪。

鮮不爲則　《箋》當有「則，法也」句。今奪。

言緡之絲　《箋》當有「絲，絃也」句。今奪。

誰夙知而暮成　《箋》當有「夙，早也」句。今奪。

視爾夢夢傳夢夢亂也　慧琳《音義》五十四引作「夢夢，亂皃」。三十一引作「亂皃也」。五十七引作「神亂皃也」。

覆出爲虐　《箋》當有「覆，反也；　虐，害也」句。今奪。

回遹其德俾民大棘　《箋》當有「回，邪也；　德，行也；　棘，急也」句。今奪。

桑柔具禍以燼箋災餘曰燼　慧琳《音義》三十一、三十九、六十八、十三、九十六引作「火餘曰燼」。

孔棘我圉　《箋》當有「孔，甚也；　棘，急也」句。今奪。

告爾憂恤誨爾序爵　《箋》當有「告，語也；　誨，教也」句。今奪。

覆狂以喜　《箋》當有「覆，反也」句。今奪。

作爲式穀　《箋》當有「穀，善也」句。今奪。

民之罔極職涼善背　《箋》當有「極，中也；　背，違也」句。今奪。

民之回遹　《箋》當有「回，邪也」句。今奪。

既作爾歌　《箋》當有「既，已也」句。今奪。

雲漢天降喪亂　《箋》當有「喪，亡也」句。今奪。

圭壁既卒寧莫我聽　《箋》當有「卒，盡也；　寧，曾也」句。今奪。

自郊徂宮　《箋》當有「自，從也；　徂，至也」句。今奪。

我心憚暑箋憚猶畏也　慧琳《音義》三、五十七、六十二、六十八、六十九引作「憚，難也，畏也」。

憯不知其故　《箋》當有「憯，曾也」句。今奪。

祈年孔夙方社不暮　《箋》當有「夙，早也；　暮，晚也」句。今奪。

崧高世執其功　《箋》當有「執，持也」句。今奪。

我圖爾居　《箋》當有「圖，謀也」；　居，處也」句。今奪。

其詩孔碩　《箋》當有「孔，甚也」；　碩，大也」句。今奪。

烝民生仲山甫傳仲山甫樊侯也　《史記》四《正義》引作「仲山甫，樊穆仲也」。

我義圖之箋儀匹也　案：　當作「義，當爲儀，匹也」。與全書例方合。

韓奕以佐戎辟　《箋》當有「辟，君也」句。今奪。

川澤訏訏傳訏訏大也　原本《玉篇·言部》引作「詡詡然，大也」。

江漢徹我疆土　《箋》當有「徹，治也」句。今奪。

召公維翰　《箋》當有「翰，幹也」句。今奪。

用錫爾祉　《箋》當有「錫，賜也」；　祉，福慶也」句。今奪。

常武率彼淮浦傳浦厓也　慧琳《音義》七十三引作「浦，水厓也」。

鋪敦淮濆　《箋》當有「鋪，陳也」句。今奪。

如飛如翰　《箋》：「翰，其中豪俊也。」《文選》張景陽《七命·注》引作「翰，鳥中豪俊者也」。

王猶允塞　《箋》當有「塞，實也」句。今奪。

瞻卬降此大厲　《箋》當有「降，下也」句。今奪。

召旻天篤降喪　《箋》當有「篤，厚也」句。今奪。

孔填不寧　《箋》當有「填，久也；　寧，安也」句。今奪。

職兄斯弘　《箋》當有「弘，大也」句。今奪。

周頌

清廟不顯不承　《箋》當有「顯，光明也；　承，順也」句。今奪。

烈文惠我無疆子孫保之　《箋》當有「疆，竟也；　保，安也」句。今奪。

四方其訓之不顯維德百辟其刑之　《箋》當有「訓，順也；　顯，明也；　刑，法也」句。今奪。

天作文王康之　《箋》當有「康，安也」句。今奪。

我將于時保之　《箋》當有「保，安也」句。今奪。

時邁允王維后　《箋》當有「后，君也」句。今奪。

噫嘻既昭假爾率時農夫　《箋》當有「昭，著也；　時，是也」句。今奪。

駿發爾私　《釋文》引《傳》有「駿，大也」句。今奪。

振鷺我客戾止　《箋》當有「戾，至也」句。今奪。

在此無斁　《箋》當有「斁，猒也」句。今奪。

雝相予肆祀　《箋》當有「肆，陳也」句。今奪。

綏予孝子　《箋》當有「綏，安也」句。今奪。

介以繁祉　《箋》當有「祉，福禄也」句。今奪。

載見以介眉壽永言保之　《箋》當有「介，助也；保，安也」句。今奪。

俾緝熙于純嘏　《箋》當有「緝熙，光明也」句。今奪。

有客序注來朝而見也　《文選》鍾士季《檄蜀文·注》引作「來朝而見之於廟」。

左右綏之　《箋》當有「綏，安也」句。今奪。

閔予小子嬛嬛在疚　慧琳《音義》四十四引《傳》：「煢煢然無所依也。」八十七、九十二、九十四、一百又引作「煢煢無所依也」。今奪。

於乎皇考永世克孝　《箋》當有「皇，君也；永，長也；克，能也」句。今奪。

訪落休矣皇考　《箋》當有「休，美也」句。今奪。

敬之陟降厥士日監在茲　《箋》當有「陟降，上下也；厥，其也；茲，此也」句。今奪。

載芟徂隰阻畛　《箋》當有「徂，往也」句。今奪。

邦家之光　《箋》當有「光，榮譽也」句。今奪。

絲衣自堂徂基傳基門塾之基　《史記》十二《正義》引《箋》：「門側之堂，謂之塾。」今奪。

酌時純熙矣　《箋》當有「時，是也」句。今奪。

賚敷時繹思　《箋》當有「時，是也」句。今奪。

般哀時之對　《箋》當有「時，是也」句。今奪。

魯頌

駉思無疆　《箋》當有「疆，竟也」句。今奪。

泮水薄采其芹　《文選》潘岳《藉田賦・注》引《傳》：「薄，辭也。」今奪。

言觀其旂　《箋》當有「言，我也」句。今奪。

昭假烈祖　《箋》當有「烈，美也」句。今奪。

靡有不孝　《箋》當有「孝，法傚也」句。今奪。

閟宮建爾元子　《箋》當有「建，立也」句。今奪。

則莫我敢承傳承止也　《箋》當有「止，禦也」句。今奪。

奄有龜蒙　《文選・責躬詩・注》引《傳》：「奄，大也。」今奪。

居常與許箋常在薛之旁　《史記》七十五《索隱》引作「常邑在薛之旁」。

商頌

那萬舞有奕　《箋》當有「萬舞，干舞也」句。今奪。

烈祖申錫無疆及爾斯所　《箋》當有「疆，竟界也；爾，女也」句。今奪。

玄鳥宅殷土芒芒傳芒芒大皃　慧琳《音義》九十五引作「芒芒，廣大皃也」。

方命厥后奄有九有　《箋》當有「厥，其也；后，君也；奄，覆也」句。今奪。

長發濬哲維商　《箋》當有「哲，知也」句。今奪。

殷武設都于禹之績　《箋》當有「績，功也」句。今奪。

壽考且寧以保我後生　《箋》當有「寧，安也；保，全也」句。今奪。

旅楹有閑　《文選·魏都賦·注》引《箋》：「旅楹，衆也。」「楹」字，疑衍文。今奪。

毛詩草木鳥獸蟲魚疏新校正

敘

兒時學治《詩》，毛、鄭外，兼受陸機《毛詩草木鳥獸蟲魚疏》。「陸機」，各本作「陸璣」。段氏玉裁、阮氏元均考訂作機。今證之古籍，如倭刻唐釋慧琳《一切經音義》、隋杜臺卿《玉燭寶典》等書所引，並作「陸機」，與段、阮説正合。機生於三國，去古不遠，兩漢以來，先師古説略見於此。顧世鮮善本，近習見者，明毛晉《陸疏廣要》本、國朝王謨《漢魏叢書》重刻《説郛》本，均紕繆觸目。山陽丁氏晏以二本不便學者，援據古籍作《陸疏校正》二卷，譌文奪字，均有匡補，而淮別仍復錯出。如「宛彼鳴鳩」條，譌奪多至十數字。「言采其蓄」條，《齊民要術》引「一名蓫根，正白」。其文「一名蓫」，絕句；「根正白」，絕句。丁本云：《要術》引作「一名蓫根」，誤以「根」字屬上讀。此其失之大者。其餘淮別，亦略與毛、王二本埒。玉爰以暑暇，不揣荒劣，糾諸經疏，及諸類書凡所徵引，爲比量異同，刊補譌佚。彌月以來，匡訂數百十處。其有顯然譌誤而古籍無徵引者，謹闕所疑，不敢馮肊擅改，以詒金根之譏。此《疏》舊本百三十三題。丁氏據《齊民要術》引增《投我以木瓜》一題，據《經典釋文》引補《浸彼苞蓍》、《駉駉牡馬》、《野有死麕》三題。玉又據倭刻隋《玉燭寶典》注引補《手如柔荑》、《四月秀葽》二題，據宋嚴粲《詩緝》引補《隰有榆》一題，據《通志》引補《燕燕于飛》一題，據《韻會舉要》引補《鶉之奔奔》一題。舊本又誤析《山有栲》爲《山有栲》、《蔽芾其樗》二題，誤合《爰有樹檀》、《隰有六駮》爲一題。今均爲改正，統得百四十有二題。校既畢，顏之曰《新校正》。用宋林億校《素問》例，且別於丁本也。光緒丙戌夏，上虞羅振玉。

毛詩草木鳥獸蟲魚疏卷上

吴太子中庶子烏程令吴郡陸機元恪撰

方秉蕑兮

蕑，即蘭，香草也。《春秋傳》曰：「刈蘭而卒。」《楚辭》曰：「紉秋蘭以爲佩。」王、丁本無「以爲佩」三字，據宋嚴粲《詩緝》引及毛本增。孔子曰：丁本無「孔」字，據《詩・溱洧・疏》引及毛本增。「蘭，當爲王者香草。」皆是也。其莖葉似藥草澤蘭，但廣而長節，節中赤，高四五尺。漢諸池苑及許昌宮中皆種之，可著粉中。故天子賜諸侯茝蘭，藏衣著書中，辟白魚。王、丁本「魚」下有「也」字。《詩疏》引及毛本無。

采采芣苢

芣苢，一名馬舄，一名車前，一名當道。喜在牛跡中生，故曰車前、當道也。今藥中車前子是也。幽州人謂之牛舌草，可鬻即「煑」字。《詩・芣苢・疏》引誤作「鬻」。王本此下又有「與煑同」三字，乃附注誤入正文。據毛、丁本删。作茹，大滑，其子治婦人難產。《爾雅・釋草・疏》引作「産難」。《釋文》引作「生難」，《詩疏》、《詩緝》及各本均作「難産」。

言采其蝱

蝱，今藥草貝母也。其葉如栝樓而細小，其子在根下。如芋子正白，四方連累相著，有分解也。

中谷有蓷

蓷似茌，「茌」，各本譌作「萑」。玉案：《爾雅·釋草》：「萑，蓷。」郭《注》：「今茺蔚也。葉似茌，方莖白華。」說與陸合。郭璞當即本是書。且《爾雅》明云「萑」，即「蓷」，則必不云「蓷」似「萑」無疑。今據郭《注》正。方莖白華，華生節間。舊說及魏博士濟陰周元明皆云「菴蕳」是也。《韓詩》及《三蒼說》悉云「悉」，毛本誤作「苑」。「益母」，各本作「蓷，益母也」。據《詩·中谷有蓷·疏》、《爾雅·釋草·疏》引正。故曾子見益母而感。「而感」，丁本作感恩。據《詩》、《爾雅疏》引及毛本改。案《本草》云：《爾雅疏》引無「云」字。《詩疏》引及各本有。益母，茺蔚也。一名益母。以上九字各本作「茺蔚，一名益母」。據《詩疏》引改。故劉歆曰：「蓷，臭穢。」臭穢，《爾雅·疏》引及各本奪上二字，據《詩·疏》引補。即茺蔚也。

集于苞杞

杞，其樹如樗，一名苦杞，一名地骨。春生作羹，茹微苦。其莖似莓子，秋熟正赤。莖葉及子，服之輕身益氣爾。各本無「爾」字，據《爾雅·釋木·疏》，及《大觀本草》引補。

言采其藚

藚，今澤蕮也。其葉如車前草大，其味亦相似。徐州廣陵人食之。

蔦與女蘿

蔦，一名寄生。葉似當盧，子如覆盆子，赤黑甜美。女蘿，毛云「松蘿」也。各本無上五字，據《詩緝》

引補。今兔絲，蔓連草上生，黃赤如金，今合藥兔絲子是也。非松蘿。松蘿自蔓松上生，枝正青，《詩緝》引作「松蘿自蔓松上而生」。與兔絲殊異。

有蒲與荷

蒲，深蒲也。《周禮》以爲「菹」，謂各本奪上十字，據《齊民要術》引補。蒲始生，取其中心入地者名蒻。大如匕柄，正白。生噉之，甘脆。鬻而以苦酒浸之，如食筍法。王本奪上三十四字。《詩・韓奕・疏》引毛、丁本有。大美。今吴人以爲「菹」，又以爲「酢」。各本無上十二字，據《要術》引補。荷，芙蕖，江東呼荷。其莖茄，其葉蕸，莖下白蒻。此下似奪「蔤」字。其華未發爲菡萏，已發爲芙蕖。其實蓮。蓮青皮，裹白子爲的，的中有青，長三分如鉤爲薏。味甚苦，故里語云丁本作「曰」。「苦如薏」是也。的，五月中生。生啖脆。至秋，表皮黑，的成可食。各本奪「可」字，據《初學記》引增。「食」，王、丁本誤作「實」，據毛本正。或可磨以爲飯，如粟也。「飯」，《藝文類聚》引作「散如粟也」。《初學記》引作「如粟飯」。輕身益氣，令人强健。又可爲糜，幽州、揚、豫取備饑年。其根爲藕，幽州謂之「光旁」，爲光如牛角。「牛」，毛本作「斗」。《太平御覽》引及王、丁本作「牛」。

參差荇菜

荇，一名接余，白莖，《詩緝》引作「莖白」。葉紫赤色，正圓。《齊民要術》引作「其葉白莖紫赤，正圓」。徑寸餘，「徑」，《爾雅・釋草・疏》引譌作「莖」。浮在水上，「在」，《詩緝》引作「生」。根在水底。莖與水深淺等，各本奪

「莖」字，據《要術》引補。大如釵股，上青下白。鬻其白莖，「鬻」，王本譌作「鬵」。以苦酒浸之爲菹。各本奪上二字，據《要術》引補。脆美，「脆」，《爾雅疏》引作「肥」，據《要術》、《詩緝》、《爾雅翼》引改。可案酒。其華蒲黄色。各本無上五字，據《要術》引增。

于以采蘋

蘋，今水上浮蓱是也。其麤大者謂之蘋，小者曰蓱。季春始生，可糁蒸以爲茹，又可用苦酒淹以就酒。

于以采藻

藻，水草也。生水底，有二種：其一種，葉如雞蘇，莖大如箸，長可四五尺。各本無「可」字，據《齊民要術》引補。其一種，莖大如釵股，葉如蓬蒿，謂之聚藻。扶風人謂之藻。聚，爲發聲也。「扶風人」以下文《左傳疏》引及各本並同。《詩緝》引作「藻聚生，故謂之聚藻也」。此二藻皆可鬻熟，王、丁本奪「熟」字。《爾雅・釋草・疏》、《左傳・疏》、《要術》、《詩緝》引及毛本均有。挼去腥氣，米麪糁蒸，爲茹嘉美。揚州人饑荒，各本無「人」字，據《左傳疏》引補。可以當穀食也。王、丁本無「也」字。毛本有。又，《詩緝》引作「荆揚人饑荒可以充食」。《爾雅・釋草・疏》、《要術》引均作「荆揚人饑荒，以當穀食」。饑時，蒸而食之。

薄采其茆「薄」，毛本作「言」。王、丁本作「薄」。

茆，與荇菜相似，《齊民要術》注引作「與葵相似」。葉大如手，赤圓。有肥者著手中，滑不得停也。各本無「也」字，據《要術》引補。莖大如匕柄，《要術》引作「莖大如箸」。皆可生食。《爾雅翼》引及各本作「葉可以生食」，據《要術》引改。又可鬻，滑美。「鬻」，《要術》引作「瀹」。江南人謂之蓴菜，各本作「江東人」，據《詩・泮水・疏》及《要術》、《爾雅翼》引改。王、丁本又作「南人」。或謂之水葵，諸陂澤水中皆有。

蒹葭蒼蒼

蒹，水草也。堅實，牛食之，令牛肥强。青、徐州人謂之蒹，「蒹」，各本誤作「藨」，據《韻會》、《爾雅・釋草・疏》引改。兗州、遼東通語也。葭，一名蘆菼，一名薍。薍，或謂之荻。至秋堅成，則謂之萑。《齊民要術》引作「至秋堅成即刈，謂之萑」。初生三月中，《要術》、《詩緝》引作「三月中初生」。其心挺出，其下本大如箸。上鋭「鋭」，《韻會》引作「鋌」。而細，有黄黑，勃著之汙人手。把取正白，噉之甜脆。一名蓫薚，各本奪上二十字，據《要術》引補。揚州人謂之馬尾。以今語驗之，則蘆薍別草也。

菉竹猗猗王、丁本誤作「漪漪」。今正。

有草似竹，高五六尺，淇水側人謂之菉竹之也。《詩・淇澳・疏》引無上十七字。《釋文》引有。玉案：此文與下「菉竹，一草名」，文殊而義複。蓋諸家所引，文詞偶異，其爲衍文無疑。流傳既久，删之駭俗，姑仍其舊。菉竹，一草名。其莖葉似竹，青緑色，高數尺。今淇、澳旁生此。人謂此爲緑竹。淇、澳，二水名。王本脱上五字。《詩疏》引及毛本有。

苕之華

苕，一名陵時，一名鼠尾，似王芻。生下溼水中，七八月中，「月」，《詩・苕之華・疏》引誤作「日」。今正。華紫，似今紫草。花可染皂，鬻以沐髮，即黑。葉青如藍而多華。

隰有游龍

游龍，一名馬蓼。葉麤大而赤白色，生水澤中，高丈餘。

食野之苹

苹，葉青白色，莖似箸而輕脆。「脆」，《詩・鹿鳴・疏》、《爾雅・釋草・疏》引作「肥」。始生香，可生食，又可蒸食。

于以采蘩

蘩，皤蒿；凡艾，白色爲皤蒿。今白蒿春始生，及秋香美，可生食，又可蒸食。「今白蒿」以下十七字，《詩緝》引作「春始生可鬻，香美，又可蒸。及秋，名白蒿」。《韻會》引略同。一名游胡，北海人謂之旁勃。故《大戴禮・夏小正・傳》云：「蘩，游胡。游胡，旁勃也。」

菁菁者莪

莪，蒿也。一名蘿蒿，《詩・菁莪・疏》引，此下有「也」字。生澤田漸洳之處。葉似邪蒿而細，科生。三月中，莖可生食，又可蒸食。香美，味頗似蔞蒿。

言刈其蔞

蔞，蔞蒿也。其葉似艾，白色，長數寸，高丈餘。好生水邊及澤中。正月根芽生，旁莖正白。生食之香而脆美，其葉又可蒸爲茹。

食野之蒿

蒿，青蒿也。香中炙啖。荆、豫之間，汝南、汝陰，皆云「菣」也。「菣」，毛本作「比」，誤。

食野之芩王本奪此條。丁本列卷末。兹依毛本列此。

芩草，莖如釵股，葉如竹，蔓生澤中下地鹹處，爲草真實，牛馬皆喜食之。「皆」，《詩・鹿鳴・疏》引作「亦」。

采采卷耳

卷耳，一名枲耳，一名胡枲，一名趣菜，各本無此四字，據日本刻隋《玉燭寶典・注》引補。一名苓耳。葉青白色，似胡荽。白華細莖，蔓生，可鬻爲茹，滑而少味。四月中生，子如婦人耳中璫，今或謂之耳璫草。鄭康成謂是白胡荽，幽州人呼爵耳。「呼爵耳」，《詩・卷耳・疏》、《釋文》、《爾雅・釋草・疏》引作「謂之爵耳」。

贈之以芍藥

芍藥，未審今何草。五字，《詩・溱洧・疏》引及各本均列「非是也」句下。今改列此，文義方洽。又，毛本奪此句。《詩疏》、《詩緝》引及王、丁本有。今藥草芍藥，無香氣，非是也。司馬相如賦云：「芍藥之和。」揚雄賦云：「甘甜之和，芍藥之美，七十食之。」「之」，丁本作「也」。毛本作「之」。

采葑采菲

葑，蔓菁，《詩・谷風・疏》、《爾雅・釋草・疏》及《御覽》引作「蕪菁」。毛本此下又有「一作蕪菁」句，乃附《注》誤入正文。幽州人或謂之芥。菲似葍，莖麤葉厚而長有毛。三月中，蒸鬻爲茹，「鬻」，《爾雅・疏》引誤作「鬻」。滑美，可作羹。「滑」，各本作「甘」，據《詩疏》、《詩緝》、《要術》、《御覽》引改。幽州人謂之芴，《爾雅》又謂之蒠菜，今河内人謂之宿菜。

言采其蕨

蕨，山菜也。初生似蒜，莖紫黑色。二月中，高八九寸。老有葉，瀹爲茹，滑美如葵。今隴西天水人，及此時而乾收，秋冬嘗之。又云以進御。三月中，其端散爲三枝，枝有數葉。葉似青蒿長麤，堅長不可食。周、秦曰蕨，齊、魯曰鼈，亦謂蕨。又澆之。以上據《齊民要術》引。各本作「蕨，鼈也，山菜也。周、秦曰蕨，齊、魯曰鼈。初生似蒜，莖紫黑色，可食如葵」。文未全。

言采其薇

薇，亦山菜也。各本無「亦」字，據《詩緝》引補。莖葉皆似小豆，蔓生，其味亦如小豆藿，可作羹，亦可生食。今官園種之，以供宗廟祭祀。

言采其藚

藚，一名藚。河東、關内謂之藚，各本奪此句，據《齊民要術》引補。《太平御覽》引作「河内、關中謂蕢爲藚」。河内謂之蕵，丁本奪此句。《詩緝》引及毛本有。幽州人謂之燕藚。「幽州人」，《要術》引作「幽兖」。一名爵弁，一名蕒。各本無上七字，據《要術》、《御覽》引補。其根正白，可著熱灰中，温噉之。「可」，《詩緝》引作「宜」。饑荒之歲，可蒸以禦饑。漢祭甘泉，或用之。其華有兩種：「其華」，毛本作「其草」。丁本作「其葉」。王本作「藚草」。據《要術》引正。一種莖葉細而香，一種莖赤有臭氣。以上十四字，各本及《御覽》引作「葉細而花赤，有臭氣也」。今據《要術》引正。《詩緝》引作「或云其華葉有兩種：一種葉細而花赤，一種葉大而花白，復香」。

薄言采芑

芑菜，似苦菜也。莖青白色，摘其葉有白汁出，脆可生食，「脆」，《詩·采芑·疏》引及丁本作「肥」。據《韻會注》引及毛本改。亦可蒸爲茹。青州人謂之芑。各本無「人」字，據《詩緝》引補。西河、雁門芑尤美，毛本無「芑」字。《詩疏》引及丁本有。胡人戀之，不出塞。丁本作「土人」。《詩疏》引及毛本作「胡人」。《要術》引又作「時人戀戀，不能出塞」。

誰謂荼苦

荼，苦菜。「菜」，丁本作「葉」，據《齊民要術》引及毛本改。生山田及澤中，得霜甜脆而美，所謂「堇荼如飴」。《内則》云「濡豚，包苦」用苦菜是也。

匏有苦葉

匏葉，少時可爲羹，又可淹鬻，極美，故《詩》曰：「幡幡瓠葉，采之烹之。」各本無上十字，據《詩・匏有苦葉・疏》引補。今河南及揚州人恆食之。十字，毛本作「揚州人恆食之」，據《詩疏》引改。《要術》引又作「河東及播州常食之」。至八月，葉即苦，各本及《太平御覽》引並同。《詩疏》及《要術》引作「至八月中，堅强不可食」。故曰「匏有苦葉」。

邛有旨苕

苕，苕饒也。幽州人謂之翹饒。蔓生，《詩・鵲巢・疏》引作「夏生」。莖如勞豆而細，葉似蒺藜而青。其莖葉緑色，可生食，「食」《齊民要術》引作「啖」。味如小豆藿也。各本奪「味」字，據《要術》引補。

言采其莫

莫，莖大如箸，赤節，節一葉，似柳葉厚而長有毛刺。今人繅以取繭緒，其味酢而滑。始生，可以爲羹，又可生食。五方通謂之酸迷子，如楮實而紅。各本無上六字，據《韻會》引補。冀州人謂之乾絳，河、汾之間謂之莫，吴、越呼爲茂子。各本無上六字，據《韻會》引補。

莫莫葛藟

藟，一名巨苽。《詩・葛藟・疏》引及各本同。《易》、《釋文》、《齊民要術》引作「巨荒」。似燕薁，燕，《釋文》引作「蘡」。亦延蔓生。葉如艾，白色，其子赤，亦可食，各本無「亦」字。《詩疏》引有。酢而不美。幽州謂之推藟。《釋文》引「幽州」下有「人」字。

視爾如荍

荍，一名芘芣，一名荆葵。似蕪菁，華紫緑色，可食，微苦澀。各本無「澀」字，據《詩緝》引補。

北山有萊

萊，藜也。「藜也」，各本作「草名」。據《太平御覽》、吴棫《韻補》引改。莖葉皆似菉王芻。七字，各本作「其葉可食」。據《齊民要術》引改《御覽》引又作「莖葉皆似生菊」，亦誤。蓋「王芻」、「生菊」形近致譌。今兖州人蒸以爲茹，謂之萊蒸。譙、沛人謂雞蘇爲萊，故《三蒼》云：「萊、茱萸，此二草異而名同。」各本無「譙、沛」以下文，據《要術》引補。

取蕭祭脂

蕭荻，今人所謂荻蒿者是也。或云牛尾蒿，似白蒿，白葉莖麤。科生，多者數十莖，可作燭。有香氣，故祭祀以脂爇之爲香。許慎以爲艾蒿，非也。《禮·王度記》曰：「士蕭，庶人艾艾簫。」不同明矣。各本無上十六字，據《太平御覽》引補。《郊特牲》云：「既奠，然後爇蕭合馨香。」是也。

白茅包之

白茅包之，四字疑衍文。茅之白者，古用包裹禮物，以充祭祀縮酒用。

可以漚紵

紵，亦麻也。科生，數十莖，宿根在地中。至春自生，不歲種也。荆、揚之間，一歲三收。今官園種之，歲再割，割，便生剥之以鐵。兩「割」字，《詩・東門之池・疏》引，皆作「刈」。若竹，刮其表，厚皮自脱。但得其裏韌如筋者，鬻之用緝，謂之徽紵。今南越紵布，皆用此麻。

邛有旨鷊

鷊，五色，作綬文，故曰綬草。

南山有臺

臺，夫須，舊説：「夫須，莎草也，可爲蓑笠。」《都人士》云：「臺笠緇撮。」或云：「臺草，有皮堅細滑緻，可爲簦笠，以禦雨。」是也。丁本脱上五字。毛本有。南山多有。

茹藘在阪「在」，毛本誤作「其」。

茹藘，茅蒐，蒨草也。一名地血。齊人謂之茜，徐州人謂之生蔓。今圃人或作畦種蒔，「畦」，王本誤作「陸」。故《貨殖傳》云：「卮茜千石，亦比千乘之家。」

白華菅兮

菅，似茅而滑澤無毛，根下五寸中有白粉者。柔韌宜爲索，漚乃尤善矣。丁本作「漚及曝尤善也」。據《詩・白華菅兮・疏》、《爾雅・釋草・疏》引及毛本改。

蘞蔓于野

蘞，似栝樓，葉盛而細，其子正黑如燕薁，不可食也。幽州人謂之鳥服，毛本無「州」字。丁本有。「鳥服」，《詩緝》引作「烏服」。其莖葉，鬻以哺牛，除熱。

匪莪伊蔚

蔚，牡蒿也。三月始生，七月華，華似胡麻華王、丁本奪此字。《爾雅·釋草·疏》引及毛本有。而紫赤。八月爲角，角似小豆角，鋭而長。一名馬薪蒿。

隰有萇楚

萇楚，今羊桃是也。一名銚芅。各本奪此句，據《詩緝》引補。葉長而狹，《詩緝》、《韻會》引作「葉如桃而光尖長而狹」。華紫赤色。其枝莖弱，過一尺引蔓於草上。今人以爲汲灌，重而善没，不如楊柳也。近下根，刀切其皮，著熱灰中脱之，可韜筆管。

芄蘭之支「支」，毛本誤作「女」。

芄蘭，一名蘿摩，幽州人謂之雀瓢。丁本奪「人」字。《爾雅·釋草·疏》引及毛本有。蔓生，葉青緑色而厚。斷之有白汁，《詩緝》引作「摘之白汁出」。食之甜脆，各本奪此句，據《詩緝》引補。鬻爲茹，滑美。其子長數寸，似瓠子。王本奪「蔓生」以下文。毛本有。王本别有「柔弱恆蔓於地，有所依緣則起」十二字，乃《鄭箋》中語誤闌入。今删。

浸彼苞稂

稂，童粱，禾秀爲穗而不成，崱嶷然，謂之童粱。今人謂之宿田翁，或謂守田也。《大田》云：「大田」，各本譌作「甫田」。今正。「不稂不莠。」《外傳》云：毛本作「曰」。丁本作「云」。「馬不過稂莠。」皆是也。

言采其蓫

蓫，牛蘈，今人謂之羊蹏。各本作「揚州人謂之羊蹏」，《齊民要術》引作「今羊蹏」。據《詩・我行其野・疏》、《詩緝》引正。似蘆菔而莖赤，「而莖赤」，《詩緝》引作「而葉長赤」。可瀹爲茹，《要術》、《詩緝》引作「鬻爲茹」。滑而美也。《要術》引作「滑而不美」。多啖，令人下氣，「氣」《要術》引作「利」。幽州人謂之蓫。《要術》引此句上有揚州謂之羊蹏句。一名蓨。各本奪此句，據《要術》引補。

浸彼苞蓍毛、王本無此條。丁本據《易》、《釋文》引補。

蓍，似藾蕭，青色，科生。

手如柔荑各本無此條，今據倭刻《玉燭寶典・注》引補。

正月始生，其心似麥。欲秀，其中正白，長數寸，食之甘美。幽州人謂之甘滋，或謂之茹子。比其秀出，謂之白茹也。

四月秀葽各本無此條，今據《玉燭寶典・注》引補。

《夏小正》：「四月秀幽」，幽葽同耳。即今爲莠也，遼東謂莠爲幽莠。

椅桐梓漆各本誤作「梓椅梧桐」，今正。

梓者，楸之疏理白色而生子者爲梓。梓實桐皮曰椅，今人云梧桐也，「今人」，《續漢志・注》引作「今民」。則大類同而小別也。桐有青桐、白桐、赤桐，《藝文類聚》引此下，又有「白桐」二字。毛本無。宜琴瑟。今雲南牂柯人績以爲布，似毛布。「布」，《大觀本草》引作「服」。

有條有梅

條，槄也，今山楸也，亦如下田楸耳。皮葉白，色亦白，「亦」字，《詩・終南・疏》、《爾雅・釋木・疏》、《詩緝》引同。丁本作「皮色白葉亦白」。材理好，宜爲車板。能溼，又可爲棺木。宜陽共北山多有之。「共」，《詩疏》引誤作「其」。梅樹，皮葉似豫章。豫章《爾雅疏》引及丁本奪上二字，據《詩疏》引及毛本補。葉大如牛耳，一頭尖。赤心，華赤黃，子青不可食。柟葉大可三四葉一藂，木理細緻於豫章。子赤者材堅，子白者材脆。荆州人曰梅。終南及新城、上庸皆多樟、柟。「終南」，《詩疏》引作「江南上庸」。下《詩疏》引有「蜀」字。終南山與上庸、新城通，各本奪「山」字，據《詩疏》引補。故亦有柟也。

北山有楰

楰，楸屬，其樹葉木理如楸。山楸之異者，今人謂之苦楸。溼時脆，燥時堅，今永昌又謂鼠梓。

「今」，毛本誤作「金」。今正。漢人謂之楔。

常棣

常棣，許慎曰：「白棣樹也。」如李而小，如櫻桃正白，今官園種之。「官」，《爾雅·釋木·疏》引，誤作「宫」。又有赤棣樹，亦似白棣，葉如刺榆。葉而微圓，子正赤，如郁李而小。五月始熟，自關西天水、隴西多有之。

爰有樹檀

檀，木皮正青，滑澤，與繫迷相似。又似駮馬，故里語曰：「斫檀不諦得繫迷，繫迷尚可得駮馬。」繫迷，一名挈榼，故齊人諺曰：「上山斫檀，挈榼先殫。」

隰有六駮此條與上「爰有樹檀」條，各本誤并爲一。今正。

駮馬，木名，各本無上二字，據《釋文》引補。梓榆也。「榆」，毛本誤作「楔」，據《釋文》、《詩緝》引改。各本又奪「也」字，據《詩·晨風·疏》、《太平御覽》及《詩緝》、《釋文》引補。其樹皮《詩緝》引作「木皮」。青白駮犖，遥視似駮馬。各本奪「駮」字，據《御覽》、《詩緝》引補。下章云：「山有苞棣，隰有樹檖。」皆山隰之木相配，丁本奪「之」字。《詩疏》、《詩緝》引及毛本有。不宜謂獸。

柞棫拔矣

柞棫，櫟也。各本奪上二字，據《通志·草木略》引補。《三蒼》説：毛本誤作「王蒼」，據《通志》引及王、丁本改。

「棫，即柞也。」其華繁茂，其木堅韌有刺。今人以爲梳，亦可以爲車軸。各本奪上二十一字，據《通志》引補。其材理全白無赤心者，爲白桵。丁本奪「爲」字。「白」又譌作「曰」，據《詩・皇矣・疏》、《爾雅・釋木・疏》引及毛本正。直理易破，可爲犢車軸，「犢」《爾雅疏》引誤作「櫝」。「軸」，《爾雅疏》及《詩緝》引作「輻」。又可爲矛、戟、鍁。「鍁」，《詩》、《爾雅疏》引作「矜」。

隰有杞桋

楝葉如柞，皮薄而白。「薄」，毛本作「厚」，據《爾雅・釋木・疏》引改。其木理赤者，爲赤楝。一名桋。白者爲楝，其木皆堅韌，今人以爲車轂。

隰有杻

杻，檍也。葉似杏葉各本無「葉」字，據《詩緝》引補。而尖，白色，皮正赤。爲木《韻會》引作「其理」。多曲少直，枝葉茂好。「好」，《詩緝》引作「盛」。二月中，葉疏花如練「花如練」，《詩緝》引作「花開似練」。又，各本「練」作「楝」，據《詩・山有樞・疏》、《爾雅・釋木・疏》引改。而細，蕊正白蓋樹。丁本「蓋」下多「此」字。《爾雅》、《詩疏》引均無，衍文。今刪。今官園種之，正名曰「萬歲」。既取名於億萬，其葉又好，故種之。丁本奪「之」字。《詩》、《爾雅疏》、《詩緝》引及毛本有。共汲山下人或謂之牛筋，或謂之檍，材可爲弓弩幹也。

其灌其栵

栵，栭，葉如榆也。木理堅韌而赤，可爲車轅，今人謂之芝檽也。各本奪上七字，據《詩緝》引補。

其檉其椐

檉，河柳，生河旁，「河」，丁本作「水」，據《詩·皇矣·疏》、《爾雅·釋木·疏》引及毛本改。皮正赤如絳。一名雨師。枝葉似松、椐、樻，節中腫似扶老，毛本作「節中腫，可作杖以扶老」。據《詩》、《爾雅疏》、《詩緝》、《爾雅翼》引及丁本改。即今靈壽是也。各本奪「即」字，據《詩緝》、《詩疏》、《釋文》引補。今人以爲馬鞭及杖，弘農共北山「共」，《爾雅翼》引作「郡」，誤。甚有之。「甚」，《釋文》引作「皆」。

山有樞

樞，其鍼刺如柘，其葉如榆。瀹爲茹，美滑於白榆。榆之類有十種，葉皆相似，皮及木理異爾。「爾」，《爾雅·釋木·疏》引作「矣」。

山有栲

山樗生山中，各本奪上三字，據《詩緝》引補。與下田樗大略無異，各本奪「大」字，據《詩緝》引補。葉似差狹耳。吳人以其葉爲茗。方俗無名，此爲栲者，似誤也。今所云爲栲者，葉如櫟，木皮厚數寸，可爲車輻，或謂之栲櫟。許慎正以栲讀爲「糗」。今人言栲，失其聲矣。「矣」，各本作「耳」。據《爾雅·釋木·疏》引改。又，各本誤析此爲二條：以「山樗」以下二十一字爲《蔽芾其樗》條，「葉如櫟」以下三十一字爲《山有栲》條。奪中閒十七字，今據《詩·山有樞·疏》、《爾雅疏》引改。

集于苞栩

栩，今柞櫟也。徐州人謂櫟爲杼，丁本奪「人」字，據《玉燭寶典》十一注、《詩緝》、《爾雅·釋木·疏》引及毛本補。

或謂之爲栩。其子爲皁，或言皁斗。其殼爲斗，「或言皁斗」，《玉燭寶典》引作「或謂之橡，其殼爲斗」。各本作「其殼爲汁」，據《玉燭寶典》改。可以染皁。今京洛及河内多言杼斗，「斗」，《爾雅疏》引及丁本作「汁」。或云橡斗。此下《寶典》引有「或謂之皁斗」句。謂櫟爲杼，「謂」，丁本作「讀」，據《寶典》、《爾雅疏》引及毛本改。五方通語也。

無浸穫薪

穫，今柳榆也。其葉如榆，其皮堅韌；剥之長數尺，可爲絙索，又可爲甑帶。其材可爲杯器。

無折我樹杞

杞，柳屬也。生水旁，樹如柳。葉麤而白色，木理微赤。其材堅韌，各本無此句，據《詩緝》引補。故今人以爲車轂。今共北、淇水旁，魯國泰山、汶水邊，純杞也。《太平御覽》、《初學記》引杞下有「柳」字。

其下維穀

穀，幽州人謂之穀桑，或曰楮桑。荆、揚、交、廣謂之穀，《詩·鶴鳴·疏》引作「荆、揚人謂之穀」。中州人謂之楮桑。殷中宗時，桑、穀共生是也。「共」，《詩緝》引作「並」。今江南人績其皮以爲布，又擣以爲紙，謂之穀皮紙。長數丈，潔白光輝，「輝」，《詩緝》引作「澤」。其裏甚好。其葉初生，可以爲茹。

榛楛濟濟

楛，其形似荆而赤，莖似蓍。《詩》、《釋文》引作「木莖似荆而赤其葉如蓍」。上黨人織以爲斗、筥、箱器，「織」，《釋文》、《韻會》引作「箴」。又揉以爲釵。「揉」，《詩疏》、《釋文》、《詩緝》、《爾雅翼》、《韻會》引作「屈」。《釋文》引

「釵」下有「也」字。故上黨人調問婦人欲買赭否？曰：「竈下自有黄土。」問買釵否？曰：「山中自有梏。」

揚之水不流束蒲

蒲柳有兩種：皮正青者曰小楊，其一種皮紅各本此下多「正白」二字，據《詩·揚之水·疏》引删。者曰大楊。其葉皆長廣似柳葉，皆可以爲箭幹。故《春秋傳》曰：「董澤之蒲，可勝既乎？」今人以爲箕、罐之楊也。

椒聊之實

椒聊，聊，語助也。椒樹似茱萸，有鍼刺，莖葉堅而滑澤。蜀人作茶，吳人作茗，皆合煮其葉以爲香。今成皋諸山閒有椒，謂之竹葉椒。其樹亦如蜀椒，少毒熱不中合藥也。可著飲食中，又用蒸雞、豚，最佳香。「香」，丁本作「者」，據《爾雅·釋木·疏》、《御覽》引及毛本改。東海諸島上亦有椒樹，枝葉相似，子長而不圓。甚香，其味似橘皮。島上麞、鹿食此椒葉，其肉自然作椒橘香也。

山有苞櫟

苞櫟，秦人謂柞櫟各本奪此字，據《詩·晨風·疏》、《爾雅·釋木·疏》、《詩緝》、《爾雅翼》引補。爲櫟。河内人謂木蓼爲櫟，「木」，丁本譌作「大」。即橡斗也。言有捄彙自裹，各本無上十字，據《詩緝》引補。椒、樧之屬也。其子房生爲梂，木蓼子亦房生。故説者或曰柞櫟，或曰木蓼也。機以爲此秦《詩》也，宜從其方土之言柞櫟是也。各本奪上二十九字，據《詩》、《爾雅疏》、《爾雅翼》引補正。東海及徐州謂之木蓮。其葉始生，食之味辛。其梂子，八月中成。搏以爲燭，明如胡麻燭；研以爲羹，肥如胡麻羹。各本無「東海」以下文，據《詩緝》引補。

六月食鬱及薁王、丁本奪「六月」字。毛本有。

鬱，其樹高五六尺，其實大如李。色正赤，《齊民要術·注》引作「正赤色」。丁本奪「正」字。毛本有。食之甘。「甘」，《要術》引作「甜」。薁，櫻薁，實大如龍眼，黑色。今車鞅籐實是。各本無「薁，櫻薁」以下文，據《要術·注》引補。

樹之榛栗

亲，栗屬也。「亲」，各本作「榛」，據《玉燭寶典》十一引改。各本又無「也」字，據《寶典》引增。其字或爲木。榛各本無此句，據《寶典》引補。《齊民要術》引作「或所謂從木」。有兩種：一種，標大小皮葉皆如栗。各本作「其一種之皮葉皆如栗」，據《寶典》引改。《要術》引作「其一種大小枝皆如栗」。其子小，形似杼子。表皮黑，各本無上三字，據《詩·簡兮·疏》及《寶典》引補。味亦如栗，所謂樹之榛栗者也。《寶典》引「也」上有「其謂此」三字。其一種，枝莖如木蓼，「莖」，各本作「葉」，據《要術》及《寶典》引改。葉如牛李，各本無此字，據《要術》、《御覽》引補。藂生高丈餘。各本奪「藂」字，據《寶典》引補。其覈如李，覈中玉如李子玉。各本無「其覈」以下文。據《寶典》引補。作胡桃味膏，煴益美，亦可食噉。各本無上八字。據《寶典》引補，《要術》引作「味又美，亦可食噉」。漁陽、遼東、代郡、上黨皆饒。各本奪「漁陽、代郡」四字，據《寶典》引補。《要術》引作「漁陽、遼、代、上黨皆饒」。其枝莖可生爇，如爇燭明而無燭者代之。各本無上十六字，據《寶典》引補。《要術》引作「其枝莖生樵，爇燭明而無烟」。「山有榛」之榛，枝葉似栗，樹子似橡子，味似栗，枝莖可以爲燭。五方皆有栗。周、秦、吴、揚特饒，吴、越被城表裏皆栗。唯漁陽、范陽栗甜美長味，「漁陽」，《證類本草》引作「濮陽」。《初學記》、《爾雅翼》、吴淑《事類賦》引及各本作「漁陽」。他方者悉不及也。倭、韓國諸島上，栗大如雞子，亦短味不美。桂陽有莘栗，藂生，大如杼子中仁，「杼」，《證類本草》引作「杏」。皮子形色與栗無異也，但差小耳。又有奥栗，皆與栗同。子圓而細，或云即莘也。今此，惟江湖有之。又有芧栗、佳栗，其實更小而木與栗不殊。但春生，夏花，秋實，冬枯爲異耳。

摽有梅

梅，杏類也，樹及葉皆如杏而黑耳。實赤似杏而酸，亦生噉也。《初學記·羹類》引作「不可生噉」。煑而各本無上十二字，據《要術》引補。曝乾爲腊，置羹臛齏中。「齏」，丁本誤作「齊」。又可含以香口，亦蜜藏而食。各本無上五字，據《要術》引補。

蔽芾甘棠

甘棠，今棠梨，一名杜梨，赤棠也。與白棠同耳，但子有赤白美惡。子白色爲白棠，甘棠也，少酢滑美。赤棠子澀而酢無味。俗語云「澀如杜」，是也。赤棠木理韌，亦可以作弓幹。

唐棣之華

唐棣，馬季長云：各本無上四字，據《玉燭寶典》六及《詩緝》引補。「奥李也。」一名爵梅，各本及《埤雅》引均作「爵梅」。《寶典》引作「鬱棋」即「爵楳」之譌。今人或謂之鬱，《豳詩》云：「食鬱及薁。」各本無上十三字，據《寶典》引改。或謂之車下李，各本及《埤雅》引作「一曰車下李」。《詩緝》引作「一名車下李」。據《寶典》引改。所在山澤皆有。「澤」，各本作「中」，據《寶典》引改。其花有赤有白，各本及《埤雅》引作「或白或赤」，據《寶典》引改。高者不過四尺。各本無此句，據《寶典》引改。子六月中熟，各本奪「子」字。《寶典》引有。「熟」，丁本作「成實」，據《爾雅・釋木・疏》、《寶典》引及毛本改。大如小李，各本作「大如李子可食」，據《寶典》引改。正赤，有甜有酸，率多澀，少有美者。復似一類，名有不同，或當家園及山澤所生，小異耳。各本無「正赤」以下文，據《寶典》引增。《齊民要術》引又有「承花者曰萼，其實似櫻桃薁。麥時熟，食美，北方呼之林思也」二十三字。各本並無。

隰有樹檖

檖，一名赤羅，「羅」，《爾雅・釋木・疏》引作「蘿」。一名山梨也。各本無「也」字。《詩・晨風・疏》、《爾雅疏》引有。今人謂之楊檖，其實如梨，但實甘小異耳。《詩》、《爾雅疏》引作實如梨，但小耳。《詩緝》引作「實如梨，但小而酸耳」。一名鹿梨，一名鼠梨。齊郡廣饒縣、堯山、魯國、河内共北山中有。今人亦種之。極有脆美者，亦如梨之美者。

南山有枸「南山」，王本誤作「北山」。

枸樹，山木。其樹如櫨，一名枸骨。高大如白楊，所在山中皆有。理白，可爲函及橦。各本無上二字，據《韻會·注》引補。板枝柯不直，有子著枝端，各本無「有」字，據《詩·南山有臺·疏》、《齊民要術》引補。大如指，長數寸，噉之甘美如飴。八九月熟，江南特美。《要術》引「江南」下有「者」字。今官園種之，謂之木蜜。「蜜」，丁本誤作「密」。古語云「枳枸來巢」，《爾雅翼》引作「椇曲來巢」。言其味甘，故飛鳥慕而巢之。本從南方來，《要術》引作「江南來」。能令酒味薄。若以爲屋柱，則一室之酒皆薄。七字，《詩緝》引作「一室内之酒皆少味也」。

顔如舜華

舜，一名木槿，一名櫬，一名曰椵，一名曰及。各本無此句，據《玉燭寶典》五引補。齊、魯之間謂之王蒸，今朝生莫落者是也。五月始生華，各本無「生」字，《寶典》引有。故《月令》：「仲夏，木堇榮。」至莫輒落，明日一復生。如此至八月乃爲子，如葵子大。華可蒸鬻爲茹，滑美如堇，亦可苦酒淹食。各本無「至莫輒落」以下文，據《寶典》引補。

采荼薪樗

樗樹及皮皆似漆，青色耳。其葉臭。

唯筍及蒲

筍，竹萌也。皆四月生，唯巴竹筍八月、九月生。始出地，長數寸，鬻以苦酒、豉汁浸之，可以就酒及食。

投我以木瓜毛、王本無此條。丁本據《要術·注》引補。

楙葉似柰葉，實似小瓜，黄似著粉者。欲噉者，截著熱灰中，令萎蔫。淨洗，以苦酒、豉汁蜜之，可案酒食。蜜封藏百日乃食之，甚美。

隰有榆各本無此條，據《詩緝》引補。

榆，白枌也。

毛詩草木鳥獸蟲魚疏卷下

吴太子中庶子烏程令吴郡陸機元恪撰

鳳凰于飛

雄曰鳳，雌曰凰；其雛名鸑鷟，或曰鳳皇。各本無「皇」字。據《初學記》引補。一名鸑鷟，一名鶠。三字，各本列「雌曰皇」句下。今依《初學記》引列此，文義方洽。其形：鴻前，鹿後，蛇頸，魚尾，龍身，燕頷，雞喙。首戴德，頸揭義，背負仁，翼挾信，心抱忠，足履正，尾繫武。非梧桐不棲，非竹實不食。朝鳴曰發明，晝鳴曰上翔，夕鳴曰滿昌，昏鳴曰固常，夜鳴曰保長。得其屢象之一則過之，二則翔之，三則集之，四則春秋居之，五則没身居之。據《爾雅》、《釋文》引，各本僅「鳳雄曰鳳，雌曰皇。其雛爲鸑鷟，或曰鳳皇，一名鶠。非梧桐不棲，非竹實不食」二十九字。毛本「非竹實不食」下多「非醴泉不飲」五字。

鶴鳴于九皋

鶴，形狀大如鵝，長《初學記》引及丁本，此下多「三尺」二字。各本無衍文，删。脚青翼，「翼」，《初學記》、《太平御覽》引及各本譌作「黑」。據《詩・鶴鳴・疏》、《春秋左傳・疏》引改。高三尺餘。赤頂赤目，《左傳・疏》引作「赤目赤頰」。《初學記》引作「赤頰赤目」。喙長四寸餘。「四寸」，丁本誤作「三尺」。多純白，亦有蒼色。「亦」，《詩》、《左傳・疏》引作「或」。蒼色者，今人謂之赤頰。各本無「今」字。《初學記》、《詩緝》引有。常夜半鳴，故《淮南子》曰：

五字，各本作「《淮南子》亦云」。據《左傳·疏》引改。「雞知將旦，鶴知夜半。」其鳴高亮，「亮」，《初學記》引作「朗」。聞八九里，雌者聲差下。《初學記》、《御覽》引作「唯老者乃聲下」。今吴人園囿中，及士大夫家皆養之。雞鳴時亦鳴。

鸛鳴于垤

鸛，鸛雀也。似鴻而大，「鴻」，《韻會》引作「鶴」。長頸赤喙，白身黑尾翅。樹上作巢，大如車輪，卵如三升杯。望見人，按其子令伏徑舍去。一名負釜，一句黑尻，一名背竈，一名皁裠。好水，將陰雨則鳴。各本無上七字，據《韻會》引補。又泥其巢，一旁爲池，含水滿之。取魚置池中，稍稍以食其雛。若殺其子，則一村致旱災。

鴥彼晨風

晨風，一名鸇。似鷂，青黄色。燕頷鉤喙，嚮風摇翅，乃因風飛急疾，擊鳩鴿、燕雀食之。

鴥彼飛隼

隼，鷂屬也。齊人謂之擊征，或謂之題肩，或謂之雀鷹，春化爲布穀者是也。此屬數種，皆爲隼。

有集維鷮

鷮，微小於翟也。走而且鳴曰：「鷮鷮。」「曰鷮鷮」，《詩緝》、《韻會》引作「音鷮鷮然」。其色如雌雉，尾如雉尾而長。其頭上有肉冠，冠上藂毛長數寸，如雄雉尾角也。各本無上三十字，僅有「其尾長」三字。據《詩緝》引補。其肉甚美，各本無「其」字。《詩緝》引有。故林慮山下人語曰：「林慮」，《爾雅・釋鳥・疏》引作「林木」。《詩・車舝・疏》、《詩緝》引作「林麓」。「四足之美有麃，兩足之美有鷮。」麃者，似鹿而小也。各本無「也」字。《詩緝》引有。

關關雎鳩

雎鳩，大小如鴟，「鴟」，各本作「鳩」。據《詩・關雎》、《爾雅・釋鳥・疏》及《詩緝》、《爾雅翼》引改。深目，目上骨露出。幽州人謂之鷲。「鷲」，丁本作「鷙」。楊雄、許慎皆曰：「白鷹似鷹，尾上白。」各本無上十三字，據《詩》、《爾雅疏》及《爾雅翼》、《韻會》引補。

鳲鳩在桑

鳲鳩，鴶鵴，今梁、宋之間謂布穀爲鴶鵴。一名擊穀，一名桑鳩。按鳲鳩有「均一」之德，飤其子，丁本奪上三字。《釋文》引及毛本有。旦從上而下，莫從下而上，均平如一。

宛彼鳴鳩

鶻鳩，斑鳩也。各本及《埤雅》、《詩緝》引作「一名斑鳩」。據《爾雅》、《釋文》引改。桂陽人謂之斑隹。各本無此句。《爾雅》、《釋文》引有。似鵓鳩而大，項有繡文斑然。此句，各本列「今雲南鳥」句上。據《詩緝》引列此，文義較洽。鵓鳩，灰色無繡領，陰則屏逐其匹，晴則呼之。語曰：「天將雨，鳩逐婦。」是也。今雲南鳥大如鳩而黄，啼鳴相呼不同集。謂金鳥，或云黄，當爲鳩聲轉，故名移也。「今雲南」以下文，毛、王本同。丁本作「今雲南鳥大如鳩而黄，當爲鳩聲轉，故名移也」。中奪十四字。又云鳴鳩，一名爽。又云是鸇。

翩翩者鵻

鵻，其夫不，各本奪上二字，據《詩》、《釋文》引補。今小鳩也。一名䳕鳩。「䳕」，《釋文》引作「浮」。幽州人或謂之鶻鵃，梁、宋之間謂之鵻。揚州人亦然。

脊令在原

脊令，水鳥，一名渠梁。各本無上六字。《太平御覽》引有。大如鷃雀，長脚長尾尖喙，背上青灰色，「灰」，《爾雅·釋鳥·疏》引作「赤」。腹下白，頸下黑，如連錢。故杜陽人謂之連錢。各本及《韻會》引作「杜陽」。《御覽》引作「桂陽」。

黄鳥于飛

黄鳥，黄鸝留也，或謂之黄栗留也。「栗」，《詩·葛覃·疏》引作「粟」。又，各本無「也」字。《釋文》引有。幽州人謂之黄鸎，「鸎」，《詩疏》引作「鶯」。或謂之黄鳥。一名倉庚，一名商庚，一名鵹黄，一名楚雀。齊人謂之搏黍，關西謂之黄鳥。「黄鳥」，《詩緝》引作「鵹黄」。《韻會》引作「鸝黄」。毛本此下有「一名鵹黄」句，乃附《注》誤入正文。

當葚熟時，來在桑間，「當」，《爾雅·釋鳥·疏》、《玉燭寶典》八引作「常」。《太平御覽》、《通志》、《詩緝》、《韻會》引「常」下有「以」字。故里語曰：「黄栗留，看我麥黄葚熟不？」丁本奪「不」字，據《通志》、《寶典》引及毛本補。亦是應節趨時之鳥也。丁本奪「也」字，據《詩疏》引毛本補。自此以下，《詩》言黄鳥皆是也。各本無此句，據《寶典》引補。或謂之黄袍。

鴟鴞鴟鴞王、丁本作「鴟鴞」。今正。

鴟鴞，似黄雀而小。其喙尖如錐，取茅莠爲巢，「巢」，《爾雅·釋鳥·疏》引作「窠」。似麻紩之，如刺韈然。縣著樹枝，或一房，或二房。幽州人謂之鸋鴂，或曰巧婦，或曰女匠。關東謂之工雀，或謂之過羸。關西謂之桑飛，或謂之韈雀，或曰巧女。

交交桑扈

桑扈，青雀也。《春秋左傳·疏》引作「竊脂，青雀」。好竊人脯、肉、脂及筩中膏，王本脱「筩中」二字，據《爾雅·釋鳥·疏》引及毛本補。故曰竊脂。《左傳·疏》引作「故以名竊脂也」。

肇允彼桃蟲

桃蟲，今鷦鷯是也。微小于黄雀，其雛化而爲鵰，故俗語：「鷦鷯生鵰。」言始小終大者始爲桃蟲，長大而爲鷦鳥。鷦鵬，小鳥而生雕鶚者也。各本奪上二十六字，據《詩·小毖·疏》、《爾雅·釋鳥·疏》引補。或曰布穀生子，鷦鷯養之。各本無上十字，據《太平御覽》引補。

值其鷺羽王本作「振鷺于飛」。今正。

鷺，水鳥也。好而潔白，故汶陽謂之白鳥。「鳥」，《通志》引作「鷺」。齊、魯之間謂之舂鉏，遼東、樂浪、吴、揚人皆謂之白鷺。大小如鴟，「鴟」，《太平御覽》引作「鷂」。倭刻唐釋慧琳《一切經音義》八引作「雞」。青脚，高七八寸，尾如鷹尾，喙長三寸餘。毛本無「餘」字，據《一切經音義》引補。丁本作「許」。頭上有長毛十數枚，各本無「長」字。《爾雅・釋鳥・疏》引有。長尺餘，《一切經音義》引作「頂及背上有長翰毛，可長尺餘」。毿毿然與衆毛異，甚好。將欲取魚時，則弭之。今吴人亦養焉。好羣飛鳴，楚威王時有朱鷺，合沓飛翔而來。舞則復有赤者，舊鼓吹「朱鷺曲」是也。然則鳥名白鷺，赤者少耳。此舞所持，持其白羽也。

維鵜在梁

鵜，水鳥。許慎曰：「鵜鶘也。」一句汙澤，一名淘河，各本無上十四字，據《太平御覽》引補。形如鶚而極大。「鶚」，《詩・候人・疏》引作「鴞」。《爾雅・釋鳥・疏》、《詩緝》引作「鶚」。其鳴自呼。各本無此句，據《詩緝》引補。喙長尺餘，直而廣。口中正赤，頷下胡大如數升囊，好羣飛。若小澤中有魚，便羣共抒水滿其胡而棄之，令水竭盡。魚在陸地，乃共食之，故曰淘河。

鴻飛遵渚

鴻鵠，羽毛光澤純白，似鶴而大，長頸肉美如雁。又有小鴻，大小如鳬，色亦白。今人直謂鴻也。

弋鳬與雁此條，丁本列卷末，據毛本列此。

鳬，大小如鴨。《通志》引作「鳩」。青灰色，各本無「灰」字。《通志》引有。卑脚短喙，水鳥之謹愿者也。

肅肅鴇羽

鴇鳥，似雁而虎文。連蹄，性不樹止，樹止則爲苦。故以喻君子從征役，爲危苦也。

翩彼飛鴞

鴞，大如斑鳩，緑色，惡聲之鳥也。入人家凶，賈誼所賦鵩鳥是也。其肉甚美，可爲羹臛，「羹」，《詩·墓門·疏》引，誤作「美」。又可爲炙。漢供御物，各隨其時，唯鴞冬、夏常施之，「常」，《詩·疏》引作「尚」。以其美故也。

流離之子

流離，梟也。「梟」，《爾雅·釋鳥·疏》引誤作「尾」。自關而西謂梟爲流離。其子適長大，還食其母，故張奂云：「鶹鷅食母。」許慎曰：「梟，不孝鳥。」是也。

燕燕于飛各本無此條，今據《通志》引補。

燕，齊人謂之乙。

鶉之奔奔各本無此條，今據《韻會》引補。

鶉，性淳不越橫草，能不亂其匹。

麟之趾

麒麟者，瑞獸也。各本無上六字，據慧琳《一切經音義》十一引補。麕身，牛尾，馬足，黃色，圓蹄。一角，角端有肉。《一切經音義》引此下有「不傷物也」句。音中鍾呂，《一切經音義》、《韻會》引及各本同。《初學記》引作「黄鍾」。行中規矩，遊必擇地，詳而後處。不履生蟲，不踐生草，不羣居，不侶行，不入陷穽，「入」，《詩緝》引作「經」。不罹羅網。王者至仁則出。「則」，《詩緝》引作「乃」。今并州界有麟，大小如鹿，非瑞應麟也。丁本無「應」字。毛本有。《詩緝》引作「非瑞應之麟」。故司馬相如《子虛賦》曰：各本無「子虛」二字，據《詩緝》引補。「射麋脚麟。」謂此麟也。

于嗟乎騶虞

騶虞，義獸也。各本無上三字，據《釋文》補引。白虎黑文，四字，各本作「即白虎也，黑文」。據《詩·騶虞·疏》引改。尾長於軀。不食生物，不履生草。帝王有德則見，「帝王」，丁本作「君王」，據毛本改。應德而至者也。《詩·疏》引作「應信而至」。《釋文》引作「有至信之德則至」。

有熊有羆

熊，能攀緣上高樹，見人則顛倒自投地而下。毛本無「下」字。《藝文類聚》、《太平御覽》引有。冬多入穴而蟄，始春而出脂，謂之熊白。羆有黄羆，有赤羆，大於熊。其脂如熊白，而麄理，不如熊白美也。

羔裘豹飾

豹，赤豹。毛赤而文黑謂之赤豹，毛白而文黑謂之白豹。

獻其貔皮

貔，似虎，或曰似熊。一名執夷，一名白狐。其子爲豰，遼東人謂之白羆。《太平御覽》引作「熊羆」。

狼跋其胡

狼，牡名貛，牝名狼。其子名獥，有力者名迅。其鳴能小能大，善爲小兒啼聲以誘人。「啼」，《春秋左傳·疏》引誤作「暗」。去數十步，《太平御覽》引及各本「步」下有「止」字。《詩·還·疏》、《爾雅·釋獸·疏》、《左傳·疏》引無。其猛捷者，「捷」，《爾雅·疏》引作「健」。人不能制，雖善用兵者，亦不能免也。「免」，《御覽》引作「克」。其膏可煎和，其皮可爲裘。

毋教猱升木王、丁本作「教猱升木」，據毛本正。

猱，獼猴也，楚人謂之沐猴。老者爲玃，長臂者爲猨。猨之白腰者爲獑。胡獑、胡猨駿捷於猨猴，其鳴噭噭而悲。

野有死麕毛、王本無此條。丁本據《釋文》引補。

麕，麞也，青州人謂之麏。《詩緝》引作「青州謂之麇」。《春秋傳》云：「六麇興於前。」是也。

駉駉牡馬毛、王本無此條。丁本據《釋文》引補。

牡馬，騭馬也。

有鱣有鮪

鱣、鮪出江海，各本無「鮪」字，據《玉燭寶典》十一、《詩·碩人·疏》、《爾雅·釋魚·疏》引補。三月中從河下頭來上。鱣身形似龍，鋭頭，口在頷下。背文腹下皆有甲，縱廣四五尺。「四五尺」，《寶典》引作「四寸」。今於盟津東石磧上釣取之。盟津，《寶典》、《詩緝》引作「孟津」。「釣」，《爾雅·疏》引誤作「鉤」。大者千餘斤，可蒸爲臛，《詩緝》引作「可蒸，亦中羹臛」。又可爲鮓。「鮓」，《詩·疏》引作「鮮」。其子可爲醬。各本無「其」字。《寶典》、《詩緝》引有。又《詩》、《爾雅·疏》引「其」作「魚」。鮪魚形似鱣而色青，黑頭小而尖，似鐵兜鍪，口亦在頷下。丁本奪「亦」字。《寶典》、《詩》、《爾雅·疏》引及毛本有。其甲可以磨薑。「磨」，《爾雅·疏》引作「摩」，是。大者不過七八尺，益州人謂之鱣鮪。大者爲王鮪，小者爲鮛鮪，一名鮥。《初學記》引作一名「鮥」。案：作「鮥」，是。《爾雅》「鮥、鮛、鮪」，是當作「鮥」之證。肉色白，味不如鱣也。今東萊、遼東人謂之尉魚，或謂之仲明魚。仲明者，樂浪尉也。溺死海中，化爲此魚。又，河南鞏縣東北崖上山，腹有穴。「上」，《爾雅·疏》引作「二」。舊説此穴與江湖通，鮪從此穴而來。北入河西，上龍門，入漆、沮。故張衡《賦》云：「王鮪，岫居山穴爲岫。」謂此穴也。

維魴及鱮

魴，今伊、洛、濟、潁魴魚也。廣也薄，肥恬而少肉，「肉」，各本作「力」。據《詩緝》引改。「恬」，《詩緝》引作「甜」。細鱗魚之美者。漁陽泉州及遼東梁水王、丁本、《太平御覽》引作「漁陽泉牣、刀口，遼東梁水」。據《詩緝》引毛本改。魴特肥而厚，尤美於中國魴。故其鄉語云：丁本脱「云」字。毛本有。《爾雅·釋魚·疏》引作「曰」。「居就糧，梁水魴。」鱮似魴厚而頭大，魚之不美者。故里語曰：「網魚得鱮，「網」《御覽》引作「買」。不如啗茹。」其頭尤大而肥者，徐州人謂之鰱，或謂之鱅。幽州人謂之鴞鷂，或謂之胡鱅。

魚麗于罶魴鱧

鱧，鯇也。王本無上三字。《詩緝》引及毛本有。似鯉，頰狹而厚。《太平御覽》引及王、丁本「似鯉」上多「機以爲三字，列「許慎以爲鯉魚」句下。今據毛本列此。《爾雅》曰：「鱧，鮦也。」許慎以爲鯉魚。

九罭之魚鱒魴

鱒，似鯶魚而鱗細於鯶也。各本「鯶」作「鯤」。《太平御覽》引作「鯇」，據《詩·九罭·疏》、《爾雅·釋魚·疏》引改。赤眼，多細文。

魚麗于罶鱨鯊

鱨，一名黄揚，各本及《詩·魚麗·疏》引無「黄」字，據《詩緝》、《韻會》引補。今黄頰魚是也。各本無上二字，據《詩·疏》、《詩緝》引補。似燕頭，魚身，「魚」，《詩·疏》引作「角」。形厚而長大。王、丁本無「大」字。《詩·疏》、《詩緝》引毛本有。頰骨正黄，王、丁本奪「頰」字。《詩·疏》、《詩緝》引毛本有。魚之大而有力解飛者。徐州人謂之揚黄頰，通語也。王、丁本奪上十一字。《詩·疏》引毛本有。今江東呼黄鱨魚，亦名黄頰魚。「亦」，丁本作「一」。尾微黄，大者長尺七八寸許。鯊，吹沙也。似鯽魚狹而小，體圓而有黑點，一名重唇籥鯊。常張口吹沙，故曰吹沙。各本無此句，據《詩・疏》引補。

象弭魚服

魚服，魚獸之皮也。魚獸似豬，東海有之。一名魚貍，其皮背上有斑文，各本無「有」字。《初學記》、《韻會》引有。又，「背上」《韻會》引作「肉背」。腹下純青，今以爲弓箭步義者也。「箭」，《初學記》、《韻會》引作「鞬」。其皮雖乾燥，以爲弓鞬矢服。經年海水將潮，及天將雨，其毛皆起；水潮還，及天晴，其毛復如故。雖在數千里外，可以知海水之潮氣相感應也。

鼉鼓逢逢

鼉，形似水蜥蜴，各本無「水」字。《玉燭寶典》二引有。四足，長丈餘，生卵大如鵝卵。甲如鎧，「甲」，毛本作「堅」。據《寶典》引及王、丁本改。今合藥鼉魚甲是也。「藥」，丁本作「樂」，誤。其皮堅厚，可以冒鼓。《釋文》、《韻會》引作「皮堅厚，宜冒鼓」。

成是貝錦

貝，水中介蟲也。龜、鼈之屬，大者爲蚢，小者爲鰿。「鰿」，丁本作「貝」。其文彩之異、大小之殊甚衆，古者貨貝是也。餘蚳黃爲質，「蚳」，《爾雅・釋魚・疏》引作「貾」。以白爲文；餘泉白爲質，黃爲文。又有紫貝，其白質如玉，紫點爲文，皆行列相當。其大者，《詩・巷伯・疏》、《爾雅・疏》引「其」下有「貝」字。常有徑一尺，小者七八寸，《詩・疏》引作「常有徑一尺六七寸者」。《爾雅・疏》引作「當至一尺六七寸者」。今九真、交阯以爲栝盤寶物也。「寶」，《史記》百十七《正義》引及王本作「實」。

螽斯羽各本無「羽」字。今補。

《爾雅》曰：「螽，蜙蝑也。」楊雄云：「春黍也。」幽州人謂之春箕。春箕，即春黍，蝗類也。長而青，長角丁本奪上二字。《爾雅·釋蟲·疏》引及毛本有。長股，股鳴者也。或謂似蝗而小，斑黑，各本無「股鳴」以下十二字，僅「青色黑斑」四字。據《詩·螽斯·疏》、《爾雅》、《春秋左傳·疏》引改。其股似玳瑁文。《左傳·疏》引作「其股狀如玳瑁文」。《埤雅》引作「股黑有文」。五月中，以兩股相搓作聲，「搓」，《詩》、《爾雅》、《左傳·疏》、《埤雅》引作「切」。《御覽》引及各本作「搓」。聞數十步，江東人呼爲虴蛨。各本無此句，據《詩緝》引補。

喓喓草蟲

草蟲，常羊也。一名負蠜，各本無此句，據《釋文》引補。大小長短如蝗也。丁本奪「也」字。《詩·草蟲·疏》、《爾雅·釋蟲·疏》引有。《釋文》引「如蝗下有而青」二字。奇音青色，好在茅草中作聲。各本無上二字。《詩緝》引有。

趯趯阜螽

阜螽，蝗子。「蝗子」，《太平御覽》、《一切經音義》引作「蝗也」。又，各本此下有「一名負蠜」句乃《喓喓草蟲》條，下文錯列在此。今删。今人謂蝗子爲螽子，兗州人謂之螣。丁本「人」下多「亦」字。《詩·草蟲·疏》引及毛本無。

六月莎雞振羽王、丁本無「六月」二字。毛本有。

莎雞，如蝗而斑色，毛翅數重，基翅正赤，丁本奪「其」字。《詩・七月・疏》、《埤雅》引及毛本有。或謂之天雞。六月中，飛而振羽，索索作聲。幽州人謂之蒲錯，各本奪「人」字。《詩》、《爾雅・疏》、《爾雅翼》引有。今絡緯是也。各本無此句，據《詩緝》引補。

去其螟螣及其蟊賊

螟，似蚜蚄而頭不赤；螣，蝗也。賊，似桃李中蠹蟲，各本無「似」字。《詩緝》、《韻會》引有。赤頭，身長而細耳。或說云：「蟊，螻蛄，食苗心爲人害。」「害」，《爾雅・釋蟲・疏》引作「患」。許慎云：「吏冥冥犯法即生螟，「冥冥」，王、丁本作「冥抵」。據毛本改。吏乞貸則生蟘，吏祇冒取人財則生蟊。」「祇」，丁本作「冥」。據毛本改。「人」，《爾雅・疏》引作「民」。舊說云：「螟、螣、蟊、賊，丁本無「螟」字。毛本有。一種蟲也。」如言寇、賊、奸、宄，内外言之耳。故犍爲文學曰：「此四種蟲，皆蝗也。」實不同，故分別釋之。各本及《詩・大田・疏》、《爾雅・疏》引無「別」字。《藝文類聚》、《左傳・疏》引有。

螟蛉有子蜾蠃負之王、丁本無「蜾蠃負之」句。毛本有。

螟蛉者，犍爲文學曰：「桑上小青蟲也。」似步屈，其色青而細小。或在草萊上，「萊」，各本及《爾雅翼》引作「葉」。《詩・小宛・疏》、《爾雅・釋蟲・疏》引作「萊」。今蜾蠃所負爲子者是也。各本無此句，據慧琳《一切經音義》四十一、希麟《續音義》一引補。蜾蠃，土蜂也。「蜂」，《爾雅・疏》引作「蟲」，誤。一名蒲盧，《一切經音義》、《續音義》引作「一名蝤蝓」。似蜂而小腰，故許慎云：「細腰也。」《一切經音義》、《續音義》引「細腰」下有「蜂」字。取桑蟲負之於木空中，「負」，《爾雅·疏》引作「附」。或書簡筆筩中，七日而化爲其子。里語曰：「呪云：象我，象我。」

蟋蟀在堂

蟋蟀似蝗而小，正黑，有光澤如漆。有角翅。一名蛬，一名蜻蛚。「蜻」，《爾雅·釋蟲·疏》引作「青」。楚人謂之王孫，幽州人謂之趣織。趣謂各本無上二字，據《玉燭寶典》六引補。督促之言也。里語曰：「趣織鳴，「趣」，《詩緝》引作「促」。各本作「趨」，據《爾雅·疏》、《韻會》引改。嬾婦驚。」是也。

蜉蝣之羽

蜉蝣，方土語也，通謂之渠略。似甲蟲，有角大如指，長三四寸。甲下有翅，能飛。夏月陰雨時，地中出。今人燒炙噉之，「燒」，《太平御覽》引作「熮」。美如蟬也。樊光曰：「是糞中蝎蟲，隨雨而出，《詩·蜉蝣·疏》、《爾雅·釋蟲·疏》引作「樊光謂之糞中蝎蟲，隨陰雨時爲之」。朝生而夕死。」

如蜩如螗

鳴蜩，蟬也。宋、衛謂之蜩。《御覽》引「蜩」下有「螗」字。陳、鄭云：「蜋，海、岱之間謂之蟬。」蟬，通語也。螗蟬之大而黑色者有五德：文、清、廉、儉、信。一名蝘虭，一名虭蟟。《韻會》引作「蛁蟟」。青、徐謂之螇螰，楚人謂之蟪蛄，「謂」《釋文》、《韻會》引作「名」。秦、燕謂之蛥蚗，或名之蜓蚞。「蜓」，《韻會》引及丁本作「蜓」，誤。

伊威在室

伊威，一名委黍，一名鼠婦。在壁根下，甕器底，各本無「器」字。《爾雅·釋蟲·疏》引有。土中生，似白魚者是也。

蠨蛸在户

蠨蛸，長踦，亦名長脚。「亦」，《爾雅·釋蟲·疏》引及丁本作「一」。毛本作「亦」。荆州、河内人謂之喜母。「母」，《太平御覽》引作「子」。此蟲來著人衣，當有親客至，「當」，丁本誤作「甞」。有喜也。幽州人謂之親客，亦如蜘蛛，爲網羅居之。丁本奪「爲」字。《詩·東山·疏》、《爾雅·疏》、《御覽》引及毛本有。

碩鼠

樊光謂即《爾雅》「鼫鼠」也。許慎云：「鼫鼠，五技鼠也。」今河東有大鼠，能人立，交前兩脚於頸上，跳舞善鳴。「跳」，《爾雅·釋獸·疏》引作「號」。食人禾苗，人逐則走入樹空中。「樹空」，丁本作「空樹」，據《詩·碩鼠·疏》、《爾雅·疏》引及毛本改。亦有五技，或謂之雀鼠。其形大，故《序》云：「大鼠也。」魏國，今河東、河北縣是也。各本無「國」字。《詩·疏》、《詩緝》引有。《詩》言其方物，宜謂此鼠，非鼫鼠也。《太平御覽》引作「非今之鼠也」。各本作「非今大鼠」，今據《詩·疏》及《詩緝》引改。又不食禾苗。《本草》又謂螻蛄爲石鼠亦五技。古今方土名蟲鳥，物異名同，故異也。「異」，《御覽》引作「記」。

爲鬼爲蜮丁本誤作「如鬼如蜮」。

蜮，短弧也。「弧」，《詩·何人斯·疏》引及各本作「狐」。《春秋左傳·疏》、《爾雅翼》引作「弧」，《漢書·五行志》亦云「南方謂之短弧」。案：蜮能含沙射人，故有水弩射工。短弧之名。《詩·疏》引作「狐」，乃傳繕誤。一名射影，如鼈三足。「鼈」，各本誤作「龜」，據《左傳·疏》、《後漢書·馬融傳·注》引改。江、淮水濱皆有之。人在岸上，影見水中。「見」《韻會》引及丁本作「在」。《詩·疏》、《爾雅翼》及《左傳·疏》引作「見」。投人影則殺之，故曰「射影」也。南方人將入水，先以瓦石投水中，令水濁，然後入。或曰含沙射人，入人肌，「人肌」，《左傳·疏》、《韻會》引作「皮肌」。其創如疥。

卷髮如蠆

蠆，一名杜伯。河内謂之蚊，幽州謂之蠍。

胡爲虺蜴

虺蜴，一名蠑螈，水蜴也。丁本無「水」字。《太平御覽》引及毛本有。或謂之蛖蜼，或謂之蛇醫。如蜥蜴，青緑色，大如指，形狀可惡。

領如蝤蠐

蝤蠐，《御覽》引及丁本作「蠐螬」。毛本作「蝤蠐」。生糞中。《爾雅》曰：丁本奪「曰」字。毛本有。「蟦蠐，蠐螬也；蝤蠐，蝎也。」

魯詩

申公培，魯人。少事齊人浮丘伯受《詩》。爲楚王太子戊傅。及戊立爲王，胥靡申公。申公媿之，歸魯以《詩經》爲訓故以教，無傳，疑者則缺弗傳。各本奪上五字，文支離不可讀。案：陸氏此文與《漢書·儒林傳》所敘正同。今據《漢書》補此五字，文義方洽。是爲《魯詩》。於是，蘭陵王臧、代趙綰皆從申公受學。臧爲郎中令，綰爲御史大夫，皆以明堂事自殺。其他弟子如同郡臨淮太守孔安國，膠西内史周霸，城陽内史夏寬，東海太守碭魯賜，長沙内史蘭陵繆生，膠西中尉徐偃，膠東内史鄒人闕門慶忌，治官皆有廉節稱。申公卒，瑕丘江公盡能傳之。以授魯許生、免中徐公。而韋賢治《詩》，事江公、許生，至丞相。傳子玄成，亦至丞相。及兄子賞以《詩》授哀帝，至大司馬。由是《魯詩》有韋氏學。而東平王式，以事徐公、許生。爲昌邑王師。其後山陽張長安，東平唐長賓，沛褚少孫亦先後事式，爲博士。由是又有張、唐、褚氏之學。張生兄子游卿，以《詩》授元帝，爲諫大夫。其門人琅琊王扶爲泗水中尉，陳留許晏爲博士。由是張家更有許氏學。初，薛廣德亦事王式，以博士論石渠，授龔舍。廣德至御史大夫，舍至山陽太守。時平原高嘉，亦以《詩》授元帝，爲上谷太守。傳子容，少爲光禄大夫。孫詡以父任爲郎中，以世傳《魯詩》知名。王莽時逃去，不仕。又有曲阿包咸，師事博士右師細君。習《魯詩》，亦去歸鄉里。世祖即位，徵詡爲博士，至大司農。咸舉孝廉，除郎中至大鴻臚。永平初，任城魏應亦以習《魯詩》爲博士，徵拜騎都尉，卒於官。

齊詩

轅固生，齊人。以治《詩》，孝景時爲博士。竇太后好《老子》書，召問。固曰：「此家人言耳。」太后怒，令固刺彘。帝憐之，以利兵與固。彘應手倒。後帝以固廉直，拜爲清河王太傅。固老罷歸，已九十餘矣。公孫弘亦事固。固授昌邑太傅夏侯始昌。始昌授東海剡人后蒼。蒼爲博士，至少府。蒼授諫大夫翼奉、前將軍蕭望之、丞相匡衡。衡授大司空琅邪師丹、高密太傅伏理、詹事潁川滿昌。由是《齊詩》有翼、匡、師、伏之學。滿昌又授九江張邯、琅邪皮容，皆至大官。其後，伏黯傳理家學，改定章句，作《解説》九篇。位至光禄勳，以授嗣子恭。恭以黯任爲郎，永平中拜司空。恭删黯章句，定爲二十萬言。年九十卒。又，蜀郡任末、廣漢景鸞皆以明習《齊詩》，教授著述而卒。

韓詩

韓嬰，燕人。景帝時爲常山太傅。嬰推《詩》之意，而作《内》、《外傳》，其言頗與齊、魯間殊。淮南賁生受之。燕、趙間言《詩》者由韓生。河内趙子事嬰，授同國蔡誼。誼至丞相。誼授同國食子公與王吉，爲昌邑王中尉。食生爲博士，授泰山栗豐。吉授淄川長孫順。順爲博士，豐爲部刺史。由是《韓詩》有王、食、長孫之學。豐授山陽張就，順授東海髮福，皆至大官。建武初，博士淮陽薛漢傳父業，尤善説災異讖緯，受詔定圖讖。當世言《詩》推爲長。後後千乘太守，坐事下獄死。弟子犍爲杜撫、會稽澹臺敬伯、鉅鹿韓伯高最知名。撫定《韓詩章句》，建初中爲公車令，卒官。其所作《詩題約義通》，學者傳之，曰杜君注。撫授會稽趙曄。曄舉有道。時又有光祿勳九江召馴、閬中令巴郡揚仁、山陽張匡，皆習《韓詩》。匡爲作《章句》，舉有道，徵博士不就。

毛詩

孔子删《詩》，授卜商。商爲之《序》，以授魯人曾申。毛本作「魯身」，據丁本改。申毛本無此字。丁本有。授魏人李克。克授魯人孟仲子。仲子授根牟子。根，毛本作「振」，依丁本改。根牟子授趙人荀卿。荀卿授魯國毛亨。「亨」，毛本作「享」。二字古通。亨作《詁訓傳》，以授趙國毛萇。時人謂亨爲大毛公，萇爲小毛公。以其所傳，故名其《詩》曰「毛詩」。萇爲河間獻王博士，授同國貫長卿。長卿授阿武令解延年。延年授徐敖。敖授九江陳俠，爲新莽講學大夫。由是言《毛詩》者，本之徐敖。時九江謝曼卿亦善《毛詩》，乃爲其訓。東海衛宏從曼卿受學，因作《毛詩序》，得《風》、《雅》之旨，世祖以爲議郎。濟南徐巡師事宏，亦以儒顯。其後鄭衆，賈逵傳《毛詩》。馬融作《毛詩傳》。鄭玄作《毛詩箋》。然魯、齊、韓《詩》三氏皆立博士，惟《毛詩》不立博士耳。

道德經考異

附老子考異補遺

弱冠讀《老子》，得鎮洋畢氏《考異》而善之，以爲諸本異同，殆盡於是矣。已而得開元御注石本，以校畢書，則異同之處，或出或否，大率采二三而遺六七。始知《考異》詳於宋、元諸本而忽於唐本，蓋猶非善之善者也。嗣讀《鐵橋漫稾》中，有答徐星伯先生書，言作《老子唐本考異》據易州本、傅奕本、明皇注本，與《釋文》互校。知鐵橋先生曾依據唐刻，别爲《考異》。然求之三十年不可得，殆書成未刊也。予早歲曾手校御注本異同於畢本上，以補其闕遺。後又得景龍本、廣明本，亦先後加入。逮光、宣間，西陲古籍流布人間，得《老子》殘卷數十行。去年春，更得殘卷六。又從法京影《道德經義疏》，從定州王氏影六朝寫本殘卷，亦得即校録。東友狩野教授直喜曩游英京，於英倫圖書館校唐本殘卷。予往歲手録存之，近又得景福石本。於是，予先後所見石本四，六朝及唐殘卷十。上下二經八十一章中，未見唐鈔者才四章耳。往歲所記，在書眉字隙，旁午不可讀。頃乃清寫於王注本之上。蓋傳世《老子》，王注爲古。陸氏作《釋文》，亦依王本。然《釋文》所出王本，與今多異，知今本多改字，且有奪漏。予乃根據陸氏一一訂正，俾還舊觀。然後備列諸本異同，以便觀覽。復命兒子福葆，别紙寫爲《考異》二卷。唐以後諸本，不復闌入，期與畢書相輔而行，並以補嚴書不傳之憾。惟英、法兩京所藏《老子》殘卷，予未見者尚七八卷。又聞某氏藏《老子》全卷，亦苦不得寓目。所冀東西列邦學者，就其所見以補苴予書，亦如予之於畢氏，此則予之志也。癸亥二月，上虞羅振玉序。

此書所據諸本録左

唐石本四

景龍本景龍二年，易州龍興觀爲國造。今在易州。

御注本開元二十六年，易州刺史田仁琬立。今在易州。

廣明本但存石幢下截尺許。廣明元年十二月建。今在鎮江焦山。

景福本景福二年立石人，僅「大夫上柱國王弘及史大夫上柱國王」等字可辨。石不知所在。

六朝及唐寫殘卷十

甲首章至第五章之首。

乙九章之末至十四章之首已損破，每行存十字内外。

丙十章至十五章之首。

丁二十七章後半至三十六章首行。

戊三十九章至四十一章，乃《老子·義》。

己四十一章末行至五十五章。

庚五十七章至八十一章，此六朝寫本。他皆唐寫。

辛六十章至八十一章，乃《義疏》。

壬六十三章末至七十三章。

癸英倫圖書館藏十章至三十七章。《校》稱英倫本。

道德經考異上

道經卷上

一章

道可道非常道，名可名非常名。無名天地之始，有名萬物之母。景龍本、敦煌本「無」皆作「无」。下並同。御注石本作「無」。又景龍、御注、敦煌三本，均無二「之」字。河上本有。故景福本無「故」字。常無欲以觀其妙，常有欲以觀其徼。景龍、御注、敦煌三本，均無「故」字及二「以」字。河上本有。又，「徼」，敦煌本作「曒」。此兩者同出而異名，同謂之玄。玄之又玄，衆妙之門。敦煌本《注》五十四字。

二章

天下皆知美之爲美，斯惡已；皆知善之爲善，斯不善已。故敦煌本無「故」字。有無景福及廣明二本「無」下有「之」字。下同。相生，難易相成，長短相較，各本皆作「形」。《釋文》依王本作「較」。高下相傾，音聲相和，前敦煌本作「先」。後相隨。是以聖人處無爲之事，敦煌本「人」下有「治」字。行不言之教，萬物作焉景龍、御注、景福三本，均無「焉」字。而不辭，敦煌本作「萬物作而不爲始」。生而不有，敦煌本無此句。爲而不恃，功成而弗居。景龍本作「成功不居」。御注本、景福本作「功成不居」。敦煌本作「成功不處」。夫唯弗居，景龍、御注二本「弗」均作「不」。敦煌本作「不處」。是以不去。敦煌本《注》八十三字。

三章

不尚賢，景龍本「尚」作「上」。敦煌本作「不上寶」。使民不爭，不貴難得之貨，使民不爲景龍、御注、敦煌三本，均無「爲」字。盜，不見可欲，使心不亂。是以聖人之治，景龍、御注、敦煌三本，均無「之」字。景龍、敦煌二本，無「是以」二字。惟廣明石本與此同。虛其心，實其腹，弱其志，强《釋文》「强」又作「彊」。敦煌本作「彊」。其骨，常使民御注本避諱作「人」。無知無欲，使夫景龍、敦煌二本，均無「夫」字。知今本作「智」。《釋文》出「知者」二字，《注》音「智」。知王本作「知」，今據改。景龍、御注、敦煌三本，亦作「知」。者不敢爲也。景龍、御注、敦煌、景福四本，均無「也」字。爲無爲，景龍、敦煌二本，無此句。則無不治。敦煌本《注》五十七字。

四章

道沖而用之或景龍本作「久」。敦煌本作「又」，乃「久」之譌。不景福本「不」上有「則」字。盈，《釋文》本亦作「滿」。淵兮似萬物之宗。《釋文》「淵兮」注：「河上作乎」。景龍本作「深乎萬物宗」。御注本作「淵似萬物宗」。敦煌本作「淵似萬物之宗」。挫其鋭，解其紛，景龍、御注、敦煌三本，作「忿」。和其光，同其塵，湛兮似或河上本作「若」。存。景龍、御注二本，均作「湛常存」。敦煌本作「湛似常存」。吾不知景福本「知」下有「其」字。誰之景龍、御注、敦煌三本，均無「之」字。子，象帝之先。敦煌本《注》四十九字。

五章

天地不仁，以萬物爲芻景龍、廣明二本，作「茎」。敦煌本作「茥」。均「芻」之別搆。狗，聖人不仁，以百姓爲芻狗。天地之間，其猶槖籥乎？景龍、御注二本，均無「乎」字。虛而不掘，今本作「屈」，與景龍、御注、景福三本同。《釋文》出「掘」字，知王本作「掘」。今據改。《釋文》又云：「河上本作屈。顧作掘。」動而愈景龍本作「俞」。出。多言數窮，不如守中。

六章

谷《釋文》：「河上本作浴。」神不死，是謂玄牝。玄牝之門，是謂天地景福本「地」下有「之」字。根。景龍、御注二本，均作「玄牝門，天地根」。緜緜景福本「緜」下有「兮」字。若存，用之不勤。

七章

天長地久。天地所以能長且久者，景龍、御注二本，均無「且」字。以其不自生，故能長生。景龍本作「久」。是以聖人後其身而身先，外其身而身存。非以其無私耶，廣明本同。河上本、景龍本，均作「以其無私」。御注、景福二本，作「非以其無私」。故能成其私。

八章

上善若水。水善利萬物而景龍、御注二本，並作「又」。不爭，處《釋文》：「一本作居。」衆人之所惡，故幾於道。居善地，心善淵，與善仁，景龍本作「人」。言善信，正景龍、御注、景福三本，並作「政」。善治，事善能，動善時。夫唯不爭，故無尤。

九章

持而盈之，不如其已。景龍本作「不若其以」。揣而棁河上、景龍、御注、景福諸本，皆作「銳」。之，不可長保。金玉滿堂，《釋文》：「本或作室。」莫之能守。富貴而驕，御注本作「憍」。自遺其咎。景龍、御注、景福三本，作「各」，乃「咎」別搆。功遂《釋文》：「本又作成。」身退，景龍、御注、景福三本，均作「功成名遂身退」。天之道。景福本「道」下有「也」字。

十章

載營魄抱一，能無離乎？景龍、御注、敦煌乙、丙、英倫諸本，均無「乎」字。以後各「乎」字，同。專氣致柔，能景福本「能」下有「如」字。嬰兒乎？滌除玄覽，能無疵乎？愛民景龍本避諱，作「人」。治河上本作「活」。國，能敦煌丙本「能」作「而」。無知敦煌丙本同。景龍、御注、英倫三本均作「爲」。乎？天門敦煌丙本作「地」。開闔，能無敦煌乙、丙二本，均作「而爲」。景龍、御注、英倫三本，均作「能爲」。雌乎？明白四達，能無爲景龍、御注、景福、英倫諸本，均作「知」。敦煌丙本亦作「爲」。乎？敦煌丙本「天地開闔而爲雌」句，在此下。生之畜之，生而不有，爲而不恃，河上本作「侍」。長而不宰，是謂玄德。

十一章

三十敦煌乙、丙本、景龍、廣明本，均作「卅」。輻共一轂，當其無有車之用。挻今本作「埏」。《釋文》出「挻」字，知王本作「挻」。今據改。御注本同。景龍本、敦煌丙本作「埏」。埴以爲器，當其無有器之用。鑿户牖以爲室，當其無有室之用。故有之以爲利，無之以爲用。景龍、敦煌乙、丙三本，均無「故」字。

十二章

五色令人目盲，五音令人耳聾，五味令人口爽，馳騁畋景龍、景福、敦煌乙、丙、御注諸本，均作「田」。獵敦煌兩本，均作「猲」。乃「獵」之別搆。令人心發狂，難得之貨令人行妨。是以聖人爲腹不爲目，故去彼取此。

敦煌乙本《注》卌九字。

十三章

寵辱若驚，貴大患若身。何謂寵辱若驚？河上、景龍、御注、景福、敦煌丙諸本，均無此二字。寵景龍本作「辱」。爲下。景福本作「寵爲上，辱爲下」。得之若驚，失之若驚，是謂寵辱若驚。何謂貴大患若身，吾所以有大患者景龍、敦煌丙本，均無「者」字。爲吾有身，及吾無身，二「吾」字，景龍及敦煌乙、丙本，均作「我」。吾有何患？故貴以景龍本無「以」字。身爲景龍及敦煌丙本，均作「於」。天下，景福本「下」下有「者」字。若可寄景龍本、敦煌丙本作「託」。天下。景福本作「則可以寄於天下」。又，廣明本句末有「矣」字。愛以身廣明、景福二本作「愛身以」。爲天下，景龍本此下有「矣」字。景福本「矣」作「者」。若可託景龍本、敦煌丙本，均作「寄」。天下。廣明、景福二本作「乃可以託於天下」。

十四章

視之不見名曰夷，聽之不聞名曰希，摶之不得名曰微。此三者不可致詰，故混而爲一。其上不皦，敦煌丙本作「皎」。其下不昧。繩繩景福本「繩」下有「兮」字。不可名，復歸於無物。是謂敦煌丙本無「謂」字。無狀之狀，無物之象，是謂惚怳。今本作「恍」。《釋文》出「怳」字，知王本作「怳」。今據改。又，景龍、御注、景福三本作「忽恍」。迎之不見其首，隨之不見其後。景龍、御注、敦煌丙、英倫諸本，均無兩「之」字。執古之道，以御景龍本作「語」。今之有。能景龍本、敦煌丙本、廣明、景福諸本，均作「以」。知古始，是謂道紀。景龍本作「己」。

十五章

古之善爲士者，微妙玄通，深不可識。夫唯不可識，故强爲之容。豫《釋本》：「本或作懊。」焉景福本「焉」作「兮」。景龍、御注、敦煌丙本無「焉」字。若冬涉川，猶兮景龍、御注二本，均無「兮」字。若畏四鄰，儼兮其若容，景福本「容」作「客」。景龍、英倫、御注諸本，均作「儼若客」。渙兮若冰之將釋，景龍、英倫、御注三本，均作「渙若冰將釋」。敦兮其若樸，《釋文》：「又作朴。」曠兮其若谷，混兮其若濁。景福本，此二句倒置。御注本作「敦若樸，曠若谷，渾若濁」。景龍本同。惟「混若濁」句，在「曠若谷」上。又「渾」作「混」。孰能濁以止，靜之徐清？孰能景龍本無此二字。景福本無「能」字。安以久景龍本無「久」字。動之徐生？廣明本作「孰能濁以靜，動之以徐清？孰能安以久，動之以□□」。保此道者不欲盈。夫唯不盈，故能蔽御注本作「弊」。不新成。景龍本作「能弊復成」。

十六章

致景福本作「至」。虚極，守靜篤。萬物並作，吾以觀復。景龍、御注、景福、英倫諸本「觀」下均有「其」字。夫物芸芸，景龍本作「云云」。各復景龍本無「復」字。歸其根。歸根曰靜，是謂景龍、御注、英倫三本，並作「靜曰」。復命。復命曰常，知常曰明。不知常妄景龍本作「忘」。作凶，知常廣明本「常」下有「曰」字。容容乃公。公乃王，王乃天，天乃道，道乃久，五「乃」字，景龍本皆作「能」。没御注本作「殁」。身不殆。

十七章

太上，下知有之，其次親而景龍、御注、景福、英倫諸本，均作「之」。譽之，其次畏之，其次景龍、御注二本，均無此二字。侮之。信不足，焉有不信焉。景福本無此「焉」字。景龍、御注、英倫三本，並無上「焉」字。悠兮其貴言。「悠」，景龍本作「由」。御注、英倫二本作「猶」，均無「兮」字。《釋文》：「孫登、張憑、杜弼俱作由。一本猶。」功成景龍本作「成功」。事遂，景福本作「成功事遂」。百姓皆景龍、御注二本，均無「皆」字。謂我自然。

十八章

大道廢有仁義，景龍本，「仁」作「人」。知慧今本作「慧智」。《釋文》出「知慧」，知王本作「知慧」。今據改。又，景龍、廣明、景福三本，均作「智惠」。出有大僞，六親不和有孝慈，此三句「廢」下、「出」下、「和」下，廣明本均有「焉」字。下「國家昏亂，有忠臣」，「亂」下亦必有「焉」字。石泐不可見。國家昏亂有忠臣。

十九章

絶聖棄智，御注本作「知」。民利百倍。絶仁棄義，民復孝慈。絶巧棄利，盜賊無有。此三者以景龍、景福二本，均無「以」字。爲文不足，故令有所屬。見素抱樸，少私寡欲。

二十章

絶學無憂。唯之與阿，相去幾何？善之與惡，相去若何？景龍、御注、廣明、景福諸本，均作「何若」。人之所畏，不可不畏。荒兮其未央哉！景龍本作「忙其未央」。御注本作「荒其未央」。均無「兮」、「哉」二字。衆人熙熙，若亨今本作「如享」，與御注、景福二本同。《釋文》出「若亨」，則王本原作「若亨」。今正。景龍本作「若享」。又《釋文》：「亨，河上作饗。」大牢，若原作「如」，與御注、景福二本同。王本上句作「若此」，殆同。景龍本亦作「若」。登春臺。我獨廓兮其未兆，今本「廓」作「泊」。《釋文》出「廓」字云：「河上本作泊。」則王本作「廓」。今據改。又景福、英倫二本作「怕」。景龍本作「我魄未兆」。如嬰兒之景龍本「如」作「若」，無「之」字。未咳，今本作「孩」，與景龍本、御注本同。據《釋文》出「咳」字，知王氏作「咳」。景福本亦作「咳」。儽儽兮河上、景龍、御注三本均作「乘乘」，均無「兮」字。景福、英倫二本作「乘乘兮」。若景福本作「其若」。景龍本、御注本無「若」字。無所歸。衆人皆有餘，而景龍本、御注本，均無「而」字。我獨若遺。我愚人之心也哉！景龍本、御注本，均無「也哉」二字。沌沌兮，景龍、御注、英倫三本作「純純」，無「兮」字。《釋文》：「本又從忳。」俗人昭昭，《釋文》：「一本作照。」我獨昏景龍、御注、英倫三本，均作「若」。景福本作「如」。昏，俗人察察，我獨悶悶。澹兮其若海，《釋文》：「河上作忽兮若海。嚴遵作忽兮若晦。」景龍本作「淡若海」。御注、英倫二本作「忽若晦」。廣明、景福二本作「忽兮其若海」。飂兮若無止。《釋文》：飂，梁、簡文作「飄」。河上作「淵兮」。景龍本作「漂无所止」。廣明、景福本作「漂兮若無所止」。御注、英倫二本作「寂兮似無所止」。衆人皆有以，景龍本「以」作「已」。而景龍本無「而」字。我獨頑似鄙。我獨異於人，而貴食母。御注本作「而貴求食於母」。

二十一章

孔德景龍本作「得」。之容，唯道是從。道之爲物，唯怳今本作「恍」，與景龍、御注、景福三本同。下並同。《釋文》出「怳」字，知王本作「怳」。今據改。唯惚。景龍本、御注本，均作「忽」。下並同。惚兮怳兮，景龍本作「忽恍」。御注、英倫二本作「忽兮恍」。其中有象。怳兮惚兮，景龍本作「恍忽」。御注、英倫二本作「恍兮忽」。其中有物。窈兮冥兮，景龍本作「窈冥」。英倫本作「窈兮冥」。其中有精。景龍本無四「其」字。其精甚真，御注本作「貴」，乃「真」之別字。其中有信。自古及今，其名不去，以閱衆甫。吾何以知衆甫之狀哉？景龍本「之狀」作「之然」，無「哉」字。御注本作「之然哉」。景福本作「然哉」。《釋文》：「河上一本直云：吾何狀也。」以此。

二十二章

曲則全，枉則直，景龍本作「正」。窪則盈，蔽今本作「敝」。據《釋文》改。景龍本、御注本，均作「弊」。則新，少則得，多則惑。景龍本作「或」。是以聖人抱一爲天下式。不自見故明，不自是故彰，不自伐故有功，不自矜故長。夫唯不爭，故天下莫能與之爭。古之所謂曲則全者，景龍本無「者」字。豈虛言哉？景龍本作「豈虛語」，無「哉」字。誠全而歸之。景龍本作「故成全而歸之」。

二十三章

希言自然，故景龍、廣明、景福、英倫諸本，均無「故」字。飄風不終朝，驟雨不終日。孰爲此者？景龍本、御注本，均無「者」字。天地。天地尚景龍本作「上」。不能久，而況於人乎？景龍本無「乎」字。故從事於道者，景福本無「者」字。道者同於道，德者同於德，失者同於失。同於道者道亦樂御注、英倫二本無「樂」字。下二句同。得之，同於德者德亦樂得之，同於失者失亦樂得之。信不足，焉有不信焉。景龍、英倫二本，無二「焉」字。景福本無下「焉」字。

二十四章

企者不立，《釋文》：「河上作豉。」案：「豉」，殆「跂」之譌。御注、廣明二本亦作「跂」。景龍本「立」作「久」。廣明本，此上有「喘者不久」句。跨者不行。景福本，此二句倒置。自見者景龍本無「者」字。以下三句同。不明，自是者御注本無「者」字。下二句同。不彰，自伐者無功，自矜者不長。其在御注、英倫二本，「其在」作「其於」。景福本作「於其」。道也，景龍本無「也」字。曰餘食贅行，物或景龍本，「或」下有「有」字。惡之。故有道者景龍本無「者」字。不處。

二十五章

有物混成，先天地生。宋《釋文》出「宋」字注：「本亦作寂。」是王本作「宋」。今據改。兮寞今本作「寥」，與景福本同。《釋文》出「寞」字注：「鍾會作飂。」是王本作「寞」。據改。景龍本作「寂」、「漠」，無二「兮」字。兮，獨立御注、景福、英倫三本，此間有「而」字。不改，周行而景龍本無「而」字。不殆，可以爲天下母。吾不知其名，字之曰道，强爲之名曰大。大曰逝，逝曰遠，遠曰反。景龍、御注二本作「返」。故景龍本無「故」字。道大，天大，地大，王亦景龍本無「亦」字。大。域中有四大，而王居其一焉。景龍本作「而王處一」。人法地，地法天，天法道，道法自然。

二十六章

重爲輕根，靜爲躁君。是以聖人景龍、御注、英倫三本，均作「君子」。終日行，不離輜御注、景福二本作「輺」，乃「輜」之别搆。重。雖有榮觀，宴今本作「燕」，與景龍、御注、景福三本同。《釋文》出「宴處」，知王本作「宴」。今據改。處超然。奈景龍本作「如」。何萬乘之主，而景龍本無「而」字。以身輕景福本，「輕」下有「於」字。天下？輕則失本，景龍、御注、英倫、廣明、景福諸本，均作「失臣」。躁則失君。

二十七章

善行景福本，「行」下有「者」字。下「善言」、「善數」、「善閉」、「善結」下並同。廣明本同。無徹今本作「轍」。《釋文》出「無徹」，知王本作「徹」。今據改。迹，善言無瑕讁，今本作「謫」，與景龍、御注二本同。《釋文》出「讁」字，知王本作「讁」。今據改。景福本亦作「讁」。善數河上、景龍、御注、英倫、廣明、景福諸本，均作「計」。不用籌策，御注、英倫二本，「策」作「筭」。善閉無關楗景龍本作「鍵」。而景龍本無「而」字。下句同。不可開，善結無繩約而不可解。是以聖人常善救人，故景龍本、敦煌丁本，均作「而」。下「故無棄物」句，同。無棄人。常善救物，故無棄物。是謂襲明。故景龍本、敦煌本，均無「故」字。善人者景龍、御注、敦煌三本，均無「者」字。下「不善人者」，同。不善人之師，不善人者善人之資。不貴其師，不愛其資，雖智景龍、御注、敦煌三本，均作「知」。大迷。是景龍本、敦煌本，均作「此」。謂要妙。敦煌本《注》八十六字。

二十八章

知其雄，守其雌，爲天下谿。《釋文》：「或作溪。」景福本亦作「溪」。景龍本作「蹊」。敦煌本作「奚」。下並同。爲天下谿，敦煌本無此句。常德景龍本作「得」。下二「德」字同。不離，復歸於嬰兒。知其白，守其黑，爲天下式。爲天下式，景龍本、敦煌本，均無此句。常德不忒，敦煌本作「貸」。復歸於無極。知其榮，守其辱，爲天下谷。爲天下谷，常德乃足，復歸於樸。景龍、景福二本作「朴」。下同。樸散則爲器，景龍本、敦煌本，均無「則」字。聖人用之則景龍、敦煌二本，均無「之」、「則」二字。爲官長。故大制敦煌本，「制」作「剬」。無今本作「不」，與御注、景福二本同。《釋文》出「無割」二字，知王本作「無」。今據改。割。景龍本、敦煌本，均作「是以大制无割」。敦煌本《注》七十六字。

二十九章

將欲取天下而爲之，吾見其不得已。天下神器，不可爲也。景龍、景福、敦煌三本，均無「也」字。爲者敗之，執者失之。故景龍本、敦煌本，均作「失」。物或行或隨，或歔御注本作「呴」。景福本作「煦」。敦煌二本作「噓」。或吹，或强敦煌本作「彊」。或羸，或挫河上、御注、景福三本作「載」。景龍、敦煌二本作「接」。或隳。敦煌本作「墮」。是以聖人去甚、去奢、去泰。敦煌本《注》五十七字。

三十章

以道佐人主者，景福本無「者」字。不以兵强景福本，「强」下有「於」字。敦煌本「强」作「彊」，下亦有「於」字。天下。其事好還。師之所處，荆棘生焉。大軍之後，必有凶年。景龍、敦煌二本，均無以上九字。廣明本「凶」作「荒」。善有果而已，景龍、御注、敦煌、景福諸本，均作「故善者果而已」。廣明本作「善者果而已矣」。不敢景龍本、敦煌本，均無「敢」字。以取强。敦煌本作「彊」。景福本句末有「焉」字。果而勿矜，果而勿伐，果而勿驕，御注本作「憍」。又，景龍、敦煌、景福三本，此四字在「果而勿矜」之前。果而不得已，景龍本作「以」。果而勿强。敦煌本作「彊」。又，景龍、敦煌二本，「果」上有「是」字。物壯則老，是謂不道，景龍、敦煌二本，均作「謂之非道」。不景龍、敦煌二本，均作「非」。道早已。敦煌本《注》六十七字。

三十一章

夫佳兵者不祥之器，物或惡之，故有道者景龍、敦煌二本，均無「者」字。不處。君子居則貴左，用兵則貴右。兵者不祥之器，非君子之器，不得已而用之。恬《釋文》：「本或作栝。」澹今本作「淡」，與御注本、廣明本同。《釋文》出「澹」。今據改。河上本作「恢」。簡文及景龍、敦煌本，均作「惔」。爲上，勝則不美景龍本、敦煌本，均作「故不美」。而美之者，景龍本作「若美之」。敦煌本作「若美必樂之」。是樂殺人。景福本，「人」下有「也」字。夫樂殺人景龍本、敦煌本，均無「人」字。者，則景龍、御注、敦煌三本，均無「則」字。不可以景龍、御注、敦煌三本，均無「以」字。得志景龍、敦煌二本，「志」均作「意」。於天下矣。景龍、御注、敦煌、英倫諸本，均無「矣」字。吉事尚左，景龍、敦煌二本「吉」字上有「故」字。景福本「尚」作「上」。下同。凶敦煌本作「喪」。事尚右。景龍、敦煌二本，此間均有「是以」二字。偏將軍居御注、景福二本作「處」。下同。左，上將軍居右，言以喪禮處之。景龍本無此句。殺人之衆景龍、御注、景福、英倫、敦煌諸本，「之衆」作「衆多」。以哀悲景龍、御注、敦煌、英倫諸本，均作「悲哀」。泣之，戰勝以喪禮處之。

敦煌本《注》一百一十四字。

三十二章

道常無名，樸，景龍本作「朴」。雖小，天下莫能臣也。景龍、御注、敦煌、英倫諸本「莫能」作「不敢」。景福本作「莫敢」。又，均無「也」字。侯王梁武、景龍、敦煌三本，並作「王侯」。若能守之，景龍、御注、敦煌、英倫諸本，均無「之」字。萬物將自賓。天地相合以降甘露，民莫之令而自均。景龍、御注二本，「民」均作「人」。廣明、景福二本，「均」下有「焉」字。始制有名。名亦既有，夫亦景龍本，「夫」作「天」，無「亦」字。景福本「夫」作「天」，有「亦」字。將知止。知止可以御注、景福、英倫三本作「所以」。景龍、敦煌二本，均無此二字。不殆。譬道之景龍、御注、敦煌三本，均無「之」字。在天下，猶川谷之於「之於」，御注、景福、英倫三本作「之與」。景龍、敦煌二本，均作「與」。江海。敦煌本《注》六十五字。

三十三章

知人者智，自知者明。勝人者景龍本、敦煌本，均無「者」字。有力，自勝者强。敦煌本作「彊」。下「强行」同。知足者富，强行者景龍本、敦煌本，均無「者」字。有志。不失其所者久，死而不亡者壽。敦煌本《注》卅六字。

三十四章

大道氾御注作「汎」。《釋文》：「本又作汎。」周張並同。兮，景龍、御注、敦煌三本，均無「兮」字。其可左右。萬物恃之而景龍、御注、敦煌、英倫諸本，「而」均作「以」。敦煌本又無「之」字。生而不辭，功成景龍、御注二本，均作「成功」。廣明本下有「而」字。不名有。衣養河上、景龍、御注、英倫、廣明、景福諸本作「愛養」。敦煌本作「衣被」。萬物而景龍、敦煌、廣明三本，均無「而」字。不爲主，常無欲敦煌本無此三字。可名於小。景福本「小」下有「矣」字。萬物歸焉御注、英倫、敦煌三本，「焉」作「之」。而御注本、敦煌本，均無「而」字。不爲主，可名爲景龍、御注、敦煌三本，均作「於」。大。景福本，「大」下有「矣」字。以其終不自爲大，河上、景龍、敦煌、御注、景福、英倫諸本，均作「是以聖人終不爲大」。故能成其大。敦煌本《注》五十五字。

三十五章

執大象，天下往。往而不害，安平太。御注本作「泰」。樂與餌，過客止。道之景龍、敦煌二本，均無「之」字。出口，景龍本、敦煌本作「言」。淡敦煌本作「惔」。乎景福本作「兮」。其景龍本、敦煌本，均無「乎」、「其」二字。無味。視之景龍本、敦煌本，均無「之」字。下二句同。不足見，聽之不足聞，用之不可既。敦煌本《注》卅七字。

三十六章

將欲㒆今本作「歙」。《釋文》出「將欲㒆」，知王作「㒆」。據改。《釋文》注：「簡文作歙，又作洽。」敦煌、景福二本作「噏」。景龍作「翕」。之，必固張之。將欲弱之，必固强之。將欲廢之，必固興之。將欲奪之，必固與之。

是謂微明，柔弱勝剛强。景龍本作「柔勝剛，弱勝强」。魚不可脱於淵，國之利器不可以景龍本無「以」字。示人。

三十七章

道常無爲而無不爲。侯王若景福本作「而」。能守之，景龍、御注、英倫三本，均無「之」字。萬物將自化。化而欲作，吾將鎮之以無名之樸。景龍本作「朴」。下同。無名之樸，據《釋文》，王本似無此句。夫亦將無欲。《釋文》：「無，簡文作不。」又，景龍、御注、景福、英倫諸本，均無「夫」字。「無」，亦作「不」。不欲以静，天下將自定。景龍、御注、景福三本，「定」均作「正」。

道德經考異下

德經卷下

三十八章

上德不德，是以有德。下德不失德。是以無德。上德無爲而無以爲，下德爲之而有以爲。上仁爲之而無以爲，上義爲之而有以爲。上禮爲之而莫之應，則攘臂而扔之。景龍、御注、景福三本，「扔」作「仍」。故失道而後德，失德而後仁，失仁而後義，失義而後禮。故景福本作「夫」。禮者，忠信之薄而亂之首。景福本有「也」字。前識者，道之華而愚之始。是以大丈夫處其厚，不居景龍、御注二本作「處」。其薄，處景龍、御注二本作「居」。其實，不居其華。故去彼取此。

三十九章

昔之得一者，天得一以清，地得一以寧，神得一以靈，谷得一以盈，萬物得一以生，敦煌戊本無此句。侯王得一以爲天下貞。景龍本、景福本，均作「正」。其致之，敦煌本，「之」下有「也」字。天無以清將恐裂，地無以寧將恐發，神無以靈將恐歇，谷無以盈將恐竭，萬物無以生將恐滅，敦煌本無此句。侯王無以貴敦煌本，「貴」下有「而」字。高將恐蹶。故貴以景福本，「以」上有「必」字。下句同。賤爲本，高以下爲御注本無「爲」字。基。是以侯王自謂景福本作「曰」。孤寡不轂，此非景龍、御注、景福三本，作「此其」。敦煌本作「是其」。以賤爲本耶？敦煌本作「與」。非乎？敦煌本作「也」。景龍本無「乎」字。故致數譽，無譽。兩「譽」字，今本作「輿」。《釋文》出「數譽」二字，知王本作「譽」。今據改。景龍本、景福本作「數車無車」。御注本、敦煌本作「數輿無輿」。敦煌本，句末有「也」字。御注本，「數輿之輿」作「與」，殆是誤字。不欲琭琭敦煌本作「禄禄」。如玉，硌硌景龍、御注、敦煌三本，均作「落落」。如石。

四十章

反者道之動，弱者道之用。天下萬御注本、敦煌本，均作「之」。物生於有，有生於無。

四十一章

上士聞道勤而行之，御注本無「之」字。中士聞道若存若亡，下士聞道大笑之。不笑敦煌本，「笑」下有「之」字。不足以爲道。故景福本無「故」字。建言有之：敦煌本作「是以建言有之曰」。明道若昧，進道若退，夷道若纇，御注作「纇」，乃「類」之別搆。《釋文》：「河上作類。」景龍、敦煌、景福三本，亦作「類」。上德若谷，大白若辱，敦煌本，此句在「上德若谷」之前。廣德若不足，敦煌本，「不足」作「濡」。建德若偷，敦煌本無此句。廣明本，「偷」作「婾」。質真若渝，大方無隅，大器晚成，大音希聲，大象無形。道隱無名。夫唯道，善貸且成。景龍本，「成」作「善」。敦煌本，「貸」作「始」。

四十二章

道生一，一生二，二生三，三生萬物。萬物負陰而抱陽，沖氣以爲和。人之所惡，唯孤寡不穀而王公以爲稱。敦煌己本「爲稱」作「自名」。故物或損之而益，或御注本、敦煌本，均無「或」字。益之而損。人之所教，我亦教之：御注本、敦煌本，均作「亦我義教之」。「强敦煌本作「彊」。梁者不得其死！」吾將以爲教敦煌本作「學」。父。敦煌本《注》七十三字。

四十三章

天下之至柔，馳騁敦煌本無「騁」字。天下之至堅。無有入景龍本、景福本，「入」下有「於」字。無間，吾是以知無爲之有益。景龍本，敦煌本，均無「吾」字、「之」字。不言之教，無爲之益，天下希及之。

四十四章

名與身孰親？身與貨孰多？得與亡孰病？是故景福本無「是故」二字。甚愛必大費，多藏必厚亡。知足不辱，此句之首，景龍本、敦煌本皆有「故」字。知止不殆，可以長久。

四十五章

大成若缺，其用不弊。大盈敦煌本作「滿」。若沖，其用不窮。大直若屈，大巧若拙，大辯若訥。敦煌本作「呐」。躁勝寒，靜勝熱，清靜敦煌本作「淨」。景龍本，「靜」下有「以」字。爲天下正。

四十六章

天下有道，卻走馬以糞。敦煌本作「堇」，乃「糞」之別搆。天下無道，戎馬生於郊。景龍、御注、敦煌、景福四本，此下均有「罪莫大於可欲」句。《釋文》、河上本亦有此句。禍莫大於不知足，咎莫大敦煌本作「甚」。於欲得。故敦煌本無「故」字。知足之足，常足矣。景龍、敦煌二本，均無「矣」字。

四十七章

不出户景福本，「户」下及下句「牖」下，均有「以」字。知天下，不闚景龍、御注本，均作「窺」。牖景龍本、御注本作「牗」，「牗」之別體。見天道。其出彌遠，其知彌少。景龍本作「近」。是以聖人不行而知，不見而名，不爲而成。

四十八章

爲學日益，爲道日損。損之又損，景福本有「之」字。以至於敦煌本無「於」字。無爲，無爲而景龍本、敦煌本，均無「而」字。無不爲。取天下常以無事，及其有事，不足以取天下。

四十九章

聖人無常景龍本、敦煌本，均無「常」字。心，以百姓心爲心。善者吾善之，不善者吾亦善之，德景龍本、敦煌本，均作「得」。善。信御注本脱「信」字。者吾信之，不信者吾亦信之，德信。景龍本、敦煌本，均作「得信」。聖人在天下歙歙《釋文》：「一本作惵惵。河上本作惔。簡文云：河上公作怵。」今案：景龍、景福二本作「怵怵」。御注本、敦煌本作「惵惵」。爲天下渾敦煌本作「混」。其心。百姓皆注其耳目，今本脱此句。景龍、御注、敦煌本，均有「之」。王弼《注》：「各有聰明。」知王弼本原有此。今據諸本補。聖人皆咳今本作「孩」，與景龍、御注、景福本同。《釋文》出「咳」字，注：「或作孩。」知王本作「咳」。今據改。敦煌本作「恔」。之。

五十章

出生入死。生之徒十敦煌本作「什」。下同。有三，死之徒十有三。人之生，動景福本，「動」下有「皆」字。之死地，亦景龍、御注、景福、敦煌四本，均無「亦」字。十有三。夫何故？以其生生之厚。景龍本，「厚」下有「也」字。蓋聞善攝生者，陸行不遇兕虎，入軍不被甲敦煌本作「鉀」，乃「甲」之別體。兵。兕無所投敦煌本作「駐」，殆「拄」之誤。其角，虎無所錯今本作「措」，與御注、敦煌、景福，三本同。《釋文》出「錯」字，知王本作「錯」。今據改。景龍本作「揹」，殆「措」之誤。其爪，兵無所容其刃。夫何故？以其無死地。

五十一章

道生之，德畜之，物形之，勢成之。是以萬物御注本作「聖人」。莫不敦煌本無「莫不」二字。尊道而景福本無「而」字。貴德。道之尊，德之貴，敦煌本作「道尊德貴」。夫莫景福本，「莫」下有「大」字。之命御注本、敦煌本，均作「爵」。而常自然。故道生之，德畜之，敦煌本脱此三字。長之育之，亭之毒之，景龍、御注、敦煌、景福四本，均作「成之熟之」。養之覆之。生而不有，爲而不恃，長而不宰，是謂玄德。

五十二章

天下有始，以爲天下母。既得景龍、景福二本，均作「知」。其母，以景龍本作「又」。知其子。既知其子，復守景福本作「知」。其母，没身不殆。塞其兑，《釋文》：「河上本作鋭。」景福本亦作「鋭」。下同。閉其門，終身不勤。開其兑，濟其事，終身不救。見小曰明，守敦煌本作「用」。柔曰强。用其光，復歸其明，無遺身殃，是謂今本作「爲」。以全書例之，當作「謂」。據景龍、御注、敦煌諸本改。習御注本、敦煌本，均作「襲」。常。

五十三章

使我介然有知，行於大道，唯施是畏。大道甚夷而敦煌本作「其」。民景龍本作「人」。好徑。御注本作「民其好徑」。朝甚除，田甚蕪，倉甚虚。服文綵，御注本作「彩」。廣明本作「絲」。帶利劍，厭敦煌本作「饜」。飲食。財敦煌本作「資」。貨有餘，是謂盜夸。敦煌本作「誇」。下句同。盜夸今本無此二字。敦煌本有。《釋文》出「夸」字，下又出「盜夸非道也哉」。御注、河上本同。知王本有此二字，據補。非道也哉！敦煌本無「也哉」二字。

五十四章

善建者敦煌本無「者」字。下句同。不拔，善抱者不脱，子孫以景龍本、敦煌本無「以」字。祭祀敦煌本作「祠」。不輟。修之景福本無「之」字。下同。於景龍、御注、敦煌三本，均無「於」字。下四句同。身，其德乃敦煌本「乃」作「能」。下四句「乃」字同。真。御注本作「貞」。修之於御注本無「於」字。下句同。家，其德乃餘。景龍、景福二本，「乃」作「有」。敦煌本，「餘」上有「有」字。御注本作「其德能有餘」。修之於鄉，其德乃長。修之於國，其德乃豐。修之於天下，其德乃普。故以身觀身，以家觀家，以鄉觀鄉，以國觀國，以天下觀天下。吾何以知天下景福本，「下」下有「之」字。然哉？以此。景龍、御注、敦煌三本，均作「吾何以知天下之然？以此」。

五十五章

含德之厚，比於赤子。蜂蠆虺蛇不螫，景龍、御注、敦煌、景福諸本，均作「毒蟲不螫」。《釋文》引河上本，亦作「毒蟲不螫」。猛獸不據，攫鳥不搏，骨弱筋御注本作「筯」。敦煌、景福二本作「觔」。《釋文》：「觔者俗」。柔而握固。未知牝牡之合而全作，《釋文》：「全，河上作峻。本一作朘。」敦煌本、景福本，亦作「峻」。精之至也。景龍、御注、敦煌三本，均無「也」字。下「和之至也」同。終日號而不嗄，和之至也。知和曰常，知常曰明，益生曰祥，心使氣曰强。物壯則老，謂之不道，不道早已。兩「不」字，敦煌本並作「非」。

五十六章

知者不言，言者不知。塞其兑，閉其門，挫其鋭，解其分，景龍、景福二本作「忿」。和其光，同其塵，是謂玄同。故不可得而景福本無「而」字。下五句同。親，不可得而疎，不可得而利，不可得而害，景龍、景福二本，句首有「亦」字。不可得而貴，不可得而賤，景龍、景福二本，句首有「亦」字。故爲天下貴。

五十七章

以正御注本作「政」。治國，以奇御注本作「其」，誤。用兵，以無事取天下。吾何以知其然哉？景龍、御注、景福三本，均無「哉」字。以此，天下多忌諱而民景龍本作「人」。下同。彌貧，民多利器國家滋昏，人多伎御注本作「技」。巧奇物滋起，法令景龍、景福、敦煌庚本，均作「物」。滋彰，盜賊多有。故聖人云：「我無爲而景龍本無「而」字。下三句同。民自化，我好靜而民自正，我無事而民自富，御注本，此二句倒置。我無欲而民自樸」。景龍、敦煌、景福三本，「樸」均作「朴」。又，敦煌本有「我無情而民自清」句。

五十八章

其政悶悶，其民景龍本作「人」。下同。淳淳。景龍、敦煌、景福三本，均作「醇醇」。其政敦煌本無此二字。察察，其民缺缺。禍兮景龍本無「兮」字。下句同。福之景福本無「之」字。下同。所倚，福兮禍之所伏。孰知其極？其無正。御注本，「正」下有「邪」字。正景龍本作「政」。復爲奇，善復爲妖。御注本作「祅」。敦煌、景福二本作「訞」。人御注本作「民」。之迷，其日固久。是以聖人方而不割，廉而不劌，《釋文》：「河上作害。」景龍、景福、敦煌三本均同。御注本作「穢」。直而不肆，光而不燿。景龍、景福、敦煌三本作「曜」。御注本作「耀」。

五十九章

治人事天，莫若嗇。夫唯嗇，是謂敦煌本作「以」。早服。早服謂之重積德。重積德則無不克。景龍、景福二本作「剋」。下同。無不克則莫知其極。莫知其極，可以有國。有國之母，可以長久。是謂深根固，御注本作「故」，誤。柢，《釋文》亦作「蔕」。敦煌、御注、景福三本作「蔕」。長生久視之道。

六十章

治大國若亨今本作「烹」，與景福本同。《釋文》出「烹」，注：「不當加火。」則王本原作「亨」。今改正。景龍本、敦煌辛本，均作「亨」。御注本、敦煌庚本作「享」。小鮮，敦煌辛本作「腥」。注：「河上作鮹。」以道莅天下。敦煌庚本、景福本，均有「者」字。其鬼不神。非其鬼不神，其神不傷人。御注本作「民」。下「傷人」同。非其神不傷人，聖人亦不傷人。夫兩不相傷，故德交歸焉。景龍本、敦煌辛本，均作「故得交歸」。

六十一章

大國者景福本無「者」。下流，天下之交，敦煌辛本作「郊」。天下之御注本，「之」下有「交」字。敦煌辛本作「郊」。牝。御注本無「牝」字。牝常以靜敦煌辛本作「彭」。勝敦煌庚本，「勝」下有「其」字。牡，景龍本作「牡常以靜勝牝」，殆誤。以敦煌庚本有「其」字。靜爲下。故大國以下小國，則取小國。小國以下大國，則取御注本、敦煌辛本，均作「聚」。下「而取」同。大國。故或下以敦煌辛本作「而」。取，或下而景龍、景福、敦煌庚本，均作「如」。辛本作「而」。取。大國敦煌辛本，「大國」上有「夫」字。不過欲兼畜人，小國不過欲入事人。夫兩者景龍本「夫」作「此」。景福本、敦煌庚本無上三字。各得其所欲，大者宜爲下。御注本、敦煌辛本，句首均有「故」字。

六十二章

道者萬物之奧，善人之寶，不善人之敦煌辛本無「之」字。所景龍本、敦煌辛本，「所」下有「不」字。保。美言可以市尊，美行可以加人。人之不善，何敦煌辛本作「奚」。棄景龍本、敦煌庚本，均作「弃」。之有？故立天子，置三公，雖有拱璧，以先駟馬，不如坐進此道。古之所以貴此道者何？敦煌庚本無「何」字。辛、壬本有之。不曰以求得，景龍、御注、敦煌庚、辛本，均作「求以得」。壬本、景福本作「以求得」。庚本，「得」下有「之」字。有罪以免耶？景龍本、敦煌辛本，均無「耶」字。故爲天下貴。

六十三章

爲無爲，事無事，味無味。大小多少，報怨以德。圖難於其易，爲大於其景龍本、敦煌辛本，均無「其」字。下句同。細。天下敦煌庚本有「之」字。難事必作於易，天下敦煌辛本無「天下」二字。大事必作於細。是以聖人終不爲大，故敦煌庚本無「故」字。能成其大。夫輕諾必寡信，多易必多難。是以聖人猶御注本作「由」。難之，故終無難矣。景龍、御注、景福及敦煌庚、辛、壬諸本，均無「矣」字。

六十四章

其安易持，其未兆易謀，其脆《釋文》：「河上本作膬。」易泮，景龍、御注、景福、敦煌庚、辛、壬諸本，均作「破」。其微易散。爲之於敦煌庚本，「於」下有「其」字。下句「於」下同。未有，治之於未亂。合抱之木生於毫末，九層敦煌庚本作「成」。辛本作「重」。壬本作「曾」。之臺起於累土，千里之行敦煌辛本作「而百仞之高」。始敦煌辛本作「起」。於足下。爲者敗之，執者失之。是以景福本、敦煌庚、壬三本，均無「是以」二字。聖人無爲故無敗，無執敦煌壬本，「無」上有「聖人」。故無失。民之從事，常於幾成而敗之。慎終如始，則無敗事。是以聖人欲不欲，不貴難得之貨。學不學，復敦煌辛本作「備」。衆人御注本，「人」作「民」。之所過。以輔萬物之自然，而不敢爲。景福本、敦煌壬本有「焉」字。

六十五章

古之善爲道者，非以明民，景龍本作「人」。將以愚之。敦煌辛、壬本，「之」均作「民」。民之難治，以其智多。景龍本、敦煌辛本，均作「多智」。故景龍、景福、敦煌庚，壬諸本，均無「故」字。以智治國，國之賊。不以智治國，國之福。敦煌辛本，「福」作「德」。知此兩者，亦稽式。《釋文》：「嚴、河上作楷式。」景龍、御注、景福、敦煌庚、辛、壬諸本，亦作「楷式」。下同。常知稽式，是謂玄德，玄德深矣遠矣，景龍本、敦煌辛本作「深遠」。庚本作「深矣遠」。與物反矣，景龍本、敦煌辛本無「矣」字。庚本無此句。然後景福本，敦煌庚、壬二本無「然後」二字。乃至敦煌庚本，「至」下有「於」字。大順。

六十六章

江海所以能爲百谷王者，景龍本無「者」字。以其善下之，故能爲百谷王。是以景龍、御注、景福、敦煌庚、辛、壬諸本，「以」下均有「聖人」二字。欲上民，景龍、御注、敦煌庚、辛諸本，「民」均作「人」。必以御注本、敦煌辛本，均作「以其」。下「必以」同。言下之。欲先民，景龍本，「民」作「人」。必以身後之。是以聖人敦煌辛本無「聖人」二字。處上而民景龍本、御注本，「民」均作「人」。下句同。不重，處前而民不害。是以天下樂推而不厭，御注本作「猒」，即「猒」。以其不爭，敦煌庚本，「爭」下有「也」字。辛本，「不」作「無」。壬本作「非以其不爭」。故天下莫御注本作「與」，誤。能與之爭。

六十七章

天下皆謂敦煌辛本作「以」。我道景龍、御注、景福、敦煌庚、辛、壬諸本，均無「道」字。大，似景龍本無「似」字。不肖。敦煌辛本，「肖」作「笑」。下二「肖」字同。《義疏》、河上本作「肖」字。夫唯大，故似景龍本、敦煌辛本，均無「似」字。不肖。敦煌辛本作「故不笑」。若肖，久矣其細也夫。景龍本無「也夫」二字。景福本無「也」字。敦煌壬本無「夫」字。辛本作「若笑救其小」，殆有誤字。我有三寶，持而保之：景龍本、敦煌庚、壬本，「保」作「寶」。辛本作「寶而持之」。御注本作「保而持之」。一曰慈，二曰儉，三曰不敢敦煌辛本無「敢」字。爲天下先。慈故能勇，景龍、御注、敦煌辛諸本，句首均有「夫」字。儉故能廣，不敢爲天下先故能成器長。敦煌壬本，「成」上有「爲民」二字。今舍御注本作「捨」。下同。慈且勇，舍儉且廣，舍後且先，御注本、敦煌辛本，此三句「舍」下。均有「其」字。御注本「且先」二字顛倒。死矣。夫慈以陳今本作「戰」，與景龍、御注、景福、敦煌壬本同。《釋文》出「以陳」二字，知壬本作「陳」。今據改。又，敦煌庚、辛二本亦作「陳」。則勝，以守則固。天將救之，景福本、敦煌壬本，「之」下有「以善」二字。以慈衛之。

六十八章

善爲士者不武，景龍本、敦煌辛本，句首均有「古之」二字。善戰者敦煌辛本無「者」字。下三句同。不怒，善勝敵者不與，景龍、御注、敦煌庚、辛諸本，「與」均作「爭」。敦煌壬本作「與」。善用人者爲之下。景龍本，「人」作「仁」，無「之」字。景福本、敦煌辛本亦無「之」字。是謂不爭之德，是謂景龍本作「以」。用人之力，是謂配天，古之極。景福本、敦煌庚本、壬本「極」下有「也」字。

六十九章

用兵有言：「吾不敢敦煌壬本作「能」。爲主而爲客，不敢進寸而退尺。」是謂：行無行，攘無臂，扔無敵，景龍、景福、敦煌庚、辛、壬諸本，「扔」均作「仍」。執無兵。敦煌辛、壬本，此句在「扔無敵」前。禍莫大於輕敵，敦煌庚、壬本作「詮敵」。下句同。辛本作「侮敵」。輕敵幾喪吾寶。敦煌辛本作「侮敵則幾亡吾寶」。故抗兵相加，敦煌辛本，「加」作「若」。壬本作「如」。哀者勝矣。景龍本、敦煌辛本，均作「則哀者勝」。

七十章

吾言甚易知，甚易行。天下莫能知，莫能行。言有宗，事有君。夫唯無知，是以不我敦煌辛本作「吾」。知。知我者希，則景福本，「則」作「明」。我者貴。敦煌庚、壬二本。作「則我貴矣」。是以，聖人被褐敦煌壬本，「褐」下有「而」字。懷玉。

七十一章

知不知，上。不知知，病。夫唯病病，景龍本、敦煌辛本，均無此四字。壬本無下「病」字。是以不敦煌庚本無「不」字。病。敦煌壬本無此四字。景龍本、敦煌辛本無「不病」二字。聖人不病，以其病病，是以不病。

七十二章

民御注本作「人」。不畏威，則大威至。景龍本無「則」字。敦煌庚本作「大畏至矣」。壬本、景福本，均作「大威至矣」。無狎景龍、御注、景福、敦煌庚、辛、壬諸本，「狎」均作「狹」。其所居，無厭其所生。夫唯不厭，是以不厭。

是以，敦煌辛本，「是以」作「故」。聖人自知不自見，自愛不自貴。故去彼取此。

七十三章

勇於敢則殺，勇於不敢則活。此兩者，景龍、御注、景福三本，均作「知此兩者」。敦煌庚、壬二本作「常知此兩者」。或利或害。天之所惡，孰知其故？是以聖人猶難之。景龍本、敦煌辛本，均無此句。天之道，不爭而善勝，不言而善應，不召而自來，繟然《釋文》：「繟，河上作墠。梁王尚、鍾會、孫登、張嗣本作坦。」敦煌庚本亦作「坦」。辛、壬本作「不言」。而善謀。天網恢恢，踈而不失。景龍本，「失」作「漏」。

七十四章

民不畏死，奈何以死懼之？若使民御注本，「民」作「人」。景龍本、敦煌辛本無「民」字。常畏死敦煌辛本，「畏」上有「不」字。而爲奇者，吾得執景龍本、敦煌辛本，「得執」均作「執得」。而殺之，孰敢？敦煌庚本，「敢」下有「矣」字。常有司殺者殺。敦煌庚本、景福本，均無「殺」字。夫代司殺者殺，景龍、御注、景福、敦煌庚、辛諸本，均無「殺」字。是謂敦煌庚本，「是謂」作「謂」。辛本作「是」。代大御注本無「大」字。匠御注本作「近」，即「匠」之別搆。斲。夫代大匠斲者，景龍、御注、景福、敦煌庚、辛諸本，均無「者」字。希有不傷其手矣。景龍本、敦煌辛本，均無「矣」字。敦煌庚、辛本，均無「有」字。

七十五章

民御注本、敦煌辛本，諸「民」字，均作「人」。之饑，諸本均作「飢」。下同。以其上食稅之多，是以饑。民敦煌辛本作「百姓」。之難治，以其上之景龍本、敦煌辛本，均無「之」字。有爲，是以難治。民景龍、景福二本，均作「人」。之輕死，以其求生景龍本、敦煌辛本，「求生」作「生生」。之厚，是以輕死。夫唯無以生爲敦煌辛本，「爲」下更有「生」字。者，是賢於貴生。景福本，「生」下有「也」字。

七十六章

人之生景龍本，「之生」作「生之」。也柔弱，其死也堅强。景龍本、敦煌辛本，均無兩「也」字。下二句同。敦煌辛本，「堅」作「剛」。萬物草木之生景龍、御注、敦煌辛諸本，均作「生之」。也敦煌庚本無「也」字。柔脆，其死也枯敦煌庚本無「枯」字。槁。故敦煌庚本作「故曰」。堅强者死之徒，柔弱者生之徒。是以兵强則不勝，木强則兵。景龍、御注、景福、敦煌庚、辛諸本，「兵」均作「共」。强大處下，景龍本作「故堅强處下」。敦煌辛本作「故堅强居下」。庚本作「故强大處下」。柔弱處上。

七十七章

天之道，其猶張弓與？景龍本、敦煌辛本，均無「與」字。御注、景福、敦煌庚本，「與」作「乎」。高者抑之，下者舉之，有餘者敦煌庚本、景福本，均無「者」字。下句同。損之，不足者補之。景龍、御注、景福、敦煌庚、辛本，「補」均作「與」。天之道，損有餘而御注、景福、敦煌庚、辛本，均無「而」字。補不足。人之道則不然，損不足以景龍、景福、敦煌辛本，均無「以」字。敦煌庚本，「以」作「而」。奉有餘。孰能御注、景福、廣明、敦煌庚本，「能」下均有「以」字。有餘以奉天下？唯有道者。景龍本，「唯」下有「其」字。是以聖人爲而御注本無「而」字。御注、景福二本，均無「以」字。

不恃，功成而不處。敦煌庚、辛本「功成」作「成功」。景龍、御注、敦煌辛本，均無「而」字。其不欲見賢。景龍本作「斯不見賢」。敦煌庚本，「賢」下有「也」字。辛本則作「其欲退賢」。

七十八章

天下莫柔弱於水，《釋文》：「河上本作天下柔弱，莫過於水。」景龍、御注、敦煌辛、景福諸本，並同。而攻敦煌辛本作「功」。堅强者景龍本、敦煌辛本，均無「者」字。敦煌庚本，此句上有「言水柔弱」四字。莫之能勝，景龍本、敦煌辛本，「勝」均作「先」。其無以易之。敦煌庚本作「无易之」。景福本作「以其无能易之」。弱之勝强，柔之勝景福本，「勝」作「能」。剛，景龍本作「故弱勝强，柔勝剛」。敦煌庚本同，而無「故」字。御注本、敦煌辛本作「故柔勝剛，弱勝强」。天下莫不景龍本、敦煌辛本，「不」均作「能」。知，莫能行。是以聖人云：敦煌辛本無「云」字。御注本，「云」作「言」。景龍本作「故聖人云」。景福本、敦煌庚本作「故聖人言云」。「受國之垢，是謂社稷主。受國不祥，是謂今本作「爲」。從諸本改。天下王。」正言若反。

七十九章

和大怨，必有餘怨，安可以爲善？是以聖人執左契而不責於人。景龍本、敦煌辛本，均無「而」字。御注本，「人」作「民」。有德司契，景龍、御注、敦煌辛本，句首均有「故」字。無德司徹。天道無親，常與善人。

八十章

小國寡民，景龍本，「民」作「人」。使有什伯之器敦煌辛本作「使民有什伯之器」。庚本作「使有阡陌人之器」。而不用，使民景龍本、敦煌庚本，「民」作「人」。重死而不遠徙。敦煌庚本無「而」字。雖有敦煌庚本，「雖有」作「其」。舟輿《釋文》：「河上曰車。」無所乘之，雖敦煌庚本無「雖」字。有甲兵無所陳之，使人景龍、御注、景福、敦煌庚四本，「人」均作「民」。復結繩而用之，甘其食，美其服，安其居，樂其俗。鄰國相望，雞犬景龍、景福、廣明、敦煌庚、辛諸本，均作「狗」。之聲御注本作「音」。相聞，民至老死敦煌庚本無「死」字。辛本作「使民至老」。不相往來。

八十一章

信言不美，美言不信。善者不辯，辯者不善。知敦煌辛本作「智」。者不博，博者不知。聖人不積，既以爲御注、景福二本作「與」。人，己愈有。既以與人，己愈多。天之道，利而不害，聖人之敦煌辛本無「之」字。道，爲而不爭。

老子考異補遺

《老子考異》既畢刊於《北京圖書館館刊》，又見唐寫本《道經》殘卷二十八行，存第二十章之下半，至第二十七章之上半。每章後皆記字數，爰校其異同，爲《補遺》。癸亥十月，振玉記。

二十章

澹兮其若海 作「忽若晦」。

飂兮若無止 作「寂无所止」。

衆人皆有以 「以」作「已」。

而我獨頑似鄙 無「而」字。

我獨異於人而貴食母 「獨」作「欲」。《注》一百十五字。

二十一章

唯怳唯惚 「怳」作「慌」。

惚兮怳兮其中有象怳兮惚兮其中有物　作「恍惚中有物，惚慌中有像」。

窈兮冥兮其中有精　作「窈冥中有精」。

以閱衆甫　「衆」作「終」。

吾何以知衆甫之狀哉以此　作「吾何以知終甫之然？以此」。《注》六十一字。

二十二章

枉則直　「直」作「正」。

蔽則新　「蔽」作「弊」。

多則惑　「惑」作「或」。

不自見故明不自是故彰　二句倒置。

古之所謂曲則全者豈虚言哉　作「古之所謂曲則全，豈虚語」。

故誠全而歸之　「誠」作「成」。《注》七十四字。

二十三章

故飄風不終朝驟雨不終日　無「故」字，「驟」作「趨」。

孰爲此者　無「者」字。

而況於人乎　無「乎」字。

故從事於道者　「於」作「而」。

道者同於道德者同於德失者同於失同於道者　無此十九字。

道亦樂得之　作「道得之」。

德亦樂得之　作「德得之」。

失亦樂得之　作「道失之」。

信不足焉有不信焉　無兩「焉」字。《注》五十八字。

二十四章

企者不立　作「喘者不久」。

自見者不明　無「者」字。下三句同。

自伐者無功　作「自饒無功」。

其在道也曰餘食贅行　無「也」字，「贅」作「餟」。

物或惡之故有道者不處　「或」作「有」，無「者」字。《注》卅一字。

二十五章

寂兮寞兮　作「寂漠」。

周行而不殆　無「而」字。

故道大天大地大王亦大　無「故」字、「亦」字。

而王居其一焉　作「而王處其一」。又，章末《注》七十九字。

二十六章

是以聖人　作「是以君子」。

宴處超然　「宴」作「燕」。

奈何萬乘之主而以身輕天下　「奈」作「如」，無「而」字。章末《注》卅六字。

二十七章

善行無徹迹　亦作「徹」，不作「轍」。

善言無瑕讁　「讁」作「適」。

善數不用籌策　「數」作「計」，「策」作「筭」。

善閉無關楗而不可開　無「而」字，下句同。

敦煌唐寫本南華真經殘卷校記

敦煌唐寫本《莊子》殘卷五： 曰《胠篋》，存後半，藏英倫博物館。曰《刻意》，曰《山木》，曰《徐無鬼》，藏巴黎圖書館。《刻意》篇首尾完具，《山木》篇前缺二、三十行，《徐無鬼》篇存後少半。曰《田子方》，藏予家，存前半。往歲《刻意》、《山木》、《徐無鬼》三篇，既付影印，别記其與今本異同之字於書眉。《胠篋》則日本狩野博士直喜在英倫時手校，予借録入世德堂刊本上。兹以春晝漸長，取舊校寫爲一卷，並補校《田子方》篇，一夕而竟。去年冬在春明，見蜀中顧氏藏某篇，未及寫影，已售歸海東。嘗謂文字之事，亦有前緣，有遠在重瀛而得之，近在眉睫而失之者。宇内博雅君子，倘就其所見，爲之《校記》，以補予之所不及，則予之所厚望也已。癸亥二月十一日，上虞羅振玉書。

胠篋

而天下始人有巧工矣　今本「巧工」作「其巧」。
而能布網轉丸　今本無「能」字。
不求於工匠　今本「求」下有「之」字。
則萬物各有所能也　今本無「所」字。
所能不同　今本「能」下有「雖」字。
而天下皆因其能　今本「因其」作「自」。
則天下各復其朴　今本「朴」作「所」。
始玄同矣
而同於寘得也　今本「寘得」作「玄德」。
若此時　今本「此」下有「之」字。
則是上之好知之過也　今本「好」上無「之」字。
解詬同異之變多　今本「詬」作「垢」。
而莫知非其所以善者　今本「以」作「已」。
爭尚之所由而生也　今本無「而」字。

好知之亂天下也

生於動者也　今本無「者」字。

舍夫種種之民　今本「民」作「機」。宋本作「民」，與此同。

以己誨人者也　今本無「者」字。

南華真經刻意品第十五　今本作「《刻意》第十五」。

爲脩而已　今本「已」下有「矣」字。

教誨之人也　今本無「也」字。

尊主彊國之人也　今本無「也」字。

避世之人也　今本無「也」字。

吹呴呼吸　今本「呴」作「呴」。《釋文》：「呴字，亦作呴」。

此導引之士　今本「導」作「道」，下「不導引而壽」同。

養形之人也　今本無「也」字。

若夫使萬物各得　今本「得」下有「其分」二字。

故當付之無所執爲者也　今本無「者」字。

無不有也

忘而有之耳　今本「耳」作「也」。

而衆美從之

若厲以爲之　今本「厲」下有「己」字。

而衆惡至矣　今本作「而衆惡生」。

夫恬淡寂寞　今本「淡」作「惔」，「莫」作「漠」。《注》同。下「淡」、「莫」字均同。

則危其平而喪其質矣　今本「矣」作「也」。

則平易矣

常平夷而無難矣　今本無「矣」字。

則憂患不能入也邪氣不能襲也　今本無二「也」字。

泯然與正理俱往也　今本無「也」字。

而神不虧矣　今本無「矣」字。

神德並喪於內矣　今本「矣」作「也」。

其死也物化

蛻然無所係也　今本無「也」字。

迫而後動

會至乃動也　今本無「也」字。

不得已而後起

任理而理已起吾得已乎　今本作「任理而起，吾不得已也」。

故無天灾　今本「灾」作「災」。《注》同。

灾生於違天也　今本無「也」字。

無物累

累生於逆物也　今本作「累生於逆物」。

不思慮

付之天理也　今本無「也」字。

不豫謀

理至而應耳　今本無「耳」字。

光而不耀　今本「光」下有「矣」字。

其神純粹

一無所欲也　今本無「也」字。

其魂不罷

有欲乃疲耳　今本無「耳」字。

乃合天德

乃與天地合其恬淡之德　今本無「其」字，「德」下有「也」字。

悲樂者德之邪也喜怒者道之過也好惡者德之失也　今本無三「也」字。

故情無所槩也　今本無「也」字。

虚之至也

乃无纖介之違耳　今本無「耳」字。

淡之至也

無交物之情也　今本無「也」字。

天德之象也

无心而偕會者也　今本無「者」字。

純粹而不襍

無非當之事也　今本「非」下有「至」字。

静壹而不變　今本「壹」作「一」。

常在當上住也　今本無「也」字。

淡而无爲也　今本無「也」字。

動而以天行

人行者耳　今本作「人行也」。

下蟠於地

任其天行耳非輕用者也　今本無「其」字、「者」字。

不可爲象

所育無方也　今本無「也」字。

其名爲帝　今本「帝」上有「同」字。

同天帝之不爲也　今本無「也」字。

與神爲一

則冥矣　今本無「矣」字。

合于天倫

物之真者也　今本無「者」字。

野語有之　今本「之」下有「曰」字。

聖人貴精

非守神者也　今本無「者」字。

非貴精者也　今本無「者」字。

則貴守之迹也　今本無「迹」字。

謂其不虧其神也

以不穕爲素　今本「以」上有「苟」字。

山木前佚二、三十行。

猶且胥疏草於江湖之上　今本無「草」字。《釋文》：「李云：胥，相也，謂相望疏草也。」則古本有「草」字。

而游於无人之野　今本「无」作「無」。此卷凡「無」字，皆作「无」。間有作「無」者，今本則悉改作「無」。

予而不求其報　今本「予」作「與」。

昌狂妄行　今本「昌」作「猖」。

其死可以葬　今本無「以」字。

君无形倨

躓硋之謂　今本「硋」作「礙」。

以爲君車

斯寄物以自載者也　今本無「者」字。

何以至焉　今本作「安得而至焉」。

雖无糧乃足　今本「乃」上有「而」字。

皆自崖而返

則民各反守其分矣　今本無「矣」字。

故有人者累

有之以爲己私者也　今本無「者」字。

非見有於人也

斯非見有於人者也　今本無「者」字。

而獨與道游於大莫之國

欲令蕩然无有國之懷也　今本無「也」字。

方舟而濟於河　寫本另行，乃一章之首。《莊子》每篇若干章，古本每章皆另行書之以示別。今本乃蟬聯不別。今依唐本，一一爲之舉正。

則呼張歙　今本「歙」下有「之」字。

壹呼而不聞　今本「壹」作「一」，下「壹之間」同。古本，凡「一」字皆作「壹」。今悉改「一」。

向不怒而今也怒　今本「向」下有「也」字。

人能虛己以游於世　今本無「於」字。

北宮奢爲衞靈公賦斂　另章。

三月而成上下之懸　今本「懸」作「縣」。

萃乎其送往而迎來　今本「萃乎」下有「芒乎」二字。

无所欣悦也　今本無「也」字。

從其强梁　今本「强」作「彊」。《釋文》出「强梁」，則陸本亦作「强」。

因其自窮也　今本無「也」字。

用其不得不爾也　今本無「也」字。

而豪毛不挫　今本「豪」作「毫」。

孔子圍於陳蔡之間　另章。

曰然

聖人无惡也　今本「惡」上有「好」字。

東海有鳥其名意怠　今本作「東海有鳥焉，名曰意怠」。

又心無常係也　今本無「也」字。
退不敢爲後
常從容處中也　今本無「也」字。
必取其緒
其於隨物而已耳　今本無「耳」字。
是以免於患
患寄生於役知以奔競也　今本無「也」字。
名成者虧
未之嘗全也　今本無「也」字。
而還衆人　今本「衆」上有「與」字。
故還之也　今本無「也」字。
道流不明　今本「流」下有「而」字。
昧然而自行也　今本「也」作「耳」。
居得行不名處　今本「行」下有「而」字。
非由名而後處之也　今本無「也」字。

不爲名功　今本作「不爲功名」。

而名迹皆去也　今本無「也」字。

孔子曰善　今本「善」下有「哉」字。

取於棄人間之好耳　今本「耳」作「也」。

入鳥不亂行

故爲鳥獸所不畏也　今本無「也」字。

而況人乎

蓋寄言以極推誠之信乎物　今本「誠」上有「至」字，「乎」上有「任」字。

孔子問子桑虖曰　另章。「虖」，今本作「雽」。案：古無從「雨」之「雽」，乃從「虍」之譌。下諸「虖」字，同。

子獨不聞假之亡　今本「假」下有「人」字。

與林回弃千金之璧　今本「弃」作「棄」，下同。

負赤子而趨何　今本「何」下有「也」字。

此以天屬者也　今本無「者」字。

且君子之交也淡若水小人之交也甘若醴　今本無兩「也」字。

无利故淡道合故親　今本「无」作「去」，「親」下有「也」字。

則无故以離

然則有故而合者必有故而離也　今本無「者」字，「也」作「矣」。

徐行翔庠而歸　今本「庠」作「佯」。

其受益嘉進　今本作「其愛益加進」。

真命禹曰　今本「命」作「泠」。《釋文》：「泠，或爲命，又作令。」

故不待物　今本「故」作「固」。

朴素而足矣也　今本無「矣也」二字。

莊子衣大布而補之　另章。

士有道德不能保　今本「保」作「行」。

衣敝履空　今本「空」作「穿」。

此所謂非遭時者也　今本無「者」字。

而王張其間　今本「張」作「長」。《釋文》：「長，本又作張。」

雖羿逢蒙　今本「逢」作「蓬」。

莫之能害也　今本無「也」字。

勢不便　今本作「處勢不便」。

孔子窮於陳蔡之間　另章。

右擊槁枝　今本「槁」作「槁」。案：「槁」，殆「喬」之假字。

而歌焱氏之風　今本「焱」作「猋」。案：「猋」，殆「焱」之譌。《天運》篇：「故有焱氏爲之頌曰。」《釋文》：「焱，本亦作炎。」此之「焱氏」，殆與《天運》篇之「有焱氏」，同。

有具而无數有聲而无宮角　今本作「有其具而無其數，有其聲而無宮角」。

无受人益難

　物之儻來不可禁禦也　今本「儻」作「倘」，無「也」字。

无始而非卒也

言變化之无窮也　今本無「也」字。

人與天一也

　皆自然也　今本無「也」字。

言與之偕逝之謂也

　順帝之則也　今本「順」上有「而」字。

執臣道而猶若是　今本作「執臣之道猶若是」。

斯待天而不受其損者也　今本無「者」字。
乃非己也
非己求而取之也　今本無「也」字。
吾命有在外者也
止於形質而已矣　今本無「矣」字。
吾若取之何哉
受之而已耳　今本無「耳」字。
弃之而走
避禍之速也　今本無「也」字。
襲諸人間　今本作「而襲諸人間」。
社稷存焉爾
相與社稷之　今本「社」下有「而」字。
化其萬方　今本「方」作「物」。
莫覺其變也　今本無「也」字。
焉知其所止　今本「止」作「始」。

有天也性也　今本作有「天性也」。

故曰性也　今本無「也」字。

聖人晏然體逝而終耳矣　今本無「耳」字。

莊周遊乎雕陵之樊　另章。

見得而忘其形

而忘形之見乎異鵲也　今本「忘」下有「其」字。

見利而忘其真

故忘之耳　今本無「耳」字。

物固相累

恆相爲累也　今本無「也」字。

逐而訊之　今本「訊」作「誶」。《注》同。《釋文》：「誶，本又作訊。」

訊問之　今本作「誶問之也」。

三月不迋　今本「迋」作「庭」，下同。案：《説文》：「迋，往也。」即《左傳》襄二十八年「君使子展迋勞于東門之外」之「迋」。今作「庭」，蓋由「迋」譌「廷」，由「廷」譌「庭」也。

夫身在人間而世有夷險　今本無「而」字。

且吾聞諸夫子　今本「子」下有「曰」字。
吾所以不迋也
以見問爲戮也　今本無「也」字。
陽子之宋　另章。
安往而不愛哉
無時而可也　今本無「也」字。
南華真經田子方品第二十一　今本作「《田子方》第二十一」。
無擇之里人稱道數當　今本「人」下有「也」，乃衍文。「無擇至數當」爲一句，今誤斷爲二義，不可通。
子之師爲誰　今本「子」上有「曰」字。
人貌而天
而獨任自然也　今本無「也」字。
虛緣而葆真
故真不失也　今本無「也」字。
使人之意也消

而物邪自消也　今本無「也」字。

口鉗而不欲言

自覺其近也　今本無「也」字。

吾所學真土梗耳　今本作「吾所學者直土梗耳」。《釋文》：「直，本亦作真。」下句同。

夫魏真爲我累耳　今本「真」作「直」。

温伯雪子適齊　另章。

中國之君子　今本作「中國之民」。

透蛇其迹也　今本無「也」字。

其導我也似父　今本「導」作「道」。

吾子欲見温伯雪子也久矣　今本無「也」字。

見之而不言何　今本「何」下有「耶」字。

顏淵問於仲尼曰　另章。

而回瞠若乎後耳矣　今本無「耳」字。

夫子步亦步也者　**夫子趨亦趨也者**　**夫子馳亦馳也者**　今本無三「者」字。

而瞠若乎後者　今本「而」下有「回」字。

無器而民蹈乎前而不知　今本「蹈」作「滔」。
而人死次之　今本「死」下有「亦」字。
乃更速死　今本「速」下有「其」字。
乃哀之大者也　今本無「者」字。
入於西極　今本「入」上有「而」字。
待是而後成功
而足成行功也　今本無「而」字。
是入則亡
竟不亡也　今本無「也」字。
而不化以待盡
則化盡无期矣　今本「矣」作「也」。
日夜無陳　今本「陳」誤作「隙」。《注》稱「恆化新」，則作「陳」者是。作「隙」，乃形近致譌。
丘以是日徂
故曰徂也　今本無「也」字。
吾終身與汝交一臂而失之　今本「汝」作「女」，下並同。

故雖交臂相守　今本「交」作「執」。

則此亦可哀者也　今本無「者」字。

汝求之以有　今本作「而女求之以爲有」。

汝安得有之耶　今本無「耶」字。

吾服汝也甚忘

恆欲不及也　今本無「也」字。

汝服吾也亦甚忘

不問賢聖　今本作「不問賢之與聖」。

未有得停者也　今本無「也」字。

吾有不忘者存

謂繼之以新也　今本「新」上有「日」字。

而與物無不冥者也　今本無「者」字。

孔子見老聃　另章。

方將被髮而干　今本「干」作「乾」。《釋文》：「乾，本或作干。」

家泊之至也　今本無「也」字。

孔子便而待　今本「待」下有「之」字。
而立於獨　今本「獨」下有「也」字。
吾游於物之初
　故游於物之初　今本無「之」字。
　而自有耳　今本「耳」作「也」。
而莫見其形
　明其自爾也　今本無「也」字。
日有所爲
　未嘗守故也　今本無「也」字。
而莫見其功
　自爾故无功也　今本無「也」字。
而莫知乎其所窮
　隨之不見其後者也　今本無「者也」二字。
行小便而不失其大常者也　今本無「者」字。
不入於匈次　今本「匈」作「胷」。

而不失大常故也　今本無「也」字。

而況得喪禍福之所介乎

逾不足患也　今本作「愈不足患」。

知身貴於隸者也　今本無「者」字。

徐無鬼

吾是以泣也

則不可奈何者也故泣　今本「也」上無「者」字，「泣」下有「之」字。

而使梱於燕盜得之道　今本「梱」下有「之」字，「道」上有「於」字。

刖之則易　今本「刖上」有「不若」二字。

於是乎刖而鬻之齊　今本「是」下無「乎」字，「之」下有「於」字。

然身食肉終　今本「肉」下有「而」字。《釋文》：「然身食肉終，本或作身食肉者，誤。」是陸本亦無「而」字。

齧缺遇許由曰　另章。

唯且无誠

將僞以爲之也　今本無「也」字。

且假夫禽貪者器

將假斯器以獲其志也　今本無「也」字。

是以一人之斷制天下　今本「制」下有「利」字。

不止乎一人矣　今本無「矣」字。

譬之猶一覕也

而以一齊割之則有傷矣　今本「齊」作「劑」，「矣」作「也」。

夫唯外乎賢者知之　今本「之」下有「矣」字。

自爲廣宮大囿　今本「爲」作「以」。

自爲安室利處　今本「爲」上有「以」字。

此以域進以域退者也　今本作「此以域進，此以域退」。

皆豕蝨也　今本「也」上有「者」字。

至至鄧之墟而十萬家　今本作「至鄧之虚，而十有萬家」。

聽明衰矣　今本「聽」作「聰」。

是以神人惡衆至

非好而致之者也　今本無「者也」二字。

不比則不利　今本「利」下有「也」字。

　豈比而利之哉　今本無「哉」字。

故無所甚親　今本下有「無所甚疎」四字。

以順天　今本作「以順天下」。

　於舜則形勞也　今本無「也」字。

以目視目　另章。

其平也繩

　未能去繩而自平也　今本無「也」字。

其變也循

　未能絶迹而玄會也　今本無「也」字。

以天待之

　事斯得矣　今本無「矣」字。

不以人入天

　事適荒矣　今本「適」作「愈」，無「矣」字。

何可勝言

則無賤也　今本無「也」字。

句踐也以甲楯三千　另章。

鵾目有所適也　今本無「也」字。

各適一時之用　今本「一」上有「其」字。

日之過河也有損焉

有形者自然相與爲累也唯外乎形者磨之而不磷也　今本無兩「也」字，「乎」作「夫」。

未始其嬰也　今本「嬰」作「攖」。

而不自覺也　今本無「也」字。

恃原而往者也　今本「原」作「源」。

恃原往耳　今本作「持源往也」。

物之守物也審

所以爲審也　今本無「也」字。

心之於殉也殆

故殆也　今本無「也」字。

殆之成也不給改

所之貴夫无能而任其天然也　今本「夫」作「其」，無「也」字。

其反也緣功

則其功不作而成矣　今本無「矣」字。

其果也待久

欲速則不果也　今本無「也」字。

不亦悲乎

謂有其知能者也　今本無「者也」二字。

不知問是者也　今本無「者」字。

大均緣之

則大均矣　今本「矣」作「也」。

大方體之

體之使各得其方　今本「方」作「分」。

大信稽之

命之所期无令越逸　今本作「命之無令越逸所期」。

大定持之

直不撓則自定故持以大定　今本「直」作「真」，「持」下有「之」字。

始有彼

始之者彼也故我述而不作也　今本「始之者」作「始有之者」。又，句末無「也」字。

似不解之者

故似不解耳　今本無「耳」字。

不知也　今本作「似不知之也」。

用彼知耳　今本「耳」作「也」。

不可以有崖

應物宜无方也　今本作「應物宜而無方」。

而不可以无崖

各以其分也　今本無「也」字。

古今不代

不可相代也　今本無「也」字。

奚惑然爲

奚爲而惑若此乎　今本「乎」作「也」。

是尚大不惑也　今本無「也」字。

隨世爲名耳　今本「耳」作「也」。

敦煌六朝寫本抱朴子殘卷校記

敦煌石室本《抱朴子》殘卷存《暢玄》第一，《論仙》第二，《對俗》第三，凡三篇。《論仙》、《對俗》二篇均完善，《暢玄》篇則前佚十餘行。書迹至精，不避唐諱，乃六朝寫本也。卷藏皖江孔氏，乃割第一篇以贈定州王氏，餘二篇又以售於海東。辛酉冬，予曾從孔氏借觀，寫影存之。並取校孫淵如觀察刊本，異同處多至三百餘。其書題作《論仙》第二，下空二格接書《抱朴子》内篇，又空一格書丹陽葛洪作。乃小題在上，大題在下，而撰人名又在大題之下。洪自序稱内篇二十卷，故《舊唐書·經籍志》及各家書目，均作二十卷。然此三篇共在一卷中，惜前後題均不可見，不知如何分卷。然非篇爲一卷，則無疑也。序文及各家書目「二十卷」，殆「二十篇」之譌歟？孫氏本出於《道藏》，卷一序題下書「疲六」，卷三書題下書「疲七」，卷五書題下書「疲八」，卷七至二十書題下書「守一」至「守十一」。蓋分卷十四，殆亦非復六朝之舊矣。去冬念此卷既入市舶，影本幸存，欲寫定所校爲《校記》。牽於人事，不果斯願。新歲小病，鍵户不出。乃以三日之力録付梓人，以傳藝林，則斯卷雖亡，不啻存也。書以記其始末。癸亥正月上元後三日，上虞羅振玉記。

暢玄

前佚十餘行。

或麗炳爛　作「麗眪粲爤」。

鉛華素質　「鉛」作「朱」。

可與爲永　作「可與推求」。

雖顧眄爲生殺藏本作「殺生」。**之神器**　此亦作「煞生」。

脣吻爲興亡之關鍵　「吻」作「喙」。

椅榭俯臨乎雲雨　「椅」作「綺」。

藻室華綠之參差　「華」作「朱」。

羅幬雲離　「幬」作「幃」。

金觴華以交馳　「華」作「曄」。

清絃嘈囋以齊唱鄭舞紛繇以蜲蛇　無「囋」、「繇」二字。

哀簫鳴以淩霞羽蓋浮於漣漪　作「鳴哀簫於淩雲，浮羽蓋於漣漪」。

臨深則俯擥以遺朝飢　「擥」作「覽」。

入宴千門之混熀一本作「燿」。　「熀」作「晃」。

燕藏本作「醼」。**罷則心悲也**　作「讌徹則心悲」。

猶影響之相歸也　無「也」字。

彼藏本作「欺」。**假借而非真**　「彼」作「斯」。藏本作「欺」，譌。

用之者神忘之者器　作「歸之乎神，忘之乎器」。

逍遥恍惚之中　「遥」下有「乎」字。

踐躡旋璣　作「躡踐旋機」。

其次則真知足　「真」作「有」。

於細分按：「分」當作「介」。**之伍**　作「於細介之位」。

沈鱗甲於玄淵　「鱗」作「靈」。

動息知止　「息」作「思」。

吟嘯蒼崖之間　「蒼崖」作「崖谷」。

而萬物化爲塵氛　「塵氛」作「埃芥」。

怡一本作「收」。**顏豐柯之下**　此本亦作「怡」。

啜荈一本作「粟」。**漱泉**　作「啜叔即「菽」。歛殆「飲」之譌。泉」。

而太牢同乎藜藿　「藜藿」作「荼蓼」。

居乎味淡　作「居乎淡味」。

如闇如明如濁如清刻本「如明如清」，二「如」字作「而」。　此本兩「如」字亦作「而」。

豈肯委尸祝之塵　「塵」作「坐」。

而爲藏本無此二字。**庸夫之憂樂**　此本亦無「而爲」二字。

藐然不喜流俗之譽　「藐」作「莞」。

其餘何足以悅之乎　無「足」字。

直刃沸鑊　「直」作「白」，「鑊」作「濩」。

謗讟何足以戚之乎　作「謗言何以戚之矣」。

舐秦痔以屬車　「秦」作「創」。

登朽緡以探巢　「緡」作「條」。

蓋世人之所爲載馳企及而達者之所爲寒心而悽愴者也　作「蓋世人所爲載馳而企及，而達者所爲寒心而愴恨者」。

論仙作「《論仙》第二」。

未若所不履之多　「多」下有「也」字。

雖有禹益齊諧之智　「智」作「博」。

而所嘗識者　「嘗」作「記」。

端嬰隨鄽之辯　「嬰」作「晏」。

人理之常然必至之大端也　「然」作「勢」，「端」作「歸」。

久視不已之期者矣　「久」上有「受」字。

推龜鶴於別類　「鶴」作「鵠」。以下「鶴」字均作「鵠」。

以行無益之事　「行」作「脩」。

未若攄匡世之高策　「策」作「位」。

華轂易步趍　「易」作「貿」。

每思詩人甫田之刺　「每」作「幸」。

棄榮華而涉苦困　「苦困」作「困苦」。

有似喪「喪」當作「桑」。**者之逐游女**　此正作「桒」，即「桑」別體。

夫班狄藏本作「秋」，非也。依《意林》引改。**不能削瓦石爲芒鍼**　此正作「狄」，與《意林》同。

能當老者復少而應死者反生哉　「能」下有「使」字，「復」作「常」，「反」作「久」。

而吾子乃欲延蟪蛄之命　無「之命」二字。

養朝菌之榮舊脱此二字，今補。　此亦無「之榮」二字。

使累晦朔之積　作「使之累晦積朔」。

不亦謬乎　舊本「不」字上衍「吾子」二字。孫氏删之。案：此本亦無此二字。

而聾夫謂之無聲焉　「聾」作「聵」。

暐曄之鱗藻哉　「鱗」作「鮮」。

而況物有微於此者乎　「而」作「何」，無「有」字。

物是事非一本作「舛」。　此亦作「非」。

而薺麥枯焉　「薺」作「蒜」。

而竹柏茂焉　「竹」作「松」。

而龜鶴長存焉　「鶴」作「虵」。

而有北流之浩浩　「浩浩」作「活活」。

而或震動而崩弛疑作「陁」。　「弛」作「佹」，殆「陁」之譌。

水性藏本作「主」。**純冷**　此亦作「主」。

而有温谷之湯泉　「温谷」作「溽犻」。案：「犻」，即「豚」别搆。「溽」，殆「燖」之譌。

火體宜熾　「熾」作「熱」。

不可以一概斷之　「概」下有「而」字。

正如此也久矣　無「正」、「也」二字。

宜必鈞一藏本無此字。　「一」作「齊」。

已有天壤之覺刻本作「隔」，非。「覺」，即「較」字。　「覺」作「降」。又，「壤」作「淵」，殆唐人避諱改「壤」。

何獨怪仙者之異不與凡人皆死乎　無「異」字。

水蜃爲蛤　「蛤」作「蛉」。

枝離原注一作「滑錢」。**爲柳**　此本亦作「枝離」。

有何限乎　作「何限」。

外患不入　「入」作「加」。

而無知其上　作「而無或知其上」。

而莫識其下　作「而未有識其下」。

壽命在我者也　「在我」作「老夭」。

而莫知其脩短之能至焉　「之」下有「所」字。

設有哲人大才　無「大才」二字。

廢僞去役藏本作「欲」。　此亦作「去欲」。

執太璞於至醕之中　「太璞」作「大朴」。

世人猶尠能甄别或莫造志行　作「世人猶尠能標美逸」。
殊趣異路　「異」作「舛」。
行尸之人　「行尸」作「尸行」。
假令遊戲　「戲」作「敖」。
子晉躬御白鶴　「鶴」作「鵠」。
或鱗身蛇首原注「或」作「軀」。　此亦作「蛇軀」。
遂益潛遁　「遁」作「退」。
乃上士之所憎　「憎」下有「也」字。
而怪於未嘗知也　作「而怪於未之嘗見也」。
所謂以指測海　「以」上有「人」字。
蜉蝣校巨鼇　「蜉」上有「猶」字。
日藏本「日」作「白」。今改。**及料大椿**　此亦作「日」，同孫校。
無所不經　「所」作「或」。
其間未期　「期」作「幾」。
二物畢至　「畢」作「俱」。

令斷穀近一月　「月」作「朞」。
正爾後何疑哉　作「正爾亦復何疑於不然乎」。
令甘始　「始」下有「公」字。
皆止不復長　「止」上有「令」字。
毛盡黑　「黑」上有「變」字。
才則一代之英　「英」作「名」。
而晚年乃有　作「而晚乃云有」。
其歎息如此　作「其難如此」。
邃古之事　「邃」作「遠」。
其必有矣　作「其有必矣」。
俗人貪榮好利刻本作「進」。　此亦作「利」。
汲汲名利　「利」作「位」。
有逃帝王之禪授　「逃」作「違」。
巢許之輩　作「若巢許輩人」。
況於神仙又難知於斯亦何可求今世皆信之哉　作「況於神仙之人，難知於斯，亦何求今世皆信之哉」。

正以秦皇漢武　「皇」作「始」。

以少君欒太　作「又少君欒大」。以下「欒太」，皆作「欒大」。

而謂古者無陶朱猗頓之富　「富」下有「也」字。

而謂在昔無南威西施之美　「美」下有「也」字。

用兵或有無功者焉　「兵」作「武」。

爲之者　作「諸爲之者」。

自可求而不得　「求」作「學」。

不在於富貴也　作「不須富貴也」。

百姓有過　「過」作「罪」。

削乎平粹者　「削乎」作「割削」。

蚊噆膚　作「蚊蚋噆膚」。

則坐不得安　「安」作「端」。

蝨羣攻則臥不得寧藏本作「安」。　作「蚤蝨羣攻則臥不獲安」。

何祇若是　作「何𢾭如是」。

不給尾閭之洩耳　「洩」作「流」。

砰磕嘈囐　作「研磕嘈嚂」。

則伏尸千里流血滂沱　作「流血湧隍，伏尸千里」。

斬斷之疑有脱字。　作「斷斬之刑」。今脱「刑」字。

欲止絶臭腥休糧清腸　作「腸欲止絶臭腥，休糧」。

八珍百和　「和」作「醬」。

暴骸腐野　作「暴骸朔裔」。

坑生殺伏　「伏」作「服」。

暴骸如莽　作「暴骨如荼」。

秦皇使十室之中　作「秦始使天下十室之中」。

又不得有道之士　作「又不得道士」。

腹懷翳桑絶糧之餒　作「腹有翳桑絶粒之飢」。

夏有儒行環堵之暵　作「夏有儒仲環堵之歎」。

欲經遠而乏舟車之用　「欲」作「且」。

欲有營　作「欲有所營」。

衆難萃其門庭　「難」作「艱」。

可無戀也　作「無可戀也」。

或得要道之訣或值不羣之師　作「或得要道之決矣，值不羣之師矣」。

日月不覺衰老　作「日月而不覺久」。

患流俗之臭鼠　「鼠」作「處」。

愛習之情卒難遣而絶俗之志未易果也　作「愛習之情難可卒遣，而絶俗之志未緣果也」。

非一條也　無「也」字。

口斷甘肴　作「口斷所甘」。

豈不尠哉　作「豈所堪哉」。

非勢位之人　「人」下有「也」字。

忘禍患於無爲　作「忘患禍於無效」。

區區小子之奸僞　「奸僞」下有「爲事」二字。

國人多餓死　「餓」作「飢」。

漢武招求方士　「漢武」作「武帝」。

敢爲虚誕耳　「誕」作「欺」。

安可待「待」當作「得」。**煞乎**　「待」作「得」，同孫校。

視爵位如湯鑊　「湯鑊」作「鑊湯」。

視金玉如土糞　作「觀金玉如糞土」。

覩華堂如牢獄　「覩」作「覿」。

以假塗求其財　「財」作「錢」。

共登嵩高山　作「共上嵩高」。

少君將舍我去矣　「矣」作「也」。

數日而少君稱病死　作「數日少君病死」。

唯衣冠在焉　「唯」作「則」。

上士舉形昇虛　「虛」作「雲」。

謂之尸解　「解」作「仙」。

必尸解者也　「解」作「仙」。

乃道士李意期將兩弟子刻本有「去，後人見之」五字，非。　孫本此下脱「及道士李意其將兩弟子去，皆託卒，死家殯埋之，積數年而長房來歸。又相識人見李意其將兩弟子」三十字，非衍五字也。

三棺遂有竹杖一枚　「遂」作「悉」。

以丹書於杖　「書」下有「符」字。

此皆尸解者也　「解」作「仙」。

不可譏神農之播穀　「譏」作「議」。

謂仙道之果無乎　作「謂仙道爲果无也」。

非可學而得按漢書　「而」字在「按」上。

亦何所不有也　「也」作「耶」。

鬼神數爲人間作光怪變異　「人」作「民」。

安能見聞　作「莫之見聞」。

知此不可以訓　「此」下有「之」字。

故不見鬼神不見仙人不可謂世間無仙人也　作「然雖不見鬼神，不可得謂天下无神也；「神」上殆脱「鬼」字。雖不見仙人，不可謂世間无仙人也」。

人有賢愚　「有」作「无」。

則術家有拘録之法　「拘録」作「録具」。

則禮典有招呼之義　「招呼」作「招魂」。

豈可遂以不聞見之　「遂」作「復」。

成湯怒齊之靈　「怒」作「怨」。

彭生託形於玄冢　「形」作「身」。

灌夫守田蚡子義掊燕簡　「守」上「掊」上並有「之」字。

世所希聞乎　「乎」上有「者」字。

是令蚊虻負山　「令」作「使」。

與井蟇論海也　「蟇」作「鼃」。

俗人未嘗見龍鱗鸞鳳　「鱗」作「驎」，即「麟」之假字。

然皆祕其要文　「文」作「言」。

其所用藥　「藥」下有「物」字。

治淮南王獄中　「中」作「時」。

所得此書　「所」作「遺」。

盡在紙上　「盡」上有「當」字。

自删秦大夫阮倉刻本作「太史暨漢」。**書中出之**　亦作「大夫阮倉」。

非妄言也　「言」作「造」。

采葑藏本無二字。　采菲　此本有。

以日月曾蝕之故　作「以曾蝕之日」。

而謂懸藏本作「玄」。象非大明哉　亦作「玄」。

實是合五種灰以作之　「灰」作「石灰」。

殊不肯信　作「俗人殊不肯信」。

水精本自然之物　「本」作「是」。

俗人當何信其有可作之理哉　作「俗人何時當信其有可作之理哉」。

況乎難知之事哉　「乎」作「於」。

信哉此言其事雖天之明而人處覆甑之下焉識至言哉　無此二十二字。

對俗作「《對俗》第三」。

夫陶冶造化　「陶冶」作「大陶」。

知上藥之延年　「年」作「命」。

故龜鶴之遐壽　「鶴」作「鵠」，下「鶴」字皆同。

且夫松柏枝葉與衆木則別龜鶴體貌與衆蟲則殊　無兩「則」字。

是以短折耳　無「耳」字。

人有明哲　「哲」作「知」。

及有施爲本末　「有」作「於」。

若謂彼皆特禀異氣　「禀」作「滄」。

皆有師　作「皆有所師」。

召致蟲蛇《意林》作「蛇蟲」。　亦作「蟲虵」。

合聚魚鼈　作「取殆『聚』之譌。合魚鼈」。

潰金爲漿　「潰」作「漬」。

入淵不沾《意林》「沾」作「溺」。　亦作「沾」。

仙道遲成　孫校刻本「仙」上有「但」字。案：此本無。

不能守之藏本更有「守之」二字。　「守」作「爲」，亦不複「爲之」二字。

心疑　無此二字。

亦安可强令信哉　無「令信」二字。

而得知之也　作「而得知乎」。

率皆深藏邃藏本作「遠」。**處**　亦作「遠」。

不但此二物之壽也　「物」作「蟲」。

千歲松柏藏本作「樹」。　亦作「樹」。

或如青羊或如青犬或如青人　作「或如犬，或如人」。

皆壽千《御覽》引作「萬」。**歲**　亦作「萬」。

蛇有無窮之壽　「窮」作「極」。

玃千歲　作「玃壽千歲」。

千歲之鳥　「歲」作「秋」。

萬歲之禽　「禽」作「鳥」。

壽亦如其名　「名」下有「也」字。

其毛色白　作「則其色皆白」。

能《御覽》九百七引作「熊」。**壽五百歲者**　「能」作「熊」。

狐狸豺藏本作「狸」。疑作「貙」。**狼**　作「狐及狸狼」。

滿五百歲則善變爲人形　「五」作「三」，「變」上有「潛」字。

滿百歲　作「滿百歲者」。

洽聞者理無所惑耳　作「洽聞之士，於理無所惑耳」。

不飲不食　作「不飲食」。

計棄之　作「計棄置之」。

固當餓死　無「餓」字。

村口有古大塚　作「村側有久故大塚」。

上巔先有穿穴　作「上巔先穿」。

乃以器盛縋之下此女於塚中　作「乃以器下此女置中」。

候世藏本作「此」。平定　作「比平定」，「此」乃「比」之譌。

而父母猶初恐其鬼也　無「猶」字。

入就之　作「父下入就之」。

糧初盡時　無「初」字。

日月爲之　作「日日爲之」。

廣定乃索女所言物　無「乃」字，「言」作「道」。

乃是一大龜耳　作「是大龜耳」。

女出食穀　「穀」作「飲」。

及爲道者効之　作「又爲道者効龜」。

可與龜同年之驗也　作「可與龜同之一驗也」。

龜能土蟄鶴能天飛　無兩「能」字。

有頃刻之飛　無「刻」字。

其壽安可學乎　「可」下有「得」字，「乎」作「也」。

不由蟄與飛也　作「不由於蟄與天飛」。

法其食氣以絶穀　「食」作「飡」。

琴高乘朱鯉於深淵　「深」作「重」。

頃刻之飛而已乎　「頃刻」作「有頃」。

狙猥鼉蝨　作「狟狹誤字。鼉蝨」，後於「鼉蝨」旁改注「熊羆」。

不食藏本無此二字。**之時**　此本有之。

乃肥於食時也　無也字。

莫得其法　作「而莫得其法耳」。

金天據九鴈當作「鳫」。**以正時**　「雁」作「鳫」，孫校是。

帝軒俟刻本作「候」。**鳳鳴以調律**　亦作「俟」。

乾鵲知來　作「乾吉知來」。

蜉蝣曉潛泉之地　「蜉蝣」作「蚍蜉」。

鸑鷟見周家之盛　「周家」作「有周」。

不必皆法龜鶴也　「皆」下有「當」字，「鶴」作「鵠」。

而推神仙之遠旨　「仙」作「人」。

或曰我等不知今人長生之理　作「而曰我等不知所以令人長生之理」。

古人何獨知之　「何」下有「緣」字。

此蓋愚暗之局談　「愚」作「篤」。

夫占此下失一字。**天之玄道**　作「夫占天文之道度」。

而得禍福之分野一本作「分野之禍福」。　亦作「而得禍福之分野」。

錯綜六情　「情」作「肴」。殆「爻」之譌。

形理可求也　「形」上有「其」字。

夫鑿枘之麤伎　「鑿枘」作「造鑿」。

在乎其人　「在」作「存」。

況於神仙之道旨意深遠　作「況於神仙，道深意遠」。

況凡人哉　作「況汎汎凡人哉」。

而我何以獨不知之意耶　無「何以」二字。

謂之有　作「則謂之有」。

則天下之事亦尠矣　作「則天下之所有之事亦尠矣哉」。

此亦可以類求者也　作「此可類求者也」。
設令抱危篤之疾　「危篤」作「厄困」。
須良藥之救　「救」下有「治」字。
則未免於愚也　「則」下有「亦」字。
若夫此論　作「若如所論」。
余數見人以蛇銜膏連已斬之指　無「人」字「膏」字。
桑豆易鷄鴨之足原注：「豆」一作「蟲」。　亦作「桑豆」。
若子言　作「若如子言」。
而百卉仰之以植焉　「以植」作「以能殖」。
水竭則魚死　「竭」作「涸」。
川蟹不歸而蛣敗　「川」作「小」。
桑樹見斷而蠹殄　作「架樹見斷而蝨殄」。
斯可悟矣　作「可以寤矣」。
鹽滷沾於肌髓　作「鹽熏沾肌理」。
何怪其令人長生乎　「其」下有「不能」二字。

將必好事者妄所造作　作「將非好事者，妄作所造」。

未必出黃老之手　「手」作「言」。

以方諸求水於夕月　「求」作「承」。

易貌以成於異物　「成」作「託」。

皆如說焉　「說」上有「方」字。

又載魏尚　「尚」下有「者」字。

張楷能興雲起霧　作「張楷者，能起霧興雲」。

小記疑作「既」。　**有驗**　此作「既」，孫校是。

或曰　作「或難曰」。

或可以翼亮五帝　無「以」字。

或可以監御百靈　無「以」字，「監」作「臨」。

位可以不求而自致　作「位可以此間殆脱一字。致脩文」。

威可以叱咤梁柱　「柱」作「成」。

亦無餓之者　無「之」字。

以承祭祀之事　「之事」上複「祭祀」二字。

何緣便絶　作「何緣便絶乎哉」。

或疑衍。**棄神州而宅蓬瀛**　有「或」字，非衍。又，「蓬瀛」作「瀛萊」。

住留各從其所好耳　「住」作「去」。又，無「其」字。

又服還丹金液之法　「液」作「汋」。

若且欲留在世間者　「留」作「停」。

故不足役役一本作「汲汲」。**於登天**　作「故不促促於登騰」。

而止人間　「人」作「民」。

失人之本　作「失爲人之本」。

骨節堅强　「節」作「體」。

顏色和懌　「懌」作「澤」。

百兵百毒不能中　「能」作「得」。

不足多也　「多」作「爲」。

昔安期先生　「昔」下有「之」字。

皆服金液半劑者也　「液」作「汋」。

求長生者　作「所以求長生者」。

正惜今日之所欲耳　「正」下有「坐」字。

若登仙無復任疑作「住」。**理者**　「登」作「得」，「任」作「住」。

審然否　作「爲審然否」。

以救人危使免禍　「危」下有「急」字。

令不枉死　無「枉」字。

皆不得長生也　「皆」作「終」。

則紀算速盡而早死　「早死」作「死早」。

雖不作惡事　「作」作「行」。

而口及所行之事　「事」作「善」。

雖服仙藥　「雖」上有「而」字。

亦無益也　「無」下有「所」字。

若不服仙藥並行好事　作「若並服仙藥，並立善事」。

亦可無卒死之禍矣　「亦可」作「故可以」。

吾更疑彭祖之輩　作「吾上疑彭祖之徒」。

故不能昇天耳　作「故不敢便升天乎」。

敦煌唐寫本劉子殘卷校記

敦煌唐寫本《劉子》殘卷，起《去情》第四之後半，訖《思順》第九之前半。每行十五六字，書勢頗縱逸，有褚、薛遺意，與經生書體謹飭者不同，殆出初唐人手。此書《唐志》稱梁劉勰撰，《宋志》作北齊劉晝撰。《四庫全書總目》謂當出貞觀以後，訖莫能定爲誰何。惜此卷前題已闕，不可考矣。然此本寫於盛唐，且遠及邊裔，其爲六朝人舊著可知。《隋書·經籍志·子部》論諸家得失，與此書《九流》篇畧合。館臣遂疑《隋志》若襲用其説，不應反不録其書，所疑固當。然安知非史臣一時漏畧，致未著録，非有意遺之耶？至其卷數，新、舊《唐志》作十卷，《宋志》作三卷，鼂氏《讀書志》作五卷，今通行本十卷，《諸子賞奇》本五卷，《子彙》本二卷。此卷雖標題已佚，而已至第九篇，則原書非三卷則五卷矣。壬戌秋，得此於江陰何氏。索居無俚，校其異同於明人《子彙》本上。並以别紙遣兒子福葆録爲《校記》一卷，以授梓人。癸亥二月，上虞羅振玉記。

則内慙而不怒　刊本「怒」作「怨」。

而人有心故也　刊本無「故」字。

二人交諍　刊本「諍」作「爭」，下諸「諍」字同。

並挾己情勝耶　刊本作「並挾勝情故也」。

雖有所忮而心不怒者　刊本作「雖有忮心而不怒者」。

以彼無情於擊觸耶　刊本「耶」作「也」。

而俗莫能累耶　刊本「耶」作「也」。

韜光第四

含奇佩美　刊本「含」上衍「夫」字。

未有不以傷性毁命者也　刊本「以」下有「此」字。

龜以智見害　刊本「見」作「自」。

與人非不隔耶　刊本「耶」作「也」。

託性於山水　刊本「水」作「林」，此句下有「寄情於物外」五字。

未能隱其形耶　刊本「耶」作「也」。

則斬羽之患永脱　刊本「斬」作「解」。

龜曳尾於湯谷之泥　刊本「湯」作「暘」。

石安體於懸圃之巖　刊本「安」作「亢」，「懸」作「玄」。

驎驥戲其下　刊本「驎驥」作「騏驎」。

刀斧之害者　刊本「刀」上有「免」字。

能韜光隱質故至全性耶　刊本作「能韜隱其質，故致全性也」。

而爲行者所折者　刊本「行者」作「行人」。

故周雞斷尾　刊本無「故」字。

由是言之　刊本「是」作「此」。

內定則神府不亂　刊本「府」作「腑」。

外密則形體不擾　刊本「體」作「骸」。

不亦全乎　刊本「全」作「宜」。

崇學第五

非立言無以明其況　刊本「況」作「理」。

非立形無以測其奧　刊本「形」作「象」。

未有不因學而隆道　刊本「隆」作「鑒」。

繰爲縑紈　此卷脱四字。刊本作「繰以爲絲，織爲縑紈」。

彫以文藻　刊本「彫」誤作「絲」。盧校「絲」疑「緣」。今此本亦作「彫」。

而代人榮之　刊本「代」作「世」，避諱改。

素絲蠹於筐籠　刊本「素」上有「則」字，下「才智腐於心胷」同。

金性包水　刊本「包」作「苞」。

故不登峻峰　刊本「峰」作「岑」。

故吴竿質勁　刊本「竿」作「簳」。

非括羽不美　刊本「括」作「筈」，「不美」上有「而」字。下「不銛不成」，上同。

弗可以傳聞練　刊本作「不可以傳聞稱」。

以就百刃之深　刊本「百刃」作「萬仞」。

鐸舌如指　刊本「鐸」作「鐃」。案：「鐸」有舌，「鐃」無舌。作「鐃」誤。

積漸之所致也　刊本「致」作「成」。

聾耶　刊本作「聾也」。下「盲耶」「不學耶」同。

目形全而視不見者　刊本「全」作「完」。

而迎醫千里　刊本作「遭醫千里」。

猶心之聾盲耶 刊本無「耶」字。

性之蔽耶 刊本「耶」作「也」。

仲舒垂喪 刊本「喪」作「卒」。

蘇生怨睡 刊本「怨」作「患」。

矧伊庸人 刊本「庸」誤「傭」。

專學第六

耳目候其外 刊本「其」作「於」。

心不在學 刊本「心」上有「若」字。

則聽諷不聞 刊本「諷」作「訟」。

而欲練業 刊本「而」作「如」。

雙珠瑱耳 刊本「瑱」誤「填」。

必寂寞不聞 刊本「不」作「无」。

固其宜耶 刊本「耶」作「也」。

離婁察秋豪之鋭 刊本「離」上有「而」字。

不聞雷霆之響 刊本「響」作「聲」。

而耳不聞　刊本「聞」作「見」。

而目不見者何耶　刊本「見」作「聞」，「耶」作「也」。

意入清角故耶　刊本「耶」作「也」。

則聽而不聞　刊本無「而」字。

則視而不見耶　刊本作「則視不見也」。

如不能得者　刊本作「而不能者」。

則手不並運耶　刊本「耶」作「也」，下「善弈耶」同。

筐滑之耶　刊本作「筐猾之也」。

天下之善算耶　刊本「耶」作「也」。

則不能知之　刊本「之」作「也」。

非三五之難算　刊本無「之」字。

以奕秋之奕　刊本脱「以」字。

非有差耶　刊本「耶」作「也」，下「遊情務外耶」同。

而耳不可不察專於聽耶　刊本不誤，以「耶」作「也」。

而目不可不瞥專於視耶　刊本作「而目不以聞專於視也」。

是用心專一耶　刊本作「用心一也」。

如黏之而掇　刊本作「而黏之如掇」。

而强諷誦之者　刊本無「之者」二字。

則越散矣也　刊本無「也」字。

辨樂第七

天地之齊　刊本「齊」作「聲」。

憘則笑　刊本無「憘」字。

足欲儛之　刊本下有「歌之舞之」四字。

而入至道者　刊本作「而入於至道」。

故制爲雅聲以導之　刊本「聲」作「樂」,「導」作「道」。

使其音倫理而不詭　刊本作「使其音調淪而不詭」。

足感人之善惡　刊本「足」誤作「是以」。

是先王立樂之情耶　刊本「耶」作「也」。

三王異代　刊本「代」作「世」。

此八代之樂　刊本脱「樂」字。

而幽衹昇　刊本「而」作「則」。

此德音盛德之樂也　刊本作「此德音之音，雅樂之情，盛德之樂也」。

夏孔甲作破斧之歌　刊本「夏孔甲」作「故夏甲」。

鄭衞之俗媱　刊本「俗」下有「好」字，下「楚越之俗勇」同。

則有赴水蹈火之歌　刊本「水」作「湯」。

然各詠其所好歌其所欲　刊本「各」上無「然」字，「歌」上有「各」字。

作之者哀歎聽之者泫泣　刊本無「歎」「泫」二字。

齊滑願未寒而服　刊本「而」作「之」。

不媱即悲　刊本「即」作「則」。

媱則亂男女之辨　刊本「辨」誤「辯」。

怨思之別豈所謂樂之哉　刊本無上句，「樂」下無「之」字。

然後乃爲樂矣　刊本「矣」作「也」。

履信第八

行者人之本也　刊本無「也」字。

故行之於人　刊本作「故信之行於人」，誤。

譬濟之須舟　刊本「舟」下有「也」字。
猶舟之待檝耶　刊本「耶」作「也」。
知欲脩行　刊本作「雖欲立行」。
是適郢而首向冥山　刊本作「是適郢者，而首冥山」。
自古皆死非信不立　刊本作「自古皆有死，人非信不立」。
故肫「豚」之別搆。魚著信之所及　刊本「及」下有「也」字。
允矣哉言非信不成　刊本作「允哉斯言，非信不成」。
吳起不愆移轅之賞　刊本「愆」作「虧」。
名流不朽者也　刊本作「名流於古今不朽者也」。
則發生之德廢矣　刊本無「矣」字，下「則長贏之德廢矣，則收成之德廢矣，則安靜之德廢矣」同。
以夫天地之靈而氣候不信　刊本無「夫」「而」二字。
齊侯不信曰　刊本脱「曰」字。
魯人使之柳季　刊本作「魯使柳季」。
君以鼎危國　刊本「危」作「爲」。
今若詭言破臣之國　刊本作「今欲破臣之國」。

臣所難耶　刊本「耶」作「也」。

乃貢岑鼎　刊本「貢」作「獻」。

小邾射以邑奔魯曰　刊本脱「曰」字。

吾無盟矣　刊本「吾」作「君」。

是義之也　刊本作「是不義也」。

而重二子一言　刊本「二」作「之」。

昔與公子善　刊本「昔」下有「鞅」字。

鞅伏鉀而虜公子　刊本作「鞅伏甲虜之」。

遂車裂鞅於市　刊本無「鞅」字。

夫鞅者强秦之柱臣　刊本作「夫商鞅，秦之柱臣」。

乃至屠滅　刊本「乃」作「卒」。

爲天下所笑也　刊本作「爲天下笑」。

嗚呼無信之弊一至於此　刊本無「嗚呼」二字及「一至於此」句。

豈不重乎　刊本「乎」作「哉」。

是故言必而言信之府也　刊本作「故言必如言」，「府」作「符」。

則信在言前也　刊本作「信在言前」。

則誠在言外耶　刊本作「誠在言外」。

君子知誠信之爲貴也　刊本無「也」字。

不失其所　刊本「所」作「符」。

以施化則立以莅政則治　刊本「化」作「教」，「政」作「事」。

思順第九

度理爲失失於逆也　刊本作「夫人爲失，失在於逆」。

敦煌姚秦寫本僧肇維摩詰經解殘卷校記

宣統紀元，予備員學部。伯希和博士既告予敦煌石室尚有殘卷八千軸，予乃慫恿部中購取。明年，由署甘督毛公遣員某運送京師。既抵春明，江西李君與某同鄉，乃先截留於其寓齋。以三日夕之力，邀其友劉君、壻何君及揚州方君，拔其尤者一二百卷，而以其餘歸部。李君者，富藏書，故選擇尤精。半以歸其壻，祕不示人。方君則選唐經生書迹之佳者，時時截取數十行鬻諸市。故予篋中所儲，方所售外無有也。歲壬戌，予自海東移寓津沽，則何君已物故，乃盡得其所藏數十卷，而以《維摩詰經解》二卷爲之冠。以書迹斷之，其出姚秦時無疑，乃弘始初譯本也。二卷中，其一起《佛國品》第一之下半，至《方便品》第二之末，無前後書題。他卷亦起《佛國品》之半而至《弟子品》之末，後有書題曰「《維摩詰經解》卷第一」，末有「比丘智真所供養經款」一行。二卷書迹相同，卷中別搆之字如：「惡」作「悪」，「就」作「𡰪」，「咎」作「昝」，「髮」作「髟」，「攝」作「𢶍」，「耶」作「耶」，「畏」作「㮚」，「願」作「頋」，「雖」作「唯」，「服」作「肞」，「幻」作「幺」，「歸」作「帰」，「瓦」作「凡」，「厭」作「厭」，「身」作「身」，爲六朝石刻中所罕見，頗似《秦鄧太尉祠碑》。書法從分隸出，與他六朝人書亦不類，珍爲寒齋古卷軸中第一，顧尚未知作解者爲何人也。嗣撿日本明治槧本小字藏經，中有僧肇《維摩詰所説經註》十卷，取以相校，知此卷實爲僧肇所註藏本。前雖署長安沙門僧肇註，而中有「什曰」、「肇曰」、「生曰」三家。「什」爲譯經之鳩摩羅什，「生」爲道生，「肇」則僧肇。知其本乃後人集三家之《註》而悉歸之僧肇，非其朔也。鳩摩羅什重譯此經時，僧肇實佐之。其人善言名理，文亦爾雅，足以達之。彼教中稱僧肇、僧叡、道生、道融爲「什門四聖」。肇年三十三而卒，如孔門之顔子。此卷爲當時寫本，取校藏本，則肇註此有而今逸者百六十餘則，肇註誤爲什者三，肇註中有脱句者三，他人之註混入肇註者一。頃者，藥裹餘閒，一一爲之比勘，命長孫繼祖助予寫定爲《校記》一卷，以存肇註真面目。并將原本影印，以貽當世好古之士而記其緣起於卷耑。丁丑中秋，松翁羅振玉書。

前缺。

非於空也

譬如立石必因於地　明藏本作「譬立宫，必因地」。

室土无以成　明本「室」作「宫」。

二乘證神靈无　「證」，明本作「澄」。

故无淨土之淨也　明本作「故無淨土也」。

直心是菩薩淨土

土之淨也必在衆生　明本「也」作「者」，「在」作「由」。

上直舉衆生以釋淨土　明本無「直」字。

乃出于直心　明本「直心」作「心直」。

此因中説果　明本作「隨因説果」。

猶指金爲食也　明本無「也」字。

謂之質直無諂　明本無「之」字。

此心乃万行之本　明本「本」下有「也」字。

故建章有之也　明本無「也」字。

不諂衆生來生其國

一行異名耳　「耳」，明本作「也」。

故令同行斯集　明本無「令」字。

故果報相追果報相追　明本無下「果報相追」四字。又「追」，明本作「通」。

則佛土之義顯矣　明本「矣」作「也」。

自此下二句相對　明本無「此」字。

或前後廣　明本「前」下有「畧」字，此脱。

類同行耳　明本「同」作「因」。

自此下諸來生所得皆報善也　明本作「自此以下諸衆生所習者，報善也」。

發大乘心是菩薩淨土　明本無「發」字。宋、元、明三藏本作「菩提心是菩薩淨土」。

要先真直其心　明本無「真」字。

然後次脩六度具八万四千行也　明本「脩」上無「次」字，並脱「具八万四千行也」句。

一切能捨衆生來生其國

内捨貪愛嫉妬名一切能捨　明本「嫉」作「慳」，「捨」下有「也」字。

行十善道滿願衆生來生其國

十善菩薩戒也亦有无量戒略舉十耳戒具則願无得故言滿也　明本脱此注。

卅二相莊嚴衆生來生其國

忍辱顔和　明本「顔和」作「和顔」。

豈直形報而已哉　明本無「哉」字。

成就慈悲喜捨衆生來生其國

故名無量也　明本作「故言無量」。

四攝法是菩薩淨土

以四攝事攝爲四攝也　明本作「以四等法攝衆生，爲四攝也」。

二者愛語以愛心和顔隨彼所這　明本作「二者愛語以愛心，故和言隨彼所適」。

三者利益　明本「益」作「行」。

遇惡同惡而濟惡遇善同善而進善　明本作「遇惡同惡而斷其惡，遇善同善而進其善」。

故曰同事也　明本「曰」作「名」。

解脱所攝衆生來生其國

解脱即四攝所成无上大道无爲果也同行衆生皆此果所攝也　明本脱此注。

於一切法方便無㝵衆生來生其國　「㝵」，宋、元本作「閡」。

卅七道品是菩薩淨土　明本無「道」字。他本有。

念處正懃神足根力覺道衆生來生其國

念處四念處　明本「念處」誤作「念度」。

道八聖道　明本「聖」作「正」。乙寫本亦作「正」，與明本同。

在他經也　明本無「也」字。

得一切具足功德國土

言國則存矣　「存」，明本作「在」。乙寫本亦作「存」。

所言誠諦

不妄語也　明本「也」作「報」。乙本亦作「也」。

常以濡語　「濡」，明本作「輭」。乙本亦作「濡」，與此同。

不惡口也　明本「也」作「報」。乙本亦作「也」。

善和諍訟　「諍」，明本作「鬬」。乙本亦作「諍」。他本同。

言必饒益

不綺語也　明本「也」作「報」。乙本亦作「也」。

則得深心

則道情弥深也　明本作「則得道情弥深」。乙本與此本同。

則意調伏

則意無麁曠也　「曠」，明本作「鑛」。乙本作「穬」。

隨其調伏　明本「其」作「意」。乙本亦作「其」。

心既調柔　明本「柔」作「伏」。乙本亦作「柔」。

則能迴向

標心勝境也　明本無「也」字。乙本有。

則有方便

既能迴向大乘　明本「大乘」作「是乘」。乙本亦作「大乘」。

隨其方便則成就衆生

方便之所立斯在成就衆生也　明本無「立」字，「斯」作「期」。

則佛土淨

則無穢土也　明本作「則土無穢也」。

隨其心淨則佛土淨

此報應之數也　乙本作「此報應之定數也」。此脱「定」字。明本「數」作「類」。

佛知其意　乙本及明本「意」均作「念」。

不見自由瞽　乙本同。明本「瞽」下有「目」字。

不見如來佛國嚴淨　明本、乙本同。宋、元本「佛國」作「國土」。

我此土淨而汝不見

向見此土生疑　乙本及明本「見」均作「因」。

尒時螺髮梵王語舍利弗勿作是意　「髮」，諸本均作「髻」。乙本亦作「髮」。「意」，諸本均作「念」。乙本亦作「意」。

譬如自在天宮

夫同聲相和同見相順梵王即身大士也依佛淨惠故所見皆淨因其所見而爲證焉但佛土真淨超絶三界豈直若天宮世淨而已哉此蓋齊其所見而爲言耳舍利弗在人而見其土石梵王居天而見若天宮自餘所見亦若不同佛土殊應義存於此也　明本佚此註。乙本有，但「身大士」作「法身大士」，「皆淨」作「普淨」，「而爲證焉」作「而證焉」。「但佛土」，「但」作「且」。「世淨而已哉」，無「世」字。

寶莊嚴國　「國」，諸本皆作「土」。乙本亦作「國」。

而皆自見坐寶蓮華

盖是變衆人之見耳　「之見」，乙本作「之所見」。明本作「蓋是變衆人之罪所見耳」。

佛告舍利弗我佛國土常淨若此　「告」，乙本作「言」，明本作「語」。

故示衆惡不淨土耳

自佛而言故常淨若此外應下劣衆生故不淨同彼也　明本脱此註。乙本與此同，但「下劣」下無「衆生」二字，「彼」下無「也」字。

便見此土功德莊嚴

要共一寶器食天飯　明本作「要共一寶器中食天上飯」。乙本亦無「中」字，「飯」作「饍」。

至白无白可喻　乙本作「天飯至白，无白可喻」。明本亦無「天飯」二字。

福德少者　乙本同。明本作「若少者」。

飯變異　乙本作「飯色變黑」。明本作「飯色變異」。

方此可知也　乙本同。又，此句下多「衆生國土，亦有高下」八字。明本「方」下無「此」字，亦無「下」八字。

皆得無生法忍

但以見法无生　乙本無「但」字。明本無「但以」二字。

於是世界還復如故

故還復所應見也　乙本作「故還復彼所應見」。明本作「故還彼所應見也」。

求聲聞乘　宋、元本「乘」下有「者」字。乙本、明本同此。

三萬二千天及人　元、明本「天」上有「諸」字。

得法眼淨

故得法眼淨淨名塵垢八十八結也　明本作「故得法眼名塵垢八十八結也」。

漏盡意解

於法无受无染也　乙本及明本均無「也」字。

結盡也　明本脱此句。乙本作「結盡」。

故得意解脱成阿羅漢　「得意」，乙本及明本均作「意得」。又，明本「漢」下有「也」字。

方便品第二

深殖善本　明本「殖」作「植」。乙本及宋、元本亦作「殖」。

樹德先聖故善本深殖也此經之作起於淨名其微言幽唱亦備之後文出經者欲遠存其人以弘其道教故此一品全序其德也　明本脱此注。乙本同此。

得无生忍

所以菩薩无生惠獨名忍者以其大覺未成智力猶弱雖悟无生正能堪受而已未暇閑任故名忍如來

智力具足於自在常有閑地故无復忍名耳　明本脱此注。乙本有此，但「於自在」作「於法自在」。此脱「法」字。

辨才无㝵

七才也　明本無此注。乙本作「七辨也」。

遊戲神通

經云菩薩得五通又云得六通　明本無「經云」二字，「得六通」作「具六通」。乙本有「經云」二字，「得六通」作「其六通」。「其」，殆「具」之譌。

已得無生忍　「已」，乙本、明本並作「以」。

逮得捴持　「得」，乙本、明本並作「諸」。

捴持義同上經云有五百捴持亦有无量捴持也　明本脱此注。乙本與此同，惟「亦有」作「亦云」。

獲無所畏

菩薩四无畏也　明本脱此注。乙本有。

降魔勞怨　乙本「魔」作「伏」。他諸本同此。

四魔勞我故爲怨也　明本脱此注。乙本有。

入深法門

諸法深義无有量門悉善入也　明本脱此注。乙本「无有量門」作「有无量門」。此誤倒。又，末句無「也」字。

善於智度通達方便

到實相智彼岸善智度也運用无方達方便也　明本脱此注。乙本有，但「實」下無「相」字。

大願成就

大願无量壽願比也　乙本同。明本「大願」下有「將」字。

明了衆生心之所趣

羣生万端心趣不同悉能明了也　明本脱此注。乙本有，但「悉」下無「能」字。

又能分别諸根利鈍

二乘諸根利鈍難辯而善分别也　明本脱此注。乙本有，但「二乘」作「三乘」，無「也」字。

心已純淑　明本「淑」作「熟」。乙本及他本均作「淑」。乙本「已」作「以」。

決定大乘

七住已上始得決定也　明本脱此注。乙本「已」作「以」，無「也」字。

能先善思量

身口意有所作智慧恒在前故所作不失也　明本脱此注。乙本有，「不失」作「无失」。

住佛威儀

舉動進止不失聖儀也 明本脱此注。乙本有，但句末無「也」字。

心如大海 乙本及諸本均作「心大如海」。

三大龍雨滴如車軸 明本「龍」下有「注」字。乙本無。又，此注八十餘言，明本上冠以「什曰」字，誤以爲鳩摩羅什注。今兩本均有，其誤顯然。

居毗耶離

諸佛所稱人天所敬彼何祈我欲度人故現居毗耶耳 明本脱此注。乙本有，但「欲」作「以」，「毗耶」下有「離」字。

攝諸无智

至人不現行現行六度者爲攝六蔽耳 明本脱此注。乙本有。

奉持沙清淨律行 「沙」下脱「門」字。

沙門出家之都名也秦義名懃行懃行趣涅槃也 明本脱此注。乙本有，但無兩「也」字。

不着三界

三界家之室宅也 明本脱此注。乙本有。

常脩梵行

梵行清淨无欲行也　明本脱此注。乙本有。

常樂遠離

在衆若野故言離也　明本脱此注。乙本作「在衆若野也」。

而以相好嚴身

外服俗飾而内嚴相好也　明本脱此注。乙本有，但無「也」字。

而以禪悦爲味

外食俗饍而内甘禪悦也　明本脱此注。乙本有，但「俗饍」作「世饍」，又無「也」字。

輒以度人

因戲上戲　明本脱此注。乙本有，但「上」作「止」。此作「上」，誤。

受諸異道不毁正信

同於異者欲令異同於我耳豈近信之可毁受謂受其異學道法也　明本脱此注。乙本有，但「近信」作「正信」，「謂受其異學道法也」作「謂受異道學法也」。

雖明世典常樂佛法

世典雖盡明所樂在真法　明本脱此注。乙本有。

爲供養中最

淨養无不供　明本「供」作「恭」。乙本亦作「供」。

攝諸長幼

外因諸部曲　乙本作「外國諸部」，無「曲」字。明本有。

因通道法　乙本同此。明本作「因此通達道法也」。

一切治生諧偶雖獲俗利不以喜悅

法身大士瓦礫盡寶玉耳若然者則人不貴其惠故現同利求豈喜悅之有也　明本脱此注。乙本有，但「若然者」作「若然」。又，末句無「也」字。

遊於四衢饒益衆生

四衢要路人所交集隨彼所須而益焉　明本脱此注。乙本有。

入治正法救護一切

治正法律官也導以正治使民無偏枉救護也　明本脱此注。乙本有。

導以大乘

天竺多諸異道各言己勝故其國別立論堂欲辨其優劣諸明己道者則聲鼓集衆詣堂求論勝者爲師負者爲資淨名既勝此堂攝伏外道然後導以大乘爲其師也　明本脱此注。乙本有，但「諸明己道者」，「明」上有「欲」字。「淨名既勝此堂」，「勝」作「昇」。

入諸婬舍示欲之過
外國婬舍　乙本及明本「舍」均作「人」。
凡餘士流　乙本及明本「餘」均作「豫」。
爲説勝法
不弘出世勝法也　乙本同。明本「世」下有「間」字。
斷其貪着
積錢一僮入居士里寶貨彌殖故貪着彌深也　明本脱此注。乙本有，但「一僮」作「一億」，「貪」下無「着」字。
教以忍辱
王者種　乙本「種」下有「也」字。明本作「王種也」。
後人情轉僞各有對食　乙本及明本作「後人情漸僞，各有封殖」。
遂立有德處當平等分田　乙本無「當」字。明本作「遂立有德者，處平分田」。
多强暴決意　「決」，乙本作「快」，明本作「怒」。
除其我慢
以學道爲業　乙本作「以導學爲業」。明本「導」作「道」。

或在家出家苦行　乙本、明本「出家」上均有「或」字。

待己道術自我慢人也　乙本及明本均作「多恃己道術」。又，明本「人」下無「也」字。

教以正法

正法治以正法也教以正治國以道佐時也　明本脱此注。乙本有。

示以忠孝

所承處重宜以忠孝爲先也　明本脱此注。乙本有，但無「也」字。

化正宫女　乙本、宋本「正」均作「政」。元、明本作「正」。明注本「正」誤作「生」。

妖媚邪飭女人之情故誨以正直也　明本脱此注。乙本有。

誨以勝惠

梵天多着禪福不求出世勝惠也　明本脱此注。乙本有，但句末無「也」字。

示現无常

天帝處忉利宫五欲自娱視東忘西多不慮无常着樂而已也　明本脱此注。乙本有，但句末無「也」字。

護諸衆生

護世四天王也各理一方護其所部使諸惡鬼神不得侵害　明本脱此注。乙本有。

不可信也

身之危脆强力不能保孰能信其堅固者此无常義也　明本無此注。乙本有，但句末無「也」字。

爲苦爲惱衆病所集

苦八苦亦有无量苦也惱九惱也亦有无量惱病四百四病此苦義也　明本無此注。乙本有，但無三「也」字。

是身如聚沫不可撮摩

撮摩聚沫之无實以喻觀身之虚僞自此下至電喻明空義也　明本脱此注。乙本有。

是身如泡不得久立　「得」，乙本作「可」。他本皆作「得」。

不久似明无常義然水上泡以空中无實故不久立猶空義耳　明本脱此注。乙本有，但「空」作「虚」。

是身如炎從渴愛生　「炎」，宋、元本作「燄」。

渴見陽炎或以爲水愛見四大迷以爲身　明本脱此注。乙本有。

是身如芭燋中无有堅　「燋」，乙本及諸本均作「蕉」。

芭燋之草唯葉无幹　明本無此注。乙本有。

是身如幻從顛倒起

見幻爲人四大爲身皆顛倒也　明本無此注。乙本有。

是身如嚮屬諸因緣

身之起於業因猶影嚮之生形聲也　明本脱此注。乙本有，但句末無「也」字。

是身如電念念不住

變滅不住似釋无常然皆取其虚僞故速滅不住猶釋空義也　明本脱此注。乙本有，但「虚僞」上無「其」字，下有「不真」二字。

是身无主爲如地

然其大異故　「大」下脱「不」字。乙本及明本有。

身亦然耳　乙本同。明本「耳」作「爾」。

何有真宰常住之者　乙本及明本「住」作「主」。

而立四名耳　乙本及明本均無「而」字。

是身无我爲如火

縱任自由謂之我　明本「任」下衍「有」字。

内火類可知耳　乙本同。明本作「内火類亦然」。

是身无壽爲如風

内風類亦可知也　乙本同。明本作「内風類可知」。

是身无人爲如水

則外水无人也外水既无人内水類亦可知也　「則外水无人也」，乙本、明本均無「外」字。「外水既無人」，乙本亦脱「外」字。末句，乙本、明本均無「亦」字。

是身不實四大爲家　乙本「不」作「无」。

四非常訖於上自此下皐明身之虚僞衆穢過患四大假會以爲神宅非實家也　明本脱此注。乙本有。

是身爲空離我我所

我身之妙主也　乙本同。明本作「我身我所主也」。

二事俱離　乙本同。明本「離」下有「也」字。

如草木瓦礫

身陰能皐而无知　「陰」，當從乙本、明本作「雖」。

内識能知而无皐　乙本同。明本「識」作「雖」。

風力所轉

舉動事爲風力使然誰作之者也　明本脱此注。乙本有，但句末無「也」字。

穢惡充滿

卅六物充滿其體也　明本脱此注。乙本有。

必歸摩滅　「摩」，諸本均作「磨」。乙本作「摩」，與此同。

雖復澡以香湯衣以上服尚曰非真豈曰久立也　明本脱此注。乙本有，但「豈曰久立也」作「豈得久立」。

是身爲灾百一病惱

一大增損則百一病生四大增損則四百四病同時俱作故身爲灾聚也　明本脱此注。乙本有，但「故身爲灾聚也」作「故曰身爲灾聚」。

爲老所逼　乙本作「爲老死所逼」。他本皆無「死」字。

神之處身爲老死所逼猶危人之在丘中爲龍虵所逼緣在他經也　明本脱此注。乙本有。

爲要當死

壽命雖无定不得不受死也　明本無此注。乙本有，但「壽命」作「壽我」。

是身如毒虵

四大喻四虵也　明本脱此注。乙本有。

如怨賊

五陰喻五賊也　明本脱此注。乙本有。

如空聚

皆有成喻在他經也　乙本同，句末無「也」字。明本作「皆有誠證，喻在他經」。明本此下尚有「是故涅槃經云」以下二百餘言，乃他人所記，非肇注。注中明言「在他經」，必不徵引，其説可意測也。

陰界諸入所共合成

陰五陰界十八界入十二入此三法假合成身猶若空聚无一可奇　明本脱此注。乙本有，但乙本「若」作「如」。「无一可奇」，乙本作「无一可寄也」。

當樂佛身

吾等同有斯患可猒之矣宜共樂求佛身也　明本脱此注。乙本有，但「吾等」作「五等」，「厭之」作「猒久」。

所以者何

近見者謂佛身直是形之妙者未免生死寒暑之患曷爲而求將爲辨法身妙極之體也　明本脱此注。乙本有，但「謂佛身」下有「者」字，末句無「也」字。

佛身者即法身也

虚空身也　乙本「虚」上有「是」字。

絶有心之境　乙本「絶」作「非」。

陰界所不攝稱謂所不及　乙本「界」作「入」。明本作「陰入所不能攝，稱讚所不能及」。

故能出生入死　乙本同。明本作「故能入生出死」。

通洞无窮之變　乙本作「通同于无窮之變」。明本作「通洞乎無窮之化」。

隨顯殊方　乙本作「隱現殊方」。明本作「變現殊方」。

以應无端之求　乙本及明本無「以」字。

此二乘之所不議補處之所未覩　乙本同。明本作「此二乘之所不識，補處之所不覩」。

聊依經成言　乙本同。明本「成」作「誠」。

豈可以近捨丈六遠求法身乎　乙本「豈可以」作「豈復」。明本「近」上無「以」字，「遠」上有「而」字。

從无量功德智惠生

夫妙極之身必生于妙極之因功德智惠大士之業也此二業蓋是万行之初門涅洹之關要故唱言有之自此下雖別列諸行然皆是无爲无相行也以行无相无爲故所成法身亦无相无爲　明本脱此注。乙本有。

從戒定惠解脱解脱知見生

五分法身也　明本脱此注。乙本有。

從布拖持戒忍辱柔和懃行精進禪定解脱三昧生　各本「三昧」下，皆無「生」字，連下「多聞智惠波羅蜜生」爲句。乙本雖亦無「生」字，然此下有注。是脱「生」字，非本無也。

三昧三三昧　乙本「三三昧」下有「也」字。

從多聞智惠諸波羅蜜生　各本無「從」字，蓋連上爲句。乙本亦無「從」字，殆是脱落。

諸度即上六度也　明本「諸」下脱「度」字。乙本有。

秦言到彼岸也　乙本、明本均無「也」字。

從止觀生

止定觀惠　乙本作「止，定也；　觀，慧也」。明本作「止觀定慧」。

從斷一切不善法集一切善法生

必斷之志必集之情此二行之綱目也　明本脱此注。乙本有，但「此二」下有「心」字。

從真實法生從不放逸生　各本無「法」字。乙本有。

真實善根所以生不放逸功業所以成此二乃心行之要用也　明本脱此注。乙本有，但末句無「也」字。

斷一切衆生病者當發阿耨多羅三藐三菩提心

發无上心豈唯自除病亦兼濟羣生病也　明本脱此注。乙本有，但無「唯」字、「兼」字、「也」字。

弟子品第三

寧不垂愍

動善時　明本「時」下有「至」字。

居衆人之惡　明本「惡」上有「所」字。

故能與彼同病　明本「病」作「疾」。

此現疾之大意也　明本「大」作「本」。

汝行詣維摩詰問疾

至人懸心哩「嘿」之誤字。通道理先形言寔機潛應故命問疾也舍利弗五百弟子之上智惠第一故先勅之也如來知諸人不任而猶命者將顯淨名無窮之德以生衆貪悕仰之情耳舍利其母名弗秦言子天竺多以母名子也　明本脱此注。

我不堪詣彼問疾

奉佛使命宜須重人淨名大士智辨无量非是弟子所能堪對昔曾爲所呵嘿不能報豈敢輕擧使命以

致漏失之機哉　明本脱此注。

不必是坐爲晏坐也

无施之迹效之於前矣曾於林下晏坐時淨名來以爲坐法不尔也　明本脱此注。

不得於三界現身意是爲晏坐

夫法生法之晏　明本作「夫法身之宴坐」。

視聽所不及豈復現身三界　明本「聽」下有「之」字，「身」下有「於」字。

及世俗意根　明本作「及世報意根故」。

而晏坐彭林　明本作「而晏坐樹下」。

意存多益　明本「存」作「在」。

不起滅定而現諸威儀是爲晏坐

其爲晏也　明本「晏」下有「坐」字。

故无所不現无所不現即无現體也　明本無兩「所」字，「體」上有「之」字。

庶玄達君子　明本「玄達」作「參玄」。

有以會其所問　明本「問」作「同」。此作「問」，殆誤。

不捨道法而現夫事是爲晏坐　「夫」上脱「凡」字。

終日凡夫終日道法　明本「道法」下有「也」字。

心不住内亦不在外是爲晏坐

身爲幻宅曷爲住内万物斯須曷爲在外小乘妨念故繫心於内凡夫多求故馳想於外大士齊觀故内外无寄也　明本脱此注。

於諸見不動而脩行卅七品是爲晏坐

大士觀諸見真性　明本「觀」下有「其」字。

故不近捨妄見　明本「妄」作「諸」。

不斷煩惱而入涅槃是爲晏坐

七使九結惱亂羣生故名煩惱煩惱真性即是涅槃惠力彊者觀煩惱性即是入涅槃不待斷而後入也　明本脱此注。

佛所因可　各本「因」作「印」。據注則作「印」，是。

此平等法坐佛所印可豈若仁者有待之坐乎　明本脱此注。

不能加報

理生意外莫知所對　明本脱此注。

詣彼問疾　諸本皆作「故我不任詣彼問疾」。此脱上四字。

佛告大目犍連

目連弟子中神足第一出婆羅種性目連字拘律陁　明本脱此注。

爲諸居士説法

經不載其所説依後呵意當是説有爲善法戒拖之流　明本脱此注。

不當如仁者所説

淨名觀諸居士應聞空義而目連不善人根導以有法故致呵也　明本脱此注。

夫説法者當如法説

法謂一相真實法也法義自備之後文也　明本脱此注。

離衆生垢故

自此下　明本作「自此以下」。

則垢累真法　明本無「累」字。

故先明其无我也　明本作「故先名其無」。

離生死故

諸言離皆空之別名　明本作「諸言離者，空之別名也」。

前後際斷故

天生萬物以人爲貴始終不改謂之人故外道以人名神謂始終不變若法前後際斷則報報不同則无不變者无不變者則无復人矣　明本脱此注。

法常寂然滅諸相故

夫有相則異端形異端形則是非生是非既生焉得寂然諸相既滅則无不寂也　明本脱此注。

无所緣故

緣心緣也相心之影嚮也夫有緣故有相无緣則无相也　明本脱此注。

言語斷故

名生於言言斷誰名　明本脱此注。

離覺觀故

覺觀麁心言語之本真法无相故覺觀自離覺觀既離則无言說已上无覺離故稱賢聖嘿時　明本脱此注。

畢竟空故

真境无言凡有言論皆是戲論妙絶言境畢竟空也　明本脱此注。

離我所故

上直明无我此明无我所有我之外一切諸法皆名我所也　明本脱此注。

不相待故

諸法相待生猶長短比始形也　明本脱此注。

不在緣故

前後相生因也現相作成緣也諸法要因緣相假然後成立若觀法不在緣則不屬因　明本脱此注。

入諸法故

如法性真際此三空同一實耳但因觀有深淺故別立三名始見法實如遠見樹知定是樹名爲如也見法轉深如近見樹知是何木名爲法性窮盡法實如盡知樹根莖枝葉之數名爲實際此三未始非樹因見爲實耳所謂説真法同此三空也入諸法者諸法殊相誰能遍入諸法者其唯法性乎　明本脱此注。

无所隨故

法自无法誰隨如者以无所隨故名隨如也　明本脱此注。

諸邊不動故

有邊故有動无邊故何所動无邊之邊謂之實際此真法之所住也　明本脱此注。

不依六塵故

情依六塵故有奔馳之動法本无依故无動摇也　明本脱此注。

常不住故

法若常住則從未來到現在從現在到過去一法經三世則有去來也以法不常住故无去來也　明本脱此注。

法過眼耳鼻舌身心

超出常境非六情之所及也　明本脱此注。

法常住不動

真法常定賢聖不能移也　明本脱此注。

法離一切觀行

法本无相非觀行之所見見之者其唯无觀乎　明本脱此注。

唯大目連　明本作「唯大目犍連」。他本亦無「犍」字。

豈可説乎

心觀不能及豈況於言乎　明本脱此注。

其聽法者无聞无得

无説豈曰无言謂能无其説无聞豈曰无聽謂能无其所聞无其所説故終日説而未嘗説也无其所聞故終日聞而未嘗聞示謂説法示人得謂聞法所得也　明本脱此注。

當建是意而爲説法

當如幻人无心而説也　明本脱此注。

當了衆生根之利鈍

居士應聞空義而目連爲説有法者由其未了衆生根也　明本脱此注。

无所罣旱

有説不辨空者由其於諸法无旱知見未悉善也无旱知見即實知也　明本脱此注。

以大悲心讚於大乘

自捨空義諸有所説皆非弘讚大乘之道弘讚大乘之道則非大悲心也　明本脱此注。

念報佛恩不斷三寶

夫大悲所以建大乘所以駕佛恩所以報三寶所以隆皆由明了人根善開實相而目連備缺斯事所以誨也　明本脱此注。

然後説法

若能備如上事然後説法也　明本脱此注。

佛告大迦葉

迦葉弟子中苦行第一出婆羅門種性迦葉也　明本脱此注。

我昔於貧而行乞時　諸本「貧」下有「里」字。

而不能普捨豪富從貧乞

迦葉以貧人昔不殖德　明本「殖德」作「植福」。

愍其長衰故多就乞食　明本「衰」作「苦」，無「故」字。

譏其不等也　明本作「譏迦葉不普也」。此注「等」上疑脱「平」字。

應次第行乞食

富賤无常　明本「富」作「貴」。

是以凡任平等之法　明本「法」上衍「爲」字。

不宜去富從貧也　明本作「不宜去富而就貧也」。

爲不食故應行乞食

不食即涅槃也涅槃无生死寒暑飢渴之患其道平等豈容分別應以此等心而行乞食使因果不殊

明本脱此注。

應取揣食

五陰揣食俱和合相耳壞五陰和合名爲涅槃應以此心而取揣食也若然終日揣食終日涅槃也　明本脱此注。

爲不受故應受彼食

然則終日受而未嘗受是乃受也　明本無「是乃受」三字。

以空聚相入於聚落　明本「想」作「相」。他本亦作「想」。

所聞聲與嚮等

未有叵山嚮而致喜怒者　明本「者」作「也」。

所食未不分別受諸皐如知證　「未」乃「味」之譌。

得盡智无生智　明本「盡」上有「漏」字。

舉身柔濡快樂　明本「濡」作「輭」。

身受諸負　「負」乃「皐」之譌。

知諸法如幻相无自性无他性

諸法如幻從因緣生豈自他之可得夫有自故有他有他故有自无自則无他无他亦无自也　明本脱此注。

今則无滅

如火有燃故有滅耳法性常定本自无起今何所滅猶釋意所對法也　明本脱此注。

入八解脱

若觀八邪　明本「若」作「善」。

焉□□□而更求解乎　明本作「曷爲捨邪，更求解脱乎」。

若能如是者　明本此下有「名入解脱也」。此奪漏。

以邪相入正法

若以本性常一者　明本無「以」字。

然後可食

囙誨以无㝵施法　明本「法」下有「也」字。

是即无㝵施法　明本作「即是无㝵法施也」。

非住世間非住涅槃

法身超絶常俗　明本無「超」字。

現食同人欲也　明本無「也」字。

不爲益不爲損

若能等心受食則有等教既有等則施主同獲平等不計福之大小己之損益也　明本脱此注。

爲不虚食人之施也　「虚」，諸本均作「空」。

人必有益　明本脱此注。

其誰不發阿耨多羅三藐三菩提心　一本「其誰」下有「聞此」二字。他本均無。

其誰不發无上道心　明本作「誰其不發無上心也」。
不復勸人以聲聞辟支佛行
始知二乘劣不復勸人也　明本脱此注。
故我不任詣彼問疾　「故我」，諸本作「是故」。
如是行乞乃可取食
豪富自姿　「姿」，乃「恣」之譌。明本作「恣」，不誤。
其即取鉢盛滿飯來授時間　明本無「滿」字，「時」作「之」。
准一可知　明本作「一一可知」。
若於食等者　明本無「者」字。
不斷婬怒癡亦不與俱
若能如是者也　明本作「若能如是者，乃可取食也」。此有脱字。
不壞於身而隨一相
万物齊全　明本「全」作「旨」。
然則身即是一相　明本無「是」字。
取五陰身非法身也　明本作「身，五陰身也」。

不滅癡愛起於明脱　「明」字，明本作「解」。他本皆作「明」。

聲聞以滅癡暟智　明本脱「滅」字。

故滅癡而明　明本「滅癡」作「癡滅」。此倒置。

大士觀癡愛真相　明本「真」作「其」。

以五逆相而得解脱亦不解不縛

五逆罪之大者解脱道之類者　明本「大」作「尤」，「類」作「勝」。「類」，殆「勝」之誤。

不見四諦非不見諦

真見諦者非如有心之見非如无心之不見也　明本脱此注。

非得果非凡夫非離凡夫法　各本「非得果」下有「非不得果」四字。元本無，與此同。

故不得果　明本「不」作「非」。

非聖非不聖人

道超三界　明本「超」作「過」。

雖成能一切法而離諸法相　「能」，乃「就」之譌。

雖成諸法　明本作「諸法雖成」。

乃可取食

若能備如上説乃可取食也　明本脱此注。

若須菩不見佛不聞法

夫能濟是非一好醜者　明本「夫」下有「若」字，「濟」作「齊」。

六師獨卑乎　明本「六」上有「而」字。

斯可謂平等正化莫二之道乎　明本無「乎」字。

富蘭那迦葉

謂一切法斷滅如空无君臣父母忠孝之道也　明本「如」作「性」，「母」作「子」。

末伽利拘賒梨子　「利」，明本作「梨」。

拘賒梨其母名　明本作「拘賒梨是其母也」。

其人起見謂諸衆生苦樂不因行得自然尔耳　明本作「其人起見云：衆生罪垢，無因無緣也」。

又，明本此注上冠以「什曰」，誤「肇」爲「什」。

删闍夜毗羅胝子

删闍夜字也毗羅胝其母名也　明本以此爲什注，「母」上無「其」字。

如轉縷丸於高山上　明本無「上」字。

何假求也　明本「也」作「邪」。

阿闍多翅舍欽婆羅　「闍」，各本作「耆」。

阿闍多字也翅舍欽婆羅毺幣「弊」之别搆。衣名也　明本作「阿者多翅舍，字也；欽婆羅弊衣，名也」。

其人著毺幣衣　明本無「毺」字。

謂今并受苦後身常受樂也　明本作「謂今身併受苦，後身常樂者也」。

迦羅鳩馱迦旃延

性「姓」之譌。迦旃延字迦羅鳩馱其人謂諸法亦有相亦无相也　明本脱此注。

尼犍陁若提子等

尼犍陁其出家之揔名也如佛出家名爲沙門也若提母名其人謂罪福苦樂本有定因要當必受非行道所能斷也此六師佛未出世時皆道王天竺也　明本脱此注。

彼師所墮汝隨墮　諸本「汝」下有「亦」字。

生墮邪見无墮惡道　明本脱此注。

乃可取食

若能同彼六師而不壞異相者乃可取食也　明本脱此注。

不到彼岸

惑者以邪見爲邪　「惑」，明本作「或」。

曷爲捨邪而祈彼岸乎　「祈」，明本作「欣」。

諸通心君子有以標其玄旨而賫其所寄　明本作「庶通心君子，有以標其玄旨，而遺其所是也」。

案：「賫」字不可識，殆「遺」之别搆耶？

離清淨法

是同惱而離淨者　明本「是」下有「以」字。

亦得是定

善吉於五百弟子　明本「弟子」下有「中」字。

其施汝者不名福田

令獲大福名福田　明本作「令獲大福，故名福田耳」。

身猶本虛彼我不異　明本作「猶大觀之，彼我不異」。

墮之惡道

五逆之害　明本「害」作「損」。

大觀所齊　明本「所」作「正」。

未覺其異也　明本無「也」字。

作衆𦆭侶

衆魔四魔也共爲魔𦆭之黨侶也　明本脱此注。

汝与衆魔及諸塵𦆭等无有異

夫以无異故能成異　明本作「夫以無異，故能成其異也」。

毁於法

亦何爲不同也　明本作「亦何爲不同焉」。

汝若如是乃可取食

以德惡爲累　明本作「以捨惡爲累」。

則即惡有妄要之功　明本「妄要」作「忘累」。

又在此乎　明本「又」作「似」。

聞此芒然不識是何言　一本「茫」上有「語」字。他本均無。

便置鉢欲出其舍

淨名言逆而理順善吉以未思其言故不識是何言便捨鉢而欲出也　明本脱此注。

我言不也

而善吉卒不思言　明本作「而善吉本不思其言」。「本」乃「卒」之譌。

汝今不應有所懼也

君於弟子中　明本「君」作「若」。

曷爲不懼也　明本「不」作「而」。此誤。

不離是相

豈有懼也　明本作「豈容有懼」。

文字性離

則文字相自離　明本無「相」字。

是則解脱

謂无爲真解　明本作「謂无爲真解脱也」。

佛告富樓那弥多羅尼子

富樓那字也秦言滿願弥多羅尼其母名也秦言善知識通以母名爲字弟子中辨才第一也　明本脱

此注。所載什注，與此畧同。

觀此人心然後説法

能万事普照　明本「普」誤作「並」。

三數身而已　明本作「身數而已」。

根數在大乘　明本無「數」字。

而爲説小乘法故　明本無「乘」字。

无以流離同彼水精

當識其心念之根本无令真僞不辨也　明本脱此注。

无以日光等彼螢火

明珠之殊其喻若此而欲等者何耶　明本脱此注。「珠」字疑誤。

中忘此意

未得无生心皆有退忘也　明本脱此注。

汝何以小乘法而教導之　「汝」，他本作「如」。

曾於五百佛所殖衆德本　「殖」，明本作「植」。宋、元諸本皆作「殖」。

曾已迴此功德向无上道此其本意也　明本「迴此」作「迴向」，末句無「意」字。

故我不任詣彼問疾　「故我」，明本作「是故」。

佛告摩訶迦旃延

迦旃延南天得婆羅門性也即以本性爲名弟子中義解第一也　明本脱此注，而引「什曰：南天竺婆羅門，姓也」。此注「得」字殆「竺」之誤，「性」爲「姓」之誤。

憶念我昔佛爲諸比丘略法要　明本「我昔」作「昔者」，「畧」下有「説」字。

如來常畧説有爲法无常苦空无我无爲法冡滅不動此二言摠一切法盡故言畧也　明本脱此注。

冡滅義

迦旃延子未喻玄旨　明本作「延旃延不諭玄旨，去樂，故説言苦」。衍「言」字。

去實故説空　明本「説」作「言」。

可謂无之教　明本「无」下有「言」字。此脱。

无以生滅心行説實相法

心者何耶惑想所生行者何耶造有之名夫有形必有影有相必有心无形故无影无想故无名然則隨事轉行因用起見法生滅故心有生滅悟法无生此間似脱「滅」字。則心无生滅迦旃延聞无常義謂法有生滅謂法有生滅之相有生滅之相故影嚮其心同生滅也夫實相幽玄妙絶常境非謂有心之所知非辨者之能言汝何以生滅心行而欲説也　明本脱此注。

是无常義

此辨如來略説之本意也小乘觀法生滅爲无常義大乘以不生不滅爲无常義也无常名同而幽致超絶其道虛微故非常情之所能測妙得其旨者淨名其人也　明本脱此注。

五受陰通達空无所起是苦義　「通」，諸本作「洞」。

爲苦義也　明本無「也」字。
此苦真義　明本作「此真苦義也」。
諸法究竟无所有是空義
故究竟空義也　明本作「所以究竟空義也」。
是无我義
小乘對我爲累　明本作「小乘以封我爲累」。
爲无我義也　明本無「爲」字。
如觀掌中菴摩勒菓
巷摩勒菓形似賓狼　明本「賓狼」作「檳榔」。
故即以爲喻　明本「喻」下有「也」字。
天眼爲作相无作相耶　各本作「天眼所見爲作相耶？无作相耶」。
三界報身六情諸攝從結業起名有爲有作相也法身出三界六情諸根不由結業生名无爲无作相夫
以有作故有所不作以法身无所作故无所不作也　明本脱此注。
則與外五通等　各本「外」下有「道」字。
外道脩俗禪得五通然不離凡夫見聞之境此有作相也欲等之乎　明本脱此注。

不應有見
若无作相即是法身无爲之相豈容見聞近遠之言乎　明本脱此注。
尊世我時嘿然　「世尊」二字誤倒。
欲言作相則同彼外道若言无則違前見意故不知所答　明本脱此注。
世孰得真天眼者　各本「得」作「有」。
諸梵謂天眼正以徹視遠見爲理而淨名致詰殊違本啚疑有真異故致斯問　明本脱此注。
悉見諸佛國土不以二相　各本「國」下無「土」字。
巨細兼都萬色弥曠　「都」乃「覩」之譌。明本「曠」作「廣」。
忽然不現　明本「現」作「見」。他本皆作「現」。
其所發明成立若此　明本脱此注。
佛告優波離
優波離秦言上首弟子中持律第一也　明本脱此注。
得免斯咎
恥其所犯　明本「恥」作「愧」。
當直除滅勿擾其心

二比丘既犯律行疑悔情深方結其罪則對累弥厚對累弥厚則罪垢弥增當宜說法空令悟罪實悟罪不實則對累情除對累情除則罪垢消滅矣曷爲不察其根爲之決罪擾亂其心增其罪累乎　明本脱此注。

彼罪性不在内不在外不在中間

覆釋所以真除之意也彼彼我我則内外也夫罪累之生因緣所成求其實性不在三處如殺因自我則非殺自彼亦非殺彼我既非豈在中間衆緣假成尋之悉空也　明本脱此注。

心淨故衆生　「生」下脱「淨」字。各本有。

罪垢亦然

逆尋其本也　明本「尋」作「知」。

夫執本以知末守母以見子　明本「知」下、「見」下皆有「其」字。

皆由心疑　明本「疑」作「起」。

罪垢可知也　明本「也」作「矣」。

不出於如

皆因心起　明本「因」作「由」。

如謂如其本相也　明本無「其」字。

我言不也

得解脱時謂其初成阿羅漢得第九解脱尔時心寬一義无復心相也欲以其心類明衆心故先定其言也　明本脱此注。

亦復如是

羣生心相如心解相　明本脱此注。

无妄想是淨

優波離分別罪相欲以除垢罪本无相而妄生罪相乃更增塵垢也言雖汎意在於是也　明本脱此注。

无顛到是淨

无罪而見罪顛倒也　明本脱此注。

不取我是淨

見罪即存我也　明本脱此注。

以妄想生

則實存乎所見之外實存乎所見之外　兩「乎」字，明本皆作「于」。

是名善解

斥優波離謂教之意　明本作「令知優波離繆教意也」。此本「謂」字，殆「繆」之誤。

如夢如炎　「炎」，元、明本作「錟」。

持律之上而不能説

二比丘悟罪常淨无復疑悔故致斯難也　明本脱此注。

我答言　一本「我」下有「即」字。他本均無。

能剬其樂説之辨　「剬」，他本均作「制」。

内有樂説智生則應説无窮名樂説辨也此辨一起乃是捕處之所難也而況聲聞乎　明本脱此注。

其智慧明達爲若此也

其明達若此吾豈能及也　明本脱此注。

作是願　各本「願」下有「言」字。

佛告羅睺羅

羅睺羅秦言覆鄣六年爲母胎所鄣因以爲名弟子中持戒第一者也　明本脱此注。案：什注稱「羅睺羅弟子中密行第一」。此作「持戒第一」，疑「持戒」乃「密行」之誤。

其出家者有何等利

佛不出家應爲金輪王王四天下羅睺羅不出家應爲鐵輪王王一天下以其所捨不輕所其必重故問其利也　明本脱此注，「所其」疑「所期」之誤。

我即如法爲説出家功德之利

不善其根　明本作「不善知其根」。

是名出家　明本「名」作「爲」。

豈容有功德之利乎　明本無「之」字。

无爲法中无利无功德

出家爲无爲　明本「出家」下有「者」字。

无彼无此亦无中間

忘彼此　明本「忘」作「亡」。

離六十二見處於涅槃

同於涅槃也　明本無「於」字。

自此以下　明本無「以」字。

无爲心　明本作「无爲爲心」，此脱一「爲」字。

皆同无爲也　明本無「同」字。

降伏衆魔

衆魔四魔邪正道既夷邪徑自塞經云一人出家魔宫皆動也　明本脱此注。

淨五眼

淨五眼如放光説也　明本以此爲什注。

不惱於彼

道超事外与物无逆何惱之有也　明本脱此注。

離衆雜惡

俗善雖善猶雜不善道法真淨故純善不雜也　明本脱此注。

催伏外道　各本「伏」作「諸」。

出家不期摧伏外道而外道自除　明本無「伏」字,「自除」作「自消」也。

超越假名

萬事萬名虚假以生道在真悟故超越假名也　明本脱此注。

无我所

出家之道本於无我　明本脱此注。

无所受

无四受也欲受我受戒受見受也欲受欲界愛恚慢疑无明也我受色无色界愛慢疑无明也戒受戒盗也通三界也見受餘四邪見通三界也　明本但有首十三字,以下均脱。

内懷喜

故擾亂斯无　明本無「故」字。

懷喜有餘也　明本無「也」字。

離衆過

不審法以將其意衆之生其在此乎　明本「將」作「獎」，「衆」下有「過」字。

故因明出家以戒之耳　明本「耳」作「也」。

是真出家

若能不違上説乃應出家之道出家之道非存利之所能也　明本脱此注。

於是維摩詰語諸長者子言汝等於正法中宜共出家　「語」，明本作「證」。他本皆作「語」。又，明本及諸本「汝等」上，均無「言」字。

佛世難值

淨名智其不得出家而勸之者欲發其无上道心也　明本脱此注。「智」字疑誤。

不得出家

非不欲出家不敢違親耳　明本脱此注。

即是具足

雖爲白衣能發无上心者便爲出家具足戒行矣　明本脱此注。

憶念我昔時　明本及諸本均無「我」字。

莫作是語　「語」，明本作「言」。他本均作「語」。

至人舉動虛也哉如來現疾之所疾淨名致呵之所益皆别載他經也　明本脱此注。

嘿往阿難

嘿然而往　明本脱此注。

勿謗如來

如來無疾言疾則謗　明本脱此注。

况如來无量福會普勝者哉　明本及諸本「况」上有「豈」字。

轉輪聖王隨命脩短終身无病也　明本脱此注。

勿使我等受斯恥耶　「耶」，明本及諸本並作「也」。

可勿速去勿使人聞　「可勿」，明本及諸本並作「可密」。

邪士聞則謂佛實疾　明本作「邪外道聞則謂佛實有疾」。

而欲救人心之疾乎　明本無「之」字。

非思欲身

法身之義已説之善權也　明本脱此二句。

佛无漏　明本及諸本並作「佛身無漏」。

夫法身虚微　「微」，明本誤作「假」。

不墮諸數

法身无爲而无不爲无不爲故現身有病无爲故不墮有數也　明本脱此注。

得无近佛而謬聽耶

致譏如彼　「如」，明本作「若」。

進退懷愧或謬聽也　明本作「進退懷慙，或謂謬聽也」。

現斯法　明本「現」下有「行」字。

取乳勿慚

以其慚惑故空聲正之　明本「慚惑」作「愧感」，「空聲正之」作「空中聲止之」。

英世之患　「英」字誤。明本作「嬰」，是。

五濁者劫濁衆生濁煩惱濁見濁命濁也　明本脱「五濁」以下文。

元和姓纂校勘記

附元和姓纂佚文

元和姓纂校勘記序

姓氏之學，六朝爲極盛。《隋書·經籍志》、《唐書·藝文志》譜諜、圖狀之屬，著録者凡數十家。宋、元而後，斯學愈微，遺書亦日就淪佚。如《世本》、《風俗通義》等書，久無完帙。惟唐林寶《元和姓纂》最後亡。明成祖撰《永樂大典》，尚詳引其書，知明初尚存也。陽湖孫季逑先生剌取《大典》及諸書所引，比緝復爲十卷，於姓氏之學，真有興滅繼絶之功。林氏書徵引綦博而舛誤不少。孫氏輯録采自類書，亦不免亥豕之譌。蓋林氏之成書也以二十旬，季逑先生之校録也以二旬，亟於成事，致多違舛。玉以光緒壬辰从事校勘，牽於人事，匝歲始成《校勘記》二卷。又采諸書所徵引而孫本失采者，别爲《佚文》一卷坿焉。玉學殖荒落，疏漏之虞，仍復不免，尚冀通人拾遺正誤。昔孫先生校輯此書，其《自序》曰：「猶有漏略，當俟來者。」玉之志，猶孫先生志也。上虞羅振玉記。

元和姓纂校勘記卷上

李

大業生女莘女莘生咎繇　振玉案：「女莘」，《新唐書・宗室世系表》作「女華」。

老君名耳字伯陽居苦縣賴鄉曲仁里曾孫曇生二子崇璣　振玉案：《世系表》作「耳，裔孫洪，洪曾孫曇。曇四子：崇、辨、昭、璣」。與此不合。

一東

馮

潁川　後漢征西大將軍夏陽侯馮異　振玉案：宋鄧名世《古今姓氏書辨證》引「出潁川者，漢左將軍奉世之後」。與今本不合。

長樂信郡　振玉案：「信郡」，當作「信都」。

弘生朗生姬姬女弟魏文成皇后原校北史馮熙文明太后之兄父朗此文内姬字疑係熙字之誤　振玉案：原校是也。《魏書・馮熙傳》：「文明皇后之兄也。祖文通，父朗。」

彤

尚書彤伯周同姓爲氏成王宗伯　振玉案：《古今姓氏書辨證》引「彤，本彤氏，周卿士彤伯之後。裔孫避難，改焉」。與今本不合。

東里

曹瞞有南陽太守東里昆　振玉案：《廣韻·東注》：「《曹瞞傳》有南陽太守東里昆。」此奪「傳」字。

東陽

又宋員外郎東陽元疑　振玉案：「元」，當作「无」。

公孫

遼東　**後魏廣州刺史因安子公孫表**　振玉案：「因安子」，當從《魏書·公孫表傳》，改「固安子」。

上谷　**晉有隱者公孫風**　振玉案：「風」，當作「鳳」。《晉書》有傳，字子鸞。

桐里

漢御史中謁者桐里斤　振玉案：「斤」，《古今姓氏書辨證》引作「斥」。

三鍾

三鍾

鍾

昧中子樓　振玉案：「樓」，《唐書·宰相世系表》作「接」。

潁川　五代孫韜　振玉案：「韜」，《梁書·鍾嶸傳》及《唐書·世系表》作「蹈」。

嶼撰華林編畧　振玉案：《華林編畧》，乃天監十五年勑羣臣撰。「嶼」乃羣臣之一，非「嶼」一人作。又，「編畧」，《梁書》作「徧略」。

岏撰良吏傳十卷生寵　振玉案：「良吏傳」，《梁書·嶸傳》作「良史傳」。《南史》作「良吏傳」。又，《唐書·世系表》「嶼生寵」此作「岏生寵」，未知孰是。

南康　紹京中書令户部尚書越國公緜蜀彭州刺史生嘉璧謂璧　振玉案：《唐書·世系表》作「紹京子：嘉璧、嘉謂、嘉偉」。

封

渤海蓚縣　亮生敖原校唐世系表敖生望卿此脱　振玉案：原校甚誤。考舊史《敖傳》，「敖」爲元和十年進士。此書成於元和七年，「望卿」更後於「敖」。《姓纂》本不得有其名，非脱漏也。

君義聘梁副使五兵尚書生淑洵　振玉案：《北齊書·封述傳》：「字君義，述弟詢。」此以「詢」爲「述」子，未知孰是。

四江

江

濟南考城　薤晉譙郡太守亢父男生湛　振玉案：據《宋書·江夷》、《江湛傳》，「湛」，乃江夷子，非薤子也。薤子祚，孫統，曾孫虨、惲。虨子敳，孫恒夷。見《晉書·江統傳》。此奪誤之甚。

龐

代郡　龐雅生風風生晃　振玉案：《隋書·龐晃傳》：「父虬。」此作「風」，譌。

生相壽　振玉案：《晃傳》「子長壽」不作「相壽」。

六脂

伊

河南　後魏有伊婁敿　振玉案：「伊敿」，《魏書》有傳。不作「伊婁敿」。

伊婁

伊婁信生伊婁公公生彥恭　振玉案：《隋書·伊婁謙傳》：「字彥恭，祖信，父靈。」《周書·伊婁穆傳》，亦作「父靈」。此誤。

七之

怡

後魏有怡寬遼西人生峰　振玉案：《周書·怡峯傳》：「高祖寬，曾祖文。」此誤。

生昂鄀公光清河公　振玉案：「鄀」，《周書·靜帝紀》作「鄀」。《怡峰傳》作「鄭清河公」。《峰傳》

作「龍河公」。

貍

左傳八元季貍之後　振玉案：《古今姓氏書辨證》引此下有「以王父字爲氏」六字。今本奪，當據補。

司馬

河内温縣　馗七代孫楚之　振玉案：《魏書·司馬楚之傳》作「馗八代孫」。

楚之即彭城王懽六代孫也　振玉案：「懽」，《晉書》本傳作「權」。

雲中　司馬子如稱晉南陽王模七代孫也兄子瑞　振玉案：《北齊書·司馬子如傳》作「弟子瑞」。

八微

韋

京兆杜陵　敻生康　振玉案：「康」，當作「世康」。此避唐太宗諱，省「世」字。

洸恭原校恭唐世系表作瓘　振玉案：《唐表》：「瓘，字世恭。」《表》書其名，此書其字，非有異也。

生彤或晏宣敏　振玉案：「或」，《唐書·世系表》作「彧」。

沖隋户部尚書義豐公聘陳　振玉案：「義豐公」，《隋書·韋世康傳》作「義豐侯」。又，「聘陳」下奪「使」字，當補。

約隋儀同觀城公　振玉案：「約」，當作「世約」。此避諱，省「世」字。

次子鄖國公裕字孝寬　振玉案：「裕」，《周書》本傳作「叔裕」。此奪「叔」字。

生總壽霽津靜原校鄖襄國公六子唐世系表尚有諶一人此脱　振玉案：《周書・韋孝寬傳》，亦作「長子諶」。

光弼生薦　振玉案：「薦」，《唐書・世系表》作「廌」。

生寧戀義節　振玉案：「寧戀」《唐表》及《隋書・韋世康傳》作「保戀」。

千里生昂　振玉案：據《唐世系表》：「千里，名昂，以字行。」此「生昂」，疑「字昂」之誤。

抱真生綆政　振玉案：「綆」，《唐表》作「鯁」。

五代孫闕原校唐世系表闕作閬　振玉案：《魏書》本傳亦作「閬」。

範生法儁　振玉案：「法儁」，《魏書》作「儁」。

邕彭城公房生澄淹原校唐世系表東眷韋氏穆曾孫楷晉長樂清河二郡守生逵又曰鴻胄二子澄淹因號彭城公房　振玉案：《唐表》：「楷生逵。」原校誤書「逵」作「達」。又：「鴻胄二子：澄、淹。淹生雲起，封彭城公，因號彭城公房。」原校亦未詳。

慶嗣生正紀　振玉案：「正紀」，《唐表》作「正己」。

生璠珣珽頊　振玉案：「璠」，《唐表》作「瑶」。

師寶虞部郎中　振玉案：「師寶」，《唐表》作「師實」。

生誕果州刺史　振玉案：「誕」，《唐表》作「證」。

議生弘慶弘度弘表弘素　振玉案：《唐表》作「議生仁，仁生弘慶、弘度、弘表、弘素」。

襄陽　孚右司員外　振玉案：「右」，《唐表》作「左」。

生逢士模原校唐世系表士模作士樸　振玉案：《唐表》作「士模」，與此正同。原校誤。

京兆諸房韋氏　叔昂右司郎中　振玉案：「右」，《唐表》作「左」。

九魚

徐

東海郯州　祚之生欽之美之原校唐世系表美之作羨之　振玉案：作「羨之」，是。《宋書》本傳正作「羨之」。

欽之生逵之　振玉案：《宋書・徐湛之傳》作「達之」。

湛之司徒生聿之原校唐世系表湛之二子恒之聿之恒之生孝嗣此聿之下脱去恒之恒之生五字　振玉案：《宋書・徐湛之傳》：「湛之三子：聿之、謙之、恒之。聿之生孝嗣。」與《唐表》亦不合。

君游生澄原校唐世系表澄作澈　振玉案：《唐表》作「澈」，一名「澄」。

生蛟光禄少卿安定太守生濤　振玉案：「蛟」，《唐世系表》作「穀濤」。《唐表》作「壽」。

元孫融南昌令 振玉案：「元孫」二字，疑衍文。否則，「元孫」二字上有奪字。又，「南昌令」，《梁書·徐勉傳》作「南昌相」。

生山松悱矩 振玉案：《梁書·徐勉傳》：「長子崧，次子悱。」此作「山松」，疑誤。

諸葛

諸葛銓居丹陽生潁 振玉案：《隋書·潁傳》：「祖銓，父規。」此脱「規」一代。

潁生會 振玉案：《隋書·潁傳》作「子嘉會」。

十虞

虞

河南 天恩生曾尚書生提 振玉案：《周書·于謹傳》：「曾祖婆，祖安定，父提。」與此不合。

生寔翼義智紹弼簡原校唐世系表燕文公九子寔翼義智紹弼簡禮廣此缺二人 振玉案：「智」，《周書·于謹傳》作「智初」；「簡」，《謹傳》作「蘭」；「廣」，《謹傳》作「曠」。

寔周司空固安公原校案唐世系表固安公當作燕安公 振玉案：《隋書·于仲文傳》：「父寔，燕國公。」

生虔原校唐世系表虔作世虔 振玉案：《隋書·于仲文傳》，亦作「世虔」。此避諱，省「世」字。

仲文 隋左翊大將軍延壽公生禮部侍郎敏直原校唐世系表仲文生欽明欽明生敏同敏直 振玉

案：《隋書・仲文傳》，亦作「子九人，欽明最知名」。

生璽原校案唐世系表璽下脱銓一人　振玉案：《周書・于翼傳》：「子璽，璽弟詮，詮弟讓。」

生宣道亮宣道生志寧原校唐世系表作宣道宣敏無亮字宣敏生志寧又案唐書志寧傳父宣道隋内史舍人世系表誤以志寧爲宣敏子今從本傳改宣此作宣亦異　振玉案：《隋書・于義傳》作「子宣道、宣敏」。宣道子志寧，出繼叔父宣敏」。原校未詳。

苻

苻堅生丕堅孫登　振玉案：《晉書・苻登傳》：「堅之族孫。父敞。」

朱

錢塘遜之齊吴平令生粱領軍朱异　振玉案：《粱書・朱异傳》：「父巽，吴平令。」與此不同。

義陽　序孫循之也　振玉案：「循之」，《宋書》本傳作「脩之」。

廚人

周禮廚人因官爲氏　振玉案：《古今姓氏書辨證》引此句，下有「宋有廚人濮，見《釋例》」八字。今本奪，當據補。

邾婁

公羊邾婁字曹姓也子孫以國爲氏　振玉案：《古今姓氏書辨證》引作「曹姓國，邾婁子之後，以國爲氏」。

十一模

盧

范陽涿縣　生謀司空從事中郎　振玉案：「生謀」以下八字，疑羨文，當删。

四世有傳　振玉案：「傳」，當作「傳」。

諶二子勗偃勗號南祖偃號北祖勗曾孫元　振玉案：《魏書·盧玄傳》：「曾祖諶，祖偃，父邈。」與此不同。《唐書·世系表》，又以元爲勗孫。

生遷原校唐世系表元生度世字子遷此作遷疑避唐諱　振玉案：《魏書·玄傳》亦作「子度世，字子遷」。

胡

安定　生威清州刺史　振玉案：「清州」，《晉書·威傳》作「青州」。

曾孫延北齊太宰安平王　振玉案：「延」，《北齊書·胡長仁傳》作「延之」。

長安隴東王　振玉案：「長安」，當作「長仁」。

蘇

顓頊祝融之後陸終生昆吾封蘇　振玉案：《唐書·世系表》：「顓頊裔孫吴回爲重黎，生陸終。生樊，封於昆吾。昆吾之子封於蘇。」與此不同。

趙郡　佃膳部員外　振玉案：「佃」，《唐書·世系表》作「佃」。

又工部侍郎　振玉案：「又」，《舊唐書·蘇瓌傳》作「乂」。

河南　**蘇强孫武安袁州刺史**　振玉案：「武安」，《隋書·蘇孝慈傳》作「武周」，並誤。《隋蘇孝慈墓志》近年出土。作「武」。又，「袁州」，《孝慈傳》作「兗州」。

生沙羅隋昂州刺史　振玉案：「昂州」，《孝慈傳》作「卭州」。

孝慈隋兵部尚書平公　振玉案：「平公」，《隋書·蘇孝慈傳》及《墓誌》，並作「安平公」。此奪「安」字，當據補。

胡母

胡母班晉河南令生輔之　振玉案：《晉書·胡母輔之傳》：「高祖班，漢執金吾，父原。」此脱「原」一代。

十二齊

齊

前奏左僕射齊難　振玉案：「前奏」，當作「前秦」。

中山深澤縣　**知元生令令生滸**　振玉案：《唐書·世系表》：「知玄長山令，生幹。」此誤。

西周

二周各以爲氏　振玉案：《古今姓氏書辨證》引此句，下有「武公世子稱爲西周氏」九字。今本奪，當據補。

十五灰

崔

齊太公生丁公伋生叔乙讓國居崔邑因氏焉　振玉案：《唐書·世系表》作「齊丁公伋，嫡子季子，讓國叔乙。食采於崔，遂爲崔氏」。與此小異。

裴

六代孫陵周僖王封䢵邑君及除邑从衣　振玉案：「封䢵邑君」，《唐書·世系表》作「封爲解邑君，及除邑从衣」。《唐表》作「乃去邑从衣」。

河東聞喜元孫茂侍中尚書生三子輯號東眷徽號子明子孫又號中眷　振玉案：《唐世系表》：「茂三子：潛、徽、輯。」又，《唐表》：「中眷裴出自嗣中子天明。」

徽與子遐號八裴　振玉案：《晉書·裴楷傳》：「楷弟綽，綽子遐。」此以「遐」爲「徽」子，疑誤。

十七真

陳

九代孫文瓚　振玉案：「文瓚」，《陳書・高祖紀》、《唐書・世系表》作「文讚」。

長城　瓚生茂先　振玉案：「茂先」，當作「道譚」。《唐書・世系表》作「談先」，亦誤。

生文帝項原校陳本紀文帝諱曇　振玉案：校語「文帝諱曇」，當作「文帝諱蒨」。

昌生德會　振玉案：《陳書・衡陽王昌傳》，「昌」無子。

叔武　振玉案：《陳書》及《唐書・世系表》皆作「叔彪」。

辛

隴西狄道　五代縣孟興　振玉案：「縣」，當作「孫」。

曾孫術北齊吏部尚書生衡虞唐太常丞原校唐世系表衡虞作衡卿　振玉案：《北齊書・辛術傳》：「子閣卿尚書郎，閣卿弟衡卿，隋大業初卒於太常丞。」此誤。

生郁禮部尚書　振玉案：《唐書・世系表》作「禮部侍郎」。

曾孫公義　振玉案：「曾孫」上有奪字。否則，「曾孫」二字衍。

金城　言生雲京雲果　振玉案：「雲果」，趙氏《金石録・辛雲杲碑跋》引作「雲杲」。又，《金石録》云：據《碑》作「懷節生思廉，思廉生雲杲。雲杲爲雲京从父弟」。此誤。

申

魏郡　徽後周北海公生靖　振玉案：「靖」，《周書・申徽傳》作「靜」。

二十二元

元

河南洛陽縣　獻明帝生實壽鳩紇根翰力真　振玉案：「獻明帝」及「實、壽、鳩、紇、根、翰、力、真」，並昭成皇帝子。此誤。

遵生素達素達生羽鄰忠倍斤尉貨敦菩薩　振玉案：《魏書·常山王遵傳》：「子素，素長子可悉陵，可悉陵弟陪斤，陪斤弟忠，忠弟德。」與此不合。

順濮陽王　振玉案：「順濮陽王」上，當有「昭成皇帝曾孫」六字。當據《隋書·元胄傳》增。

野順生雄　振玉案：「野順」二字，衍文。

雄生胄右衛大將軍朗陵公　振玉案：「朗陵公」，《隋書·元胄傳》作「武陵公」。

綱生經　振玉案：「綱」，《隋書·元弘嗣傳》作「剛」。

生仁人觀觀　振玉案：《弘嗣傳》：「子仁觀。」此衍「人觀」二字，當删。

意烈生伏千　振玉案：《魏書·昭成子孫傳》作「拔干」。

勃元孫植生巖　振玉案：「植」，《隋書·元巖傳》及《唐世系表》作「禎」。

生從備　振玉案：《唐表》作「從」。

從修生至河南少尹　振玉案：《唐表》作「修，河南少尹」。

延景生俳　振玉案：「俳」，《舊唐書·元稹傳》及《唐表》作「悱」。

生拒楨　振玉案：「拒」，《唐表》作「秬」；「楨」，《唐表》作「稹」。此誤。

霄侍御史　振玉案：「霄」，《唐表》作「宵」。

生尚書循義右僕射安昌王均孝則孝矩孝方孝整　振玉案：《隋書·元孝矩傳》：「祖修義，父子均。孝矩弟：雅，字孝方；褒，字孝整。」此誤，當據改。

孝則周少師生隋太府卿　振玉案：「隋太府卿」上，脱名。據《隋書·元文都傳》：「父孝則。文都官至太府卿。」是此處脱「文都」二字，當補。

孫景山唐安州總管　振玉案：「唐」，當作「隋」。「景山」未曾仕唐也。

明元帝晃生範樂安王生良良生法益滕忻法益梁侍中生願達　振玉案：《梁書·元願達傳》：「祖明元帝。」此疑誤。

五代孫寶綝　振玉案：「綝」，《唐書·世系表》作「琳」。

袁

陳郡夏陽　振玉案：「夏陽」，當作「陽夏」。

良生昌原校唐世系表良二子昌璋此脱璋　振玉案：《金石録·漢袁良碑跋》引，正作「良生昌、璋」。今本脱「璋」字，當據補。

京生陽原校唐表陽作湯　振玉案：《後漢書・袁安傳》，亦作「湯」。

豹生洵濯淑　振玉案：據《宋書・袁湛傳》，「洵」爲「湛」子，非「豹」子也。湛乃豹兄，見《晉書・袁耽傳》。「淑」乃「豹」子，《見宋書・袁淑傳》。此誤。

濯生粲　振玉案：「粲」，《南史》作「粲」。

洵生顗　振玉案：「顗」，《梁書・袁昂傳》及《南史》、《唐表》，並作「顗」。《宋書・袁湛傳》，亦作「洵子顗，少子覬」。

樊

廬江儒生子車隋户部尚書齊國公　振玉案：《隋書・樊子蓋傳》：「父儒。子蓋官民部尚書濟公。」此「子車」疑「字蓋」之誤。

源

聖武帝誥汾　振玉案：「誥」，《唐書・世系表》作「詰」。

子恭生師　振玉案：《北齊書・源彪傳》：「父子恭，彪子師。」《唐表》作：「懷二子：子邕、子恭。子恭生彪，彪生師民。」《源彪傳》作「師」，乃避唐太宗諱，省「民」字。此誤。

翁歸生循業　振玉案：「循」，《唐表》作「修」。

生光裕光垂　振玉案：「光垂」，《唐表》作「光乘」。

生伯良初良　振玉案：「初良」，《唐表》作「幼良」。

生歆幹　振玉案：「歆」，《唐表》作「歙」。

垣

洛陽　振玉案：當據《宋書·垣護之傳》作「略陽」。

苗生護之詢　振玉案：《宋書·垣護之傳》「弟詢之」，此作「詢」，誤。

二十三魂

孫

樂安五代孫惠蔚原校唐世系表蔚字伯華魏祕書監此惠字疑衍　振玉案：此作「惠蔚」，是也。《北史》、《北齊書》均作「惠蔚」。

唐韓王興籛　振玉案：「興」，當作「典」。

温

太原祁縣　章道州刺史　振玉案：「章」，《唐表》作「暐」。

任生襄　振玉案：「襄」，《唐書·世系表》作「袞」。

二十五寒

韓

南陽堵縣　延之晉末從司馬休之奔姚興又奔後魏封魯侯原校唐世系表魯侯作魯陽侯　振玉案：《魏書·韓延之傳》，亦作「魯陽侯」。

元孫褒周少保三水正伯生仲良　振玉案：《周書·韓褒傳》：「爵三水縣公，謚曰貞。」《唐韓仲良碑》，亦作「三水貞公」。此誤。又，《碑》稱「仲良祖褒，父紹」，此又誤以「仲良」爲「褒」子。

檀

生滑　振玉案：「滑」，《唐書·世系表》作「湑」。

高平南山縣　祛西昌侯　振玉案：「祛」，《宋書》有傳，作「祗」。《宋書·檀韶傳》亦作「祗」。

干

新蔡　干營生寶　振玉案：「營」，《晉書·干寶傳》作「瑩」。

二十六桓

桓

譙國龍亢　榮八代孫彝　振玉案：《晉書·桓彝傳》作「榮九世孫」。

循晉護軍將軍原校唐世系表循作修　振玉案：《晉書·桓彝傳》，亦作「脩」。

臣彥範京兆尹　振玉案：「彥」字衍文，當據《唐表》删。

潘

廣宗　勗生芘滿芘生岳滿生尼　振玉案：《晉書·潘岳傳》：「祖瑾，父芘。」《潘尼傳》：「祖勗，父滿。」與此小異。

二十七删

顔

顓頊之後　振玉案：《古今姓氏書辨證》引「顓頊」，上有「圈稱《陳留風俗傳》、葛洪《要纂》皆曰：出自」十五字。今本奪，當據補。

武公字顔　振玉案：「字顔」，《古今姓氏書辨證》引作「字伯顔」。

瑯琊江都生竣測奂　振玉案：《宋書·顔延之傳》，「測」作「惻」，「奂」作「奐」。

二十八山

山

河南懷縣　八代孫輝魏宛句令生濤　振玉案：《晉書·山濤傳》作「父曜，宛句令」。

河南　河東伯山偉　振玉案：「河東伯」，《魏書·山偉傳》作「東阿伯」。

一先

燕

廣念燕氏　振玉案：「廣念」，《古今姓氏書辨證》引作「廣漢」。

先穀

晉先穀之後氏焉　振玉案：「穀」，《古今姓氏書辨證》引作「縠」。

二仙

鮮

鮮于氏之後或單姓　振玉案：《古今姓氏書辨證》引作「鮮于氏之後，或單姓鮮。蜀李壽司空有鮮思明」。今本奪「鮮蜀」以下文，當據補。

偏

古有偏軍　振玉案：《古今姓氏書辨證》引作「古有偏將軍」。今本奪「將」字。

鮮于

漁陽　北齊有鮮于榮領軍將軍封夷陽王　振玉案：「夷陽王」，《北齊書·鮮于世榮傳》作「義陽王」。

延州

吳季札封延州來氏焉　振玉案：「氏焉」，《古今姓氏書辨證》作「因氏焉」。今本奪「因」字。

四宵

椒

楚大夫越椒之後　振玉案：《古今姓氏書辨證》引作「楚大夫越椒之後椒鳴」。今本奪「椒鳴」二字。

銚

潁川郯陽　振玉案：《後漢書·銚期傳》「潁川郟人」，是。「郯」，乃「郟」之誤。又案：《古今姓氏書辨證》引「銚，以邵反」，是。《姓纂》「銚」姓原列三十四「嘯」韻内，當據改正。

朝臣

朝臣大父　振玉案：《古今姓氏書辨證》引作「副使朝臣大父」。今本奪「副使」二字，當據補。

六豪

高

齊太公六代孫文公子高孫傒以王父字爲氏　振玉案：《唐書·世系表》作「太公六世孫文公赤，生公子高。孫傒爲齊上卿，桓公命傒以王父字爲氏」。與此不合。

十陽

楊

周宣王曾孫封楊　振玉案：《唐書·世系表》作「周宣王子尚父，封楊侯」。

張

黄帝第五子青陽生揮爲弓正　振玉案：《唐書・世系表》作「黄帝子少昊青陽氏第五子揮，爲弓正」。

長梧

莊子有長梧子　振玉案：「長梧」，《古今姓氏書辨證》引作「長吾」。

十一唐

皇甫

壽春　兄子鏡幾鄰幾　振玉案：「鄰」，《唐表》誤作「陵」。

生憬悰惜　振玉案：「惜」，《唐表》作「愲」。

皇子

莊子有皇子告教　振玉案：「告教」，《古今姓氏書辨證》引作「告敖」。

臧會

魯大夫臧須伯會之後　振玉案：「須」，《古今姓氏書辨證》引作「頊」。

十五青

泠

江都人有泠壽光　振玉案：《古今姓氏書辨證》引作「《後漢・方伎傳》有泠壽光，江都人」。

十八尤

周

汝南守城縣　別封汝州　振玉案：「汝州」，《古今姓氏書辨證》引作「汝川」。

浚晉陽州刺史　振玉案：「陽」，《晉書·周浚傳》作「揚」。

顗左僕射安城侯六代孫顒　振玉案：《南齊書·顒傳》作「顗七代孫」。《梁書·周捨傳》：「顗八代孫。」此以「顒」爲「顗」六代孫，誤。

捨生弘正弘讓弘直　振玉案：《梁書·捨傳》：「子弘義、弘信。」《陳書·周弘正傳》：「祖顒，父寶始。弘正少孤，與弟弘讓、弘直，俱爲叔父捨所養。」據此：弘正、弘讓、弘直爲捨兄寶子。此誤。

生確　振玉案：「礭」，《陳書·周弘直傳》作「確」。

沛國　**蒯城侯周緤**　振玉案：「城」，《古今姓氏書辨證》引作「成」。

臨川　**周穀元孫寶**　振玉案：「寶」，《古今姓氏書辨證》引作「寶玉」。今本奪「玉」字。

永安　**代居廣州原校永安周氏亦出自決曹掾九世孫防防十三世孫靈起避晉亂徙居永安黄岡此言代居廣州與唐之世系表不合**　振玉案：「廣州」，《古今姓氏書辨證》引作「黄州」，與《唐表》正合。今本誤。又，原校内「靈起」，當作「靈超」。

周靈超生法僧法尚法明　振玉案：《隋書·周法尚傳》：「祖靈超，父炅。」與此不同。

法尚隋永州刺史生紹　振玉案：「紹」，《古今姓氏書辨證》引作「紹範」。考：作「紹範」是也。《隋書·周法尚傳》：「長子紹基，少子紹範。」今本誤奪「範」字。

生道務駙馬右衛將軍　振玉案：「右」，《唐表》作「左」。

河東汾陰　生彭年萬年　振玉案：「萬年」，《古今姓氏書辨證》引作「喬年」。

孫載大理評事　振玉案：「載」，《古今姓氏書辨證》引作「戴」。

江陵　**金部郎中周行譽**　振玉案：「譽」，《古今姓氏書辨證》引作「謩」。

生居巢　振玉案：「居巢」，《古今姓氏書辨證》引作「君巢」。

長安　**願威弟生權**　振玉案：《古今姓氏書辨證》引作「願弟威生權」。

河南　**濟北穆公周瑶**　振玉案：「瑶」，《隋書》有傳，作「摇」。「摇」，初賜姓「車非」。後復姓周，封金水郡公，謚曰恭。與此小異。

瑶孫虔智　振玉案：「虔」，《古今姓氏書辨證》引作「處」。

劉

隰叔奔晉爲士氏孫士會　振玉案：「爲士氏」，《唐表》作「爲士師」。又案：《唐表》：「隰叔生士蔿，士蔿生成伯缺，缺生士會。」是「士會」非「隰叔」孫。

彭城　**羨生敏該敏生慶徐州刺史慶生雍之雍之生芳**　振玉案：《魏書》、《北史·劉芳傳》並作

「祖該，宋青、徐二州刺史；　父邕，宋兗州長史」。與此不同。

彧生逖粲　振玉案：《魏書・劉芳傳》作「鹹子逖」。《北齊書・劉逖傳》：「逖弟晉。」此作「粲」，疑「晉」之誤。

逖粲生逸人　振玉案：「粲」字衍文。「逸人」，《北齊書・劉逖傳》作「逸民」。《魏書・劉芳傳》亦作「逸人」。避唐太宗諱改。

禕北齊睢州刺史生瑗珉　振玉案：《北齊書・劉禕傳》：「禕五子：璿、玘、璞、瑗、瓚。」而無「珉」。

浹州敦質　振玉案：《唐書・世系表》：「浹生敦質。」「州」字誤，當作「生」。

彙尚書左丞　振玉案：「左」，《唐表》作「右」。

德威刑部尚書生審理　振玉案：「審理」，《唐表》作「審禮」。

易從生昇正　振玉案：「正」，《唐書・世系表》作「晟」。

生温玉承顔瑗琪　振玉案：《金石録・唐劉延景碑跋》作「温、玉、承、顔、璵、琪」。

德智施州刺史　振玉案：《唐表》作「儲州刺史」。

守約生昌元　振玉案：「昌元」，《唐表》作「昌源」。

軌孫椎　振玉案：「椎」，當作「權」。《隋書》、《北史》並有傳。

生徹綏輿里　振玉案：「徹」，《隋書・劉權傳》作「世徹」。此避諱，省「世」字。又，「綏、輿、里」，

《宋書・武帝紀》作「綏、興、里」。

沛國相縣　顯生輶臻　振玉案：《梁書・劉顯傳》：「三子：莠、荏、臻。」《南史・顯傳》作「莠、恁、臻」。

臻隋儀同饒陽公　振玉案：《北史・臻傳》作「爵饒陽伯」。

南陽沮陽　振玉案：「沮陽」，當作「涅陽」。

廣平陰城　十一代孫邵原校唐世系表作十六代　振玉案：《唐表》亦作「十一代」，與此合。原校誤。

十六代孫藻　振玉案：「十六代」，《唐表》作「十一代」。

生植　振玉案：「植」，《唐書・世系表》、舊史《劉從一傳》、新史《劉齊賢傳》，並作「令植」。

祥道從孫元昷曾遜迺　振玉案：《唐書・世系表》「元昷」，乃「祥道」弟武幹之子。「迺」，元昷孫。與此不合。

廣陵　漢武帝子廣陵思王子胥　振玉案：《前漢書・武帝諸子傳》作「廣陵厲王胥」。此誤。

邱

支孫以地爲姓　振玉案：「支」，《古今姓氏書辨證》引作「子」。

河南　堆生跋跋生鱗　振玉案：「鱗」，《魏書・邱堆傳》作「麟」。

游

廣平　後魏河南尹游迷　振玉案：「迷」，《金石録·魏游君碑跋》引作「述」。

優

史記優孟樂人也　振玉案：「樂人也」，《古今姓氏書辨證》引作「楚人」。

攸

北燕有尚書攸邁　振玉案：「邁」，《古今姓氏書辨證》引作「邈」。

十九侯

侯

三水　後魏肥成公侯植　振玉案：「肥成」，《周書·植傳》作「肥城」。

婁

河南　後魏平遠將軍婁内千　振玉案：「内千」，《北齊書·婁皇后傳》及《婁昭傳》作「内干」。

歐陽

孫也餘少府原校釋文也餘作地餘　振玉案：《前漢書·儒林傳》亦作「地餘」。

長沙臨湘　頠陳山陽公　振玉案：「山陽」，《陳書》、《南史·歐陽頠傳》皆作「陽山」。

侯莫陳

其先後魏別郡　振玉案：「郡」，《金石録・唐侯莫陳肅碑跋》引作「部」。

河南　北平王元　振玉案：「元」，《周書・侯莫陳崇傳》作「允」。

生順從瓊凱　振玉案：「從」，疑「崇」之誤。

肅字虔會原校頴子名虔會此肅字二字衍　振玉案：《金石録・侯莫陳頴墓誌跋》載《侯莫陳乾會碑》云：「名肅，字乾會。」《元和姓纂》同。是「肅字」二字非衍文，原校誤。

二十一侵

岑

南陽棘陽　**善方梁起居尚書長寧公又居江陵生曼倩景倩原校唐書世系表善方生之象邯鄲令之象生文本文叔文本相太宗生曼倩景倩此作善方生曼倩中缺二代**　振玉案：《唐表》是也。《周書・岑善方傳》亦作「子七人，之元、之利、之象最知名」。

生獻義　振玉案：《唐書・世系表》作「獻義」。考：《金石録・唐岑子輿墓志跋》引《姓纂》，正作「獻義」。今本誤。

生虚源廣成　振玉案：「虚源」，《唐表》作「靈源」。

任

黄帝廿五子十二人各以德爲姓一爲任氏六代至奚仲　振玉案：《唐書・世系表》作「黄帝少子受

封於任，因以爲姓。十二世孫奚仲」。

渭州　狀云任放之後　振玉案：「放」，當作「敖」。

生迪簡真定節度使原校唐書迪簡終工部侍郎以不能朝謝改太子賓客卒贈刑部尚書新舊書無真定節度使之文　振玉案：《唐書·世系表》亦作「迪簡，易定節度使」。

陰

廣樂　陰嵩狀稱本武威人賜姓邱目陵氏隋複姓孫壽　振玉案：「複」，當作「復」。又，《隋書·陰壽傳》：「父嵩。」此作「嵩孫壽」，亦誤。

二十三談

三飯

三飯繚之後　振玉案：《古今姓氏書辨證》引尚有「繚適蔡，干適楚，缺適秦，後皆氏焉」十三字。今本缺，當據補。

閻

二十四鹽

河南　立德唐工部尚書大安公生邃　振玉案：「邃」，《舊唐書·閻立德傳》及《唐書·世系表》作「玄邃」。

元和姓纂校勘記卷下

一董

董

隴西　隋驍騎將軍順政公董純　振玉案：「隋」上有奪文。《隋書·董純傳》：「祖和，魏太子左衛率；父昇，周柱國。」此並未詳。

孔

騰生襄襄生忠　振玉案：《唐書·世系表》：「騰字子襄，生忠。」與此不合。

會稽山陰　生恬愉晉僕射　振玉案：「晉僕射」上奪「瑜」字，當補。

闓生晉尚書令靖　振玉案：「靖」，《晉書·孔愉傳》作「靜」。

沖七代孫梁都官尚書休源　振玉案：《金石録·周孔昌寓碑跋》云《碑》及《梁史》皆云「休源，沖八世孫」。而《姓纂》云「七代」，誤也。

德紹生唐膳部郎中昌　振玉案：「昌」，《周孔昌寓碑》作「昌寓」。

魯國　漢封褒聖侯　振玉案：「聖」，《唐表》作「成」。

下博　**漢下博侯陽**　振玉案：「陽」，《唐表》作「揚」。

南陽　**沈孫琳**　振玉案：《宋書·孔琳之傳》：「祖沈。」《晉書·孔沈傳》：「孫琳之。」今本「琳」下奪「之」字。

六止

史

建康史氏　**祥隋城陽公祥弟雲**　振玉案：「城陽公」，《隋書·史祥傳》作「陽城公祥，兄雲」。《周書·史寧傳》亦作「祥弟雲」。

紀

丹陽秣陵　**吳有紀騭生瞻晉侍中驃騎大將軍**　振玉案：《晉書·紀瞻傳》：「祖亮，父陟。」

七尾

尾

曾尾生　振玉案：《古今姓氏書辨證》引作「古有尾生」。

八語

許

高陽　**昂皮化令**　振玉案：「皮」，《唐書·世系表》作「虔」。

韶伯左屯衛將軍　振玉案：「左」，《唐表》作「右」。

平思公　振玉案：「思」，《唐表》作「恩」。

安中書侍郎生恂愔　振玉案：「愔」字上當是奪「遜」字。《北齊書·許愔傳》「兄遜」以下文「遜生文高」觀之，知「愔」下奪「遜」字無疑。又案：《愔傳》：「愔父護。」此作「安生恂、愔」，與《傳》亦不合。

安陸　生力士洛州長史原校唐書世系表長史作刺史　振玉案：《唐表》作「長史」，與此同。原校誤。

欽寂夔州長史　振玉案：《唐表》作「夔州刺史」，誤。《舊唐書·許紹傳》亦作「夔州長史」。

欽明涼州都督　振玉案：「涼」，《唐表》作「梁」。

中山　康生緒　振玉案：「緒」，《舊唐書》有《傳》附《劉文靜傳》。作「世緒」。此避太宗諱，省「世」字。

褚

河南陽翟　晉褚䂮安東將軍褒兗州刺史　振玉案：《晉書·褚褒傳》：「祖䂮，父洽。」此「褒」上脱「孫」字。

秀之晉侍中生湛之　振玉案：《本書·褚叔度傳》作「秀之弟湛之」。

吕

東平　**後魏東平太守呂行均**　振玉案：「行均」，《唐表》作「行鈞」。

河東　**趙州刺史呂延之生謂**　振玉案：「謂」，《舊唐書》有傳作「渭」。柳宗元撰《呂恭墓誌》亦作「渭」。「趙州」，《渭傳》作「越州」。

九虞

武

沛國　**懷道左監門長史**　振玉案：「左」，《唐表》作「右」。

攸望會稽王少府監察公　振玉案：「察公」，《唐表》作「蔡公」。

備殿中御史先元衡　振玉案：「先」，《金石録·唐贈吏部尚書武就碑跋》引作「生」。又案：「就」，《碑》、《唐表》並以「元衡」爲「就」子。

庾

新野　**季才隋均州刺史撰元象志**　振玉案：「元象志」，《隋書·庾季才傳》作「垂象志」。

元孫易南齊司徒主簿有傳生黔婁潺陵令庾肩吾梁度支尚書　振玉案：「易生黔婁、肩吾」，此叙述未詳。

宇文

信開府洛州刺史義城侯生立真　振玉案：「立真」，《周書·庾信傳》作「立」。此衍「真」字。

河南洛陽　韜生肱顒泰　振玉案：《北周書》、《北史·太祖紀》作「肱生泰」。此當作「韜生肱，肱生顒、泰」。

憲齊王大冢宰生貴質實員　振玉案：《北周書》：「憲六子：貴、質、賓、貢、乾禧、乾洽。」「員」，乃趙王招子。

達通迫　振玉案：「迫」，當作「逌」。

逌勝王　振玉案：「勝」，當作「滕」。

導幽公　振玉案：「幽」，當作「豳」。

護太師大冢宰晉陽公生　振玉案：「生」下有奪字。考：「護」諸子有「訓、深」。

目原元孫勤　振玉案：「勤」，《唐表》作「直力勤」。

勤後魏比部尚書生賢賢生漳漳生弼　振玉案：《隋書·宇文弼傳》：「祖直力覲，父珍。」與此不合。

普陵曾孫和生神舉神慶　振玉案：《周書·宇文神舉傳》：「高祖晉陵，曾祖求男，祖金殿，父顯和。」

左傳曹有豎侯獳宋大夫豎侯息　振玉案：《古今姓氏書辨證》引作「宋有大夫豎侯息，曹大夫豎侯豎侯獳」。

主父

趙武靈王主父之後　振玉案：《古今姓氏書辨證》引此句，下有「子孫以爲氏」五字。今本奪。

十姥

杜

京兆　顒西魏安平公　振玉案：《魏書·杜銓傳》作「安平伯」。

攢後魏度支尚書　振玉案：「攢」，《周書·杜杲傳》作「瓚」。

孝彝曾孫惟慎原校唐世系表曾孫作孫　振玉案：《唐表》作「孝彝曾孫惟慎」，與此正同。原校誤。

知讓生慮忠　振玉案：「忠」，《唐書·世系表》作「惠」。

乾祚曾孫操原校唐世系表曾孫作孫　振玉案：《唐表》作「乾祚曾孫」，與此正同。原校誤。

生師損式方從都　振玉案：「都」，當作「郁」。

生裔休儒林　振玉案：「儒林」，當作「儒休」。

整隋左衛將軍生揩　振玉案：「揩」，《隋書·杜整傳》作「楷」。

襄陽　生靈啓乾元　振玉案：「乾元」，《周書·杜叔弼傳》作「乾光」。

並梁州有傳　振玉案：「州」，疑「書」字之誤。

中山　弼北齊徐州刺史生蕤隋治中御史生公贍臺卿　振玉案：《北齊書·杜弼傳》：「長子蕤，次子臺卿。」《隋書·杜臺卿傳》：「父弼，兄蕤，蕤子公贍。」此誤。

濮陽　希彦右補闕　振玉案：「希彦」，《唐表》作「希晏」。

生無忝慎言　振玉案：「慎言」，《唐表》作「慎行」。

洹水　君賜隋樂陵令生正元　振玉案：《唐表》作「君賜生景，景生子裕，子裕生正玄」。

浦

晉起居注有尚書令浦選　振玉案：《古今姓氏書辨證》引作「《晉起居注》有尚書令浦詳，或曰浦選」。

吐萬

河南　緒永壽公　振玉案：《隋書·吐萬緒傳》：「初襲爵元壽公，改封穀城公。」不作「永壽公」。

古孫

姬姓王孫賈之後亦隨音改爲古孫氏　振玉案：《古今姓氏書辨證》引作「賈孫氏後譌爲古孫氏，音亦訛變」。

十二蟹

解

濟南　晉雍州刺史解系系弟結結孫旆唐御史大夫　振玉案：由晉至唐，年代遼遠，不應祖爲晉人，孫爲唐人。此有奪誤。

十五海

宰氏

葵邱濮上人　振玉案：「葵邱」，《古今姓氏書辨證》引作「夔邱」。

二十阮

湛師

出自嬀姓陳悼太子偃師　振玉案：題之「湛師」，當作「偃師」。《古今姓氏書辨證》引不誤。

三十小

趙

公輔十三代孫名融　振玉案：「十三」，《唐表》作「十二」。

演生俌令言　振玉案：《隋書·趙芬傳》：「父演。」此于「演」下書「生俌、令、言」而不及「芬」。下文突出「芬兄士亮」文，疑「演生」下奪書「芬」名。「芬」生元恪、元楷。

下邳　正倫生伯符　振玉案：「正倫」，《宋書》有傳作「倫之」。又，《孝穆趙后傳》亦作「倫之」。

平原　奉伯後魏洛陽令生彥琛　振玉案：「彥琛」，《北齊書》有傳作「彥深」。

南陽穰縣　生德昌　振玉案：「昌」，《唐表》作「言」，是。

酒泉　隋右武侯大將軍趙才　振玉案：「武侯」，《隋書・趙才傳》作「侯衞」。

三十二晧

棗

趙生據字道彦太子中庶子生腆高　振玉案：《晉書・棗據傳》：「父叔禕，子腆，弟嵩。」

三十三哿

左史

楚有左史倚相　振玉案：《古今姓氏書辨證》引此句，下有「以官爲氏」四字。今本奪。

三十五馬

馬

扶馬茂陵　通封重合侯生昌昌生況余援余生歆融　振玉案：《唐表》作「通生賓，賓生三子：慶、昌、襄。昌生仲，仲四子：況、余、員、援。余二子：嚴、敷。嚴七子：固、伉、歆、鱄、融、留、續」。

忠生構措　振玉案：「措」下奪「擇」字。《唐表》：「忠生搆、措、擇。」

生曾擇　振玉案：「擇」字衍文。

歆十二代孫岫　振玉案：《唐表》「岫」與「默」並列。上云「歆十一代孫默」，則「岫」亦十一代也。

賈

長樂　襲孫詡　振玉案：《唐表》作「襲二子：綵、詡」。

國後燕代郡太守曾孫叔願　振玉案：《魏書・賈彝傳》作「潤曾孫禎，字叔願」。

洛陽　慶言生晉恒　振玉案：「慶言」，《唐表》作「敬言」。又，《表》：「敬言生令思，令思生晉恒。」

夏侯

詳左僕射豐城公生夔夔生審端唐秘書監　振玉案：《梁書・夏侯亶傳》：「弟夔。」此以夔爲詳子，疑誤。又案：詳爲齊、梁間人，不應詳孫便爲唐人，此有奪誤。據《亶傳》：「夔子譔，次子譒。」非端，禮也。

三十六養

長孫

河南洛縣　以蒿宗室之長　振玉案：「蒿」，《魏書》、《北史》均有傳，作「嵩」。《唐表》亦作「嵩」，此誤。

上黨王長孫道　振玉案：「長孫道」，當作「長遜道生」。此奪「生」字。

旃生觀原校魏書道生子抗抗子觀此作道生旃旃生觀蓋與唐世系表同誤　振玉案：古「亢」字，別作「亢」。見《北齊書·李琮墓志》。从「方」之字，别作「才」。古碑多有。此「旃」、「抗」二字致誤之由。

生穉 振玉案：「穉」，《魏書·長孫道生傳》、《周書·長孫紹遠傳》、《隋書·長孫覽傳》並作「稚」。

生子裕紹遠澄攜巫原校魏書稚丸五子子彥子裕紹遠士亮季亮又子彥本名儁此所載與唐史同與魏書異又澄亦觀之子此作穉子與唐表亦不合儁誤作攜 振玉案：「澄」即「士亮」。此與《魏書》、《北史》均作「稚子」，與《唐表》異。又，「子裕」，《隋書·長孫覽傳》作「裕」。

熾隋户部尚書饒陽公生代原校唐書世系表名安世此避唐諱爲代 振玉案：《隋書·長孫覽傳》亦作「安世」。又，《饒陽公覽傳》作「饒良子」。

晟生无乃无傲无憲无忌无逸 振玉案：《隋書·長孫覽傳》：「晟長子行布，次子恒安，少子無忌。」

生監原校周書作覽此作監 振玉案：作「覽」，是。《隋書》本傳亦作「覽」。

生寬龕操清原校唐世系表清作洪 振玉案：《隋書·覽傳》亦作「洪」。

穉三子澄周秦州刺史義文公 振玉案：「義文公」，《北史》作「義門郡公，謚簡」。

四十四有

柳

河東解縣　六代孫僧習原校宗安郡守　振玉案：「宗安」，當作「宋安」。

祚生震範幹震郢州刺史生俊棣州刺史範尚書右丞生齊物原校唐世系表祚生齊物齊物生範範生喜此以範爲祚子齊物爲範子與世系表不合　振玉案：《唐表》亦作「祚生範，範生齊物」。原校誤。

并殿中侍御史生道倫原校唐世系表道倫作并孫　振玉案：《唐表》正作「并子道倫」。原校誤。

生渾儒　振玉案：「渾」，《唐書·世系表》作「惲」。

儒户部郎中　振玉案：「郎中」，《唐表》作「侍郎」。

光庭祠部員外薊州都督原校唐世系表光庭弟充庭蘇州都督　振玉案：「蘇」，當作「薊」。

旦隋黄門侍郎生爕則綽楷融亨　振玉案：《金石録·隋柳旦墓誌跋》作「旦六子：爕、則、綽、楷、濬、亨。」而《姓纂》與《唐書·世系表》皆云「旦五子」，而闕其第五子「濬」。據此，則此當云：「旦生爕、則、綽、楷、亨」。「融」字，乃衍文也。《唐表》以「融」爲「楷」子，尤可爲「融」字衍文之證。

融生子敬子夏　振玉案：《唐表》以「子敬、子夏與融，並爲楷子」。

元寂主客員外撫州刺史　振玉案：《唐表》：「元寂主客員外，元寂子少安撫州刺史。」此「員外」下，奪「生少安」三字。

待價孫言恩　振玉案：「言恩」，《唐表》作「言思」。

亮生贇　振玉案：「亮」，當作「雄亮」。此奪「雄」字。

昂周内史隋禮部尚書文成公　振玉案：「昂」上，當有「敏子」二字。又，「文成公」，《周書·柳昂傳》、《隋書·柳機傳》並作「文城公」。

生子華原校唐世系表子華作子兼　振玉案：《唐表》亦作「子華」。原校誤。

東春卓過江生輔　振玉案：「東春」，當作「東眷」。

生杲仁　振玉案：「杲仁」，《唐表》作「果仁」。

恬生元景淑宗淑珍原校唐世系表恬生憑憑生叔宗叔珍　振玉案：《宋書》、《南史·柳元景傳》並作「祖恬，父憑」。又，「淑宗」，《南史·柳世隆傳》、《唐表》並作「叔宗、淑珍」。《周書·柳霞傳》亦作「叔珍」。

生昞暉映昞生裘　振玉案：「昞」，《隋書·柳裘傳》作「明」。

生遐周侍中　振玉案：「遐」，《周書》有傳作「霞」。

元章生景賓景鴻景賓元孫季誠金部郎中揚州刺史景鴻生儉　振玉案：《隋書·柳儉傳》：「祖元璋，父裕。」與此不合。又，「季誠」，《唐表》作「秀誠」。

貲長安丞　振玉案：「丞」，《唐表》作「令」。

季和生贊冀州刺史七代孫貞原校唐世系表季和曾孫貞望江州刺史此作七代孫　振玉案：《唐表》：「奮七代孫貞。」此「七代孫」上奪「奮」字。原校誤。

四十五厚

荀

河南　荀晞字道將　振玉案：「睎」，《晉書》本《傳》作「晞」。

四十七寢

沈

第十子耼　振玉案：「耼」，《唐表》作「耼叔季」。

秦有沈郢　振玉案：「郢」，《宋書・沈約自序》作「逞」。

吴興　景生産　振玉案：「産」，《唐表》作「彦」。

祚生邵之　振玉案：《宋書・沈慶之傳》、《沈文秀傳》並作「劭之」。

慶之生文昭　振玉案：《宋書・沈慶之傳》作「慶之生文叔、昭明」。又案：此既云「慶之生文昭」，下又云「慶之生文季」，又云「慶之生文秀」，複衍譌誤，亟當改正。《魏書・沈文秀傳》：「父劭之，伯父慶之。」是「文秀」，乃「慶之」猶子也。

五十五范

范

順陽　雅生江　振玉案：「江」，《宋書・范泰傳》作「汪」。

錢塘　馥後漢尚書僕射避董卓亂過江居錢塘縣　振玉案：《晉書·范平傳》：「其先銍侯馥，避王莽之亂適吴，因家焉。」與此不同。

生弘基弘𩕳　振玉案：「𩕳」，即「頣」別字。

二宋

宋

廣平　晃生恭　振玉案：《魏書·宋隱傳》作「祖活，父恭」。

徙廣平利人侯　振玉案：「侯」字，衍文。

弟繼給原校唐世系表給作洽　振玉案：《魏書·宋隱傳》亦作「洽」。

毓生良　振玉案：「良」，《北齊書》有傳作「世良」。此避諱，省「世」字。

孝玉北平王文學　振玉案：「孝玉」，《北齊書·宋世良傳》、《北史·宋世景傳》及《唐表》並作「孝王」。

曾孫丹原校唐世系表丹作弁　振玉案：作「弁」，是。《北齊書·宋欽道傳》亦作「弁」。

燉煌　後漢清水公繇　振玉案：「後漢」，當作「後魏」。「繇」，《魏書》有傳。

繇曾孫遊道　振玉案：《魏書·繇傳》：「子巖，巖子蔭，蔭子超，超弟稚，稚子游道。」是「游道」，乃「繇」元孫。

七志

寺人

宋寺人惠嬙之後　振玉案：《古今姓氏書辨證》引作「宋寺人伊戾惠嬙之後」。

八未

魏

東祖　政生孝機　振玉案：「孝機」，《北齊書・魏蘭根傳》作「孝幾」。

鸞景生彦卿彦深　振玉案：《隋書・魏澹傳》：「祖鸞，魏光州刺史；父季景，大司農卿。」《北齊書・魏蘭根傳》亦作「彦卿，魏大司農季景之子」。此誤合「鸞」與「季景」爲一人。

西祖　乂唐濮陽令元同　振玉案：《唐表》：「乂生元同。」此「元同」上奪「生」字。

生愔愃　振玉案：「愃」，《唐表》作「懍」。

費

史記紂幸臣費仲夏禹之後楚有費無極漢有費直　振玉案：《金石録・費汎碑跋》引「費氏，亦音祕」。《史記》紂幸臣費中，夏禹之後。楚有無極，漢有直，蜀有禕，晉有詩。《古今姓氏書辨證》引「費出姒姓，禹後」。與今本並有異同。

尉

河南六代孫後周長公侯兜　振玉案：「侯兜」及「迴、綱」並見，下「尉遲」條複出。

九御

庶其

今沛人　振玉案：《古今姓氏書辨證》引作「今爲沛人」。今本奪「爲」字。

十遇

傅

居南陽　振玉案：「南陽」，當作「泥陽」。見《宋書·傅弘之傳》。

十一暮

路

平陽　振玉案：當作「陽平」。

濤後魏青州刺史生綽神龜綽後魏陽平太守生寄奴侍愛原校唐世系表濤生寄奴侍慶據此則寄奴乃濤孫也愛作慶　振玉案：《魏書·路侍慶傳》：「祖綽，陽平太守。」與此及《唐表》皆不合。《北史·路侍慶傳》亦作「祖綽，陽平太守」。又，《唐表》作「濤生寄奴，寄奴生侍慶」。原校謂「《唐表》濤生寄奴、侍慶」，誤。

文逸唐中司馬原校唐中司馬唐世系表作中州　振玉案：《舊唐書·路敬淯傳》及《唐表》並作「中

州司馬」。

建六代孫兗原校唐世系表兗作克　振玉案：《唐表》作「兗」，與此正合。原校誤。

生文昇唐平愛秦三州刺史　振玉案：「秦」，《唐表》作「泰」。

慕容

昌黎　郢子悋　振玉案：《晉書・慕容悋傳》：「皝第四子。」

郁孫紹宗　振玉案：《北齊書・慕容紹宗傳》：「祖都。」

琚生白曜榮　振玉案：「白曜」，《魏書》有傳作「白曜」。

庫狄

河南　庫狄陵生保真保真生峙　振玉案：《周書・庫狄峙傳》：「祖淩，父貞。」

破六韓

祥生常北齊司徒平陽　振玉案：《北齊書・破六韓常傳》：「父孔雀常封平陽公。」此奪「公」字，當補。

十四泰

蔡

濟陽考城縣　質元孫克從祖謨　振玉案：據《晉書・蔡謨傳》：「曾祖睦，祖德，父克。」此誤。

大業後梁左户部尚書原校左下有脱文　振玉案：《周書·蔡大寶傳》：「大業官左民尚書。」此作「左户尚書」，乃避諱改。「左户」下衍「部」字。

生樽　振玉案：「樽」，《梁書》有傳，作「摶」。考：「摶，字景節。」作「摶」，是。

會

漢武陽令會相　振玉案：「相」，《古今姓氏書辨證》引作「栩」。

太傅

避王莽亂於太原因氏焉　振玉案：「於太原，因氏焉」，《古今姓氏書辨證》引作「改爲太傅氏」。

十六怪

介

左傳有介之推　振玉案：《古今姓氏書辨證》引《左傳》，下有「晉」字。

十九代

戴

魏郡斥邱　胄唐吏部尚書參知政事生道國公仲孫不仕仲孫生至德　振玉案：《唐書·世系表》：「胄弟仲孫，仲孫子至德。」舊史《戴胄傳》：「胄無子，以兄子至德爲嗣。」此以「仲孫爲胄子」，誤。

二十五願

憲

周之憲官司寇之屬也　振玉案：《古今姓氏書辨證》引作「周之憲官司寇之屬，曰布憲，後因氏焉」。

二十九换

段

生志元左驍衛大將軍　振玉案：「左」，《唐表》作「右」。

懷袒德州參軍生文昌原校唐世系表懷袒生諤諤生文昌此作懷袒生文昌中缺一代　振玉案：舊史《段文昌傳》：「祖德皎，父諤。」

遼西　生匹磾受欲庬段原校晉書段匹磾之父務勿座又云及末波死子牙立　振玉案：「務勿座」，《晉書·段匹磾傳》作「務勿塵，子牙立」。《晉書》作「弟牙立」。

文振隋兵部尚書北平侯又原北海斯原　振玉案：「又原北海斯原」，當作「又居北海期原」。《隋書·段文振傳》：「北海期原人。」

冠軍

襄陽漢有太傅東海王參軍冠軍夷原校案句有脱誤　振玉案：《古今姓氏書辨證》引作「晉有太傅

參軍冠軍夷」。

三十三線

卞

濟陰冤句人　振玉案：《古今姓氏書辨證》引作「世爲冤句人」。

魏卞揖生統爲晉瑯琊内史　振玉案：《金石録》載《卞統碑首題》：「魏故南郡太守卞府君之表」是「統」未仕晉。

三十五笑

少

一云少典之後　振玉案：《古今姓氏書辨證》引作「一云黄帝父少典之後」。

三十八個

賀

齊孫中書令劭劭生晉太子太傅修　振玉案：《晉書・賀循傳》：「曾祖齊，祖景，父邵。」

賀拔

河南洛陽　後魏有賀拔爾頭自武州爲河南人生拔　振玉案：「拔」，《魏書》、《周書・賀拔勝傳》、《北齊書・賀拔允傳》均作「度拔」。此奪「度」字。

賀蘭

孝文時代人咸改單姓唯賀蘭氏不改　振玉案：此説未確。《魏書·官氏志》：賀蘭氏、賀賴氏並改姓賀。

賀婁

河南竇後魏太子太傅廣平伯生景賢陽平公景賢生詮詮子幹　振玉案：《隋書·賀婁子幹傳》：「祖道成，魏侍中太子太傅；父景賢，古衞大將軍；子幹，兄詮，北地太守泰安公。」此誤。

四十禡

華

平源高堂　振玉案：「源」，當作「原」。

廣生垣　振玉案：「垣」，《晉書·華表傳》作「恒」。

四十二宕

伉

晉有漢中大夫伉嘉　振玉案：《古今姓氏書辨證》引作「《風俗通》：『漢有中大夫伉書。』」

四十三映

敬

平陽裔孫歆　振玉案：「歆」，《周書·敬珍傳》及《唐表》並作「韶」。考：《金石録·漢楊州刺史敬使君碑跋》載「姓苑引《風俗通》有敬歆」。《姓纂》亦作「歆」。是《姓纂》作「歆」，自宋已然。

曾孫顯攜　振玉案：「顯攜」，當作「顯儁」。《北齊書》有傳。

北齊僕射永安公　振玉案：「公」，《唐書·世系表》作「侯」。

弟法明　振玉案：《唐表》作「法朗」。

四十五勁

鄭

威公生武公　振玉案：「威公」，即「桓公」。前稱「桓公」，後稱「威公」，殊非。

熙生秦　振玉案：「秦」，《晉書·鄭袤傳》及《唐表》作「泰」。此誤。

曾孫略前趙侍中生豁楚楚生温燕太子詹事生三子曄恬蘭　振玉案：《唐表》：「豁生温，温四子：濤、曄、簡、恬。」《魏書·鄭義傳》亦作「曾祖豁，父曄」。此以「曄」爲「楚孫」，誤。

四十六徑

甯

衛康叔之後至武公生季亹食采於甯弟頃叔生跪跪孫速速生武子俞俞生殖殖生悼子喜九世卿族齊有甯戚周有甯越　振玉案：《古今姓氏書辨證》引作：「出自姬姓衛康叔之後，至武公生季亹，食采於甯，其地懷州修武縣是也。季亹以邑爲氏。弟頃叔生跪，跪孫速，謚莊子。莊子生武子俞，俞生惠子殖，殖生悼子喜，代爲衛卿，謂之九世卿族。齊桓公之相有甯戚，周威王之師有甯越。」

四十八嶝

鄧

平陽　鄧攸字伯道亦禹之後兄子綏　振玉案：《晉書·鄧攸傳》作「弟子綏」。

五十候

竇

河南洛陽　賜姓統豆陵氏　振玉案：「統豆陵」，當作「紇豆陵」。

孫略生岳處毅岳處後周大司馬　振玉案：《唐表》作「岳生二子：熾、毅」。《周書·竇毅傳》亦作「父岳」。此誤。

毅生昭　振玉案：「昭」，《唐表》作「照」。

彥生德明沖　振玉案：「沖」，《唐表》作「德沖」。此奪「德」字。

生戒盈戒言　振玉案：「戒」，《唐表》及唐李邕撰《娑羅樹碑》並作「誡」。

戒盈青州刺史生庭芝庭華庭芝陝州刺史庭華中書舍人生叔展申昱　振玉案：《唐表》作「誡盈生庭芝、庭華、庭蕙、庭芳。庭華生叔展，庭蕙生申，庭芳生昱」。

德元户部尚書左相鉅鹿侯生懷恪懷質懷讓 振玉案：《唐表》：「德元諸子有懷貞，無懷質。」疑「質」，乃「貞」字之誤；「懷質」，乃「德洽」子。

生虚運虚獎 振玉案：《唐表》作「靈運、靈獎」。

虚運生恂 振玉案：「恂」，《唐表》作「珣」。

虚獎右屯田將軍生 振玉案：「生」下有奪文。據《唐表》：「虚獎生仙期、仙鶴、仙童、仙客。」

生衎靖 振玉案：「靖」，《唐表》作「靜」。

希瑊太子少傅幽公 振玉案：「幽公」，《唐表》作「豳公」。

生克艮克温 振玉案：「克艮」，《唐表》作「克良」。

生智純智弘智圓原校唐世系表智仁蒲州刺史此脱名 振玉案：原校之「智仁」，當作「智純」。

竇熾周太保鄧公恭州刺史 振玉案：「恭」下、「刺史」下，並有奪文。據《唐表》：「熾生恭，雍州刺史。恭生軌。」

竇誼孫有意原校唐世系表誼孫有意此作誼孫不合 振玉案：原校誤。《表》作「誼孫有意」，與此正合。

炅生相 振玉案：「相」，當是「栩」之誤字。

寇

上谷昌平　元孫循之　振玉案：「循之」，《魏書·寇讚傳》作「修之」。

豆盧

慕容運孫精之後　振玉案：《金石録·豆盧建碑跋》引作「慕容運孫北地王精之後，魏道武姓豆盧氏」。

昌黎棘城　精生猶醜猶醜曾孫萇永思寧寧生勣　振玉案：《金石録·豆盧建碑跋》引「精生醜，曾孫萇生寧」。又，《周書·豆盧寧傳》：「萇生永恩、寧，永恩生勣，寧生讚。」

生欽望欽奭　振玉案：「欽奭」，《唐表》作「欽爽」。

志靜生魯元侯魏太宋襄城公　振玉案：「侯魏太宋」，當據《唐表》改「後魏太保」。

五十六榛

念

西魏太傅安定公念賢代人也　振玉案：「西魏」，當作「後周」。

子華台州刺史　振玉案：「台州」，《周書·念賢傳》作「合州」。

五十九鑑

監

風俗通云衞康叔之後　振玉案：《古今姓氏書辨證》引作「衞康叔爲連屬監，因以爲氏」。

一屋

陸

生晉 振玉案：「晉」，《唐書·世系表》作「瑨」。

玩後晉侍中萬戴 振玉案：「萬戴」，《周書·陸通傳》作「載」。

通弟逞周太子少保中都元都公 振玉案：《周書·陸逞傳》：「襲爵中都伯，後進爲公。」此作「中都元都公」，「元都」二字衍。

河南洛陽 東平王陸俟生麗頹歸騏驥 振玉案：「東平王」，《魏書·陸俟傳》作「東郡王」。「騏驥」，《俟傳》作「騏驎」。

叡尚書令東平郡王 振玉案：《魏書·俟傳》作「鉅鹿郡公」。

生印駿沓騫彦師 振玉案：「印」，《魏書·俟傳》作「昂」，《北齊書》本傳作「卬」。

騏孫隋中書舍人生法言 振玉案：「生法言」上有奪文。《隋書·陸爽傳》：「子法言。爽祖順宗，魏南青州刺史；父槩之，齊霍州刺史。」

穆

河南 本姓邱穆陵氏 振玉案：「邱穆陵」，《金石録·後魏比干碑陰跋》引作「邱目陵」。

改爲陸氏 振玉案：「陸」，《金石録》引作「穆」。

祝

長沙　祝恬孫廣　振玉案：《唐表》作「恬孫羲，羲生廣」。

屋廬

晉賢人著書言彭聃之法　振玉案：《古今姓氏書辨證》引作「晉賢人屋廬子著書，言彭聃之法」。

叔孫

河南　叔孫建生俊將軍安城公　振玉案：《魏書·叔孫建傳》：「俊官衛將軍。」此奪「衛」字。

獨孤

信大宗伯衛國公第二女唐元貞皇后　振玉案：《周書·獨孤盛傳》作「第四女」。

祝固

左傳晉有祝固氏漢功臣祝其侯祝固舒　振玉案：《古今姓氏書辨證》引作「衛祝固之後，漢有御史祝固遥」。

祝史

衛有祝史揮　振玉案：《古今姓氏書辨證》引作「衛祝史揮之後」。

斛律

河南　舉滑州刺史下邳公孝卿　振玉案：「舉」，《北齊書》有傳作「羌舉」。又，據《羌舉傳》，「孝卿」，乃「羌舉」子。此「孝卿」上奪「生」字。

後魏又有斛律倍利侯朔州刺史勅勒部人　振玉案：「刺史」二字衍文。《北齊書·斛律金傳》：「朔州勅勒人。」

斛斯

河南　斛斯延生郭郭生椿　振玉案：《魏書·斛斯椿傳》：「父敦。」此作「郭」，誤。

三燭

束

疎廣之後孫孟達　振玉案：《晉書·束皙傳》：「廣曾孫孟達。」

四覺

樂

吕孫喜字子罕　振玉案：《唐書·世系表》作「喜生司城子罕」。

樂正

孟子魯有樂正子春曾子弟子　振玉案：《古今姓氏書辨證》引作「魯人樂正子春師曾子，樂正子克師孟子，樂正裘師孟獻子」。

五質

畢

東平　生抗兵部員外　振玉案：「抗」，《新唐書·畢構傳》作「炕」。《世系表》作「抗」。

吉

洛陽　琚鄠縣令温武部侍郎　振玉案：「温」，乃「琚」子。《舊唐書·吉温傳》：「父琚。」《世系表》亦作「琚生温」。

乙

殷王帝乙支孫以王父字爲氏　振玉案：《古今姓氏書辨證》引作「成湯，字天乙，支孫以爲氏」。

栗

栗陸氏之後　振玉案：《古今姓氏書辨證》引作「古帝栗陸氏之後，或爲栗氏。趙將有栗服」。

疋婁

後魏疋婁内千　振玉案：「内千」，《北齊書·婁昭傳》作「内干」。

八物

尉遲

河南洛陽　生侯兜祐兜　振玉案：「侯兜」，《周書·尉遲迥傳》作「俟兜」。

佛圖

本姓白氏　振玉案：《晉書·佛圖澄傳》作「本姓帛」。

十月

越椒

楚令尹公子嬰齊子重之後　振玉案：《古今姓氏書辨證》引作「楚大夫越椒之後爲氏」。

十二葛

達

八凱叔達之後　振玉案：「叔達」，《古今姓氏書辨證》引作「仲達」。

十七薛

薛

薛公鑒漢初獻滅黥布策受封千户孫廣德　振玉案：《唐表》作「鑒生瑑，瑑生茂宣，茂宣生懷則，懷則生引孫，引孫生廣德」。

八代子蘭　振玉案：「子」，當作「孫」。

齊歸晉爲光禄大夫　振玉案：「齊」上奪「子」字。

舌

左傳越大夫舌庸　振玉案：《古今姓氏書辨證》引作「《左傳》『越大夫舌庸之後』」。

列禦

鄭穆公時列禦寇之後　振玉案：《古今姓氏書辨證》引作「鄭穆公時，列禦寇之後著書八篇」。

十九鐸

郭

太原陽曲　生緼　振玉案：「緼」，《唐表》作「藴」。

潁川　北齊黄門侍郎平章事舉原校唐世系表郭待舉相高宗生二子秦初秦方　振玉案：「秦初、秦方」，《唐表》作「泰初、泰方」。

華陰　隋大將軍蒲城公郭榮　振玉案：「蒲城公」，《唐表》作「浦城公」。《隋書·郭榮傳》作「安城公」。

生祀慶州刺史　振玉案：《唐表》：「履球生祀。」此以「祀」爲「廣慶」子，疑誤。

生鈞鐲錬鉷錡　振玉案：《唐表》無「錡」有「鏶」。

鑄右庶子　振玉案：「右」，《唐表》作「左」。

曙左金吾將軍　振玉案：「左」，《唐表》作「右」。

館陶　唐齊州刺史致仕郭善慶狀　振玉案：「善慶」，《唐表》作「善愛」。

生晟鴻臚卿左驍衛將軍生瑊膳兵二員外　振玉案：《唐表》：「鵬生瑊。」此作「晟生瑊」，疑誤。

燉煌　晉太傅左長史郭瑀　振玉案：「太傅」，《晉書·郭瑀傳》作「太府」。

莫多婁

河南　北齊有晉州刺史石城公莫多婁貸文　振玉案：「石城公」，《北齊書·莫多婁貸文傳》作「石城侯」。

二十陌

郤

濟陰　郤詵子登　振玉案：《晉書·郤詵傳》：「子延登。」

二十二昔

石

渤海　苞晉司徒樂陵公生喬統越峻儁嵩　振玉案：《晉書·石苞傳》：「六子：越、喬、統、浚、儁、崇。」

席

安定臨涇　衡孫固歸後魏湖州刺史靖安公　振玉案：「靖安公」，《周書·席固傳》作「靜安公」。

又席法與裴叔業自南歸後魏拜并州　振玉案：「席法」下脱「友」字。「席法友」，《魏書》有傳，官并州刺史。此「并州」下脱「刺史」二字。

二十三錫

狄

周成王封少子於狄城因氏焉　振玉案：《唐表》作「周成王母弟孝伯封於狄城，因以爲氏」。

天水　**狄雄齊伯文裔孫**　振玉案：「伯文」，《唐表》作「伯支」。

知遜夔州刺史原校知遜官越州刺史此作夔不合　振玉案：《舊唐書·狄仁傑傳》：「知遜，夔州長史。」

生光嗣光遠景昭　振玉案：「景昭」，《唐表》作「光昭」。

二十六緝

習

襄陽　**晉衡陽太守習鑿齒**　振玉案：《晉書·習鑿齒傳》作「滎陽太守」。

邑裘

衛大夫柳莊卒　振玉案：「大夫」，《古今姓氏書辨證》引作「太史」。

元和姓纂佚文

李

吴王恪生琨，嗣吴王。琨生禕、信安郡王。禕生峴。趙氏《金石録·唐李峴遺愛碑跋》引。

晟生愿、愻、恕、憲、愬、聽、惎、慇。《金石録·李晟碑跋》引。

一東

馮

出弘農者弘孫，西魏寧州刺史寧之後。鄧名世《古今姓氏書辨證》引。

同官

出《姓苑》。《古今姓氏書辨證》引。

公子

春秋列國公子之後。《古今姓氏書辨證》引。

五支

宜

隋西南地有宜繒、宜林。《古今姓氏書辨證》引。

七之

綦

河南有綦氏。《古今姓氏書辨證》引。

十五灰

崔

清河、東武城後有齊郡、高密、藍田三崔氏門户。魏大和中定清河崔，爲山東五姓甲門。《古今姓氏書辨證》引。

諴生儀表，儀表生敬嗣，敬嗣生悅，悅生光遠。《金石録·崔敬嗣墓誌跋》引。〇《敬嗣墓誌》：「諴」作「咸」，「儀表」作「表」。

敦禮孫貞慎。《金石録·唐崔兢墓誌跋》引。〇《崔兢誌》作「兢，字明慎」。此作「貞慎」，誤。

裴

正生歸厚，歸厚生眘。《金石録·唐裴守真碑跋》引。〇《碑》云：「守真，祖正，考眘。」此誤。

二十三魂

賁

魯孫賁父之後：晉有賁浦，漢有郎中賁光，晉又有汝南賁嵩，清操之士。又庾琛女適汝南賁氏。

又有長水校尉賁顒。《古今姓氏書辨證》引。

二十五寒

丹

漢有長安富人丹君玉。《古今姓氏書辨證》引。

二仙

顓

出自顓帝之後，或顓臾之後，以國爲氏。《古今姓氏書辨證》引。

鮮陽

漢有揚州刺史鮮陽進。其孫滔，散騎常侍。《古今姓氏書辨證》引。

六豪

高

士廉父勱。《金石録·高士廉塋兆記跋》引。

毛

延壽畫人形，醜、好、老、少必得其真。《古今姓氏書辨證》引。

七歌

何

望出廬江丹陽、東海齊郡。《古今姓氏書辨證》引。

九麻

華原

後周鳳州刺史拓義華原羆生威，周豐利公生韓，皇右四府驃騎將軍生善惠。《古今姓氏書辨證》引。

十陽

章

陳司空章昭達，唐右驍衛將軍章承嗣，梓州刺史章彝，湖州人。循王府長史章延珪，杭州人。二族皆望出吴興。《古今姓氏書辨證》引。

張

唐有安定、范陽、太原、南陽、敦煌、修武、上谷、沛國、梁國、滎陽、平原、京兆等四十三望，大抵皆留侯遠裔。《古今姓氏書辨證》引。

王

神念父罔，爲護烏丸校尉，因號烏丸王氏。《金石録·後周温州刺史烏丸僧脩墓志跋》引。

章仇

齊公族姜姓之後。章弁其後避仇，遂加仇字爲章仇氏。長安元年，右史知貢舉張説下進士章仇嘉昂。《古今姓氏書辨證》引。

十一唐

皇

吴青州刺史皇象居江都，後裔徙吴郡。《古今姓氏書辨證》引。

臧

懷亮生希讓，渭北節度使。《金石録·唐冠軍大將軍臧懷亮碑跋》引。○案：《臧懷恪碑》：「希讓乃懷恪子。」此誤。

十二庚

行人

《左傳》「陳行人儀」之後，衛有行人燭過，皆以官爲氏。《古今姓氏書辨證》引。

十四清

程

知節子處亮。《金石録・唐清和公主碑跋》引。

十五青

邢

後魏光禄邢虬，虬生臧，臧生元功，元功生思孝。思孝，豐州都督生和璞。《金石録・唐屯留令邢義碑跋》引。○《碑》曰：「元功之祖，名子良。」又，《思孝碑》作「名義，字孝思」。

十七登

登

後漢有左馮翊登道，將作大匠登豹。蜀有關中流人登定。舊望出始平，今望出南海。《古今姓氏書辨證》引。

滕叔

楚考烈王時，有大夫滕叔肅。《古今姓氏書辨證》引。

十八尤

樛

秦有嫪毐。《古今姓氏書辨證》引。

卷

音浮。《古今姓氏書辨證》引。

五旨

癸北

國名也。女爲舜妃者，後爲氏。《古今姓氏書辨證》引。

九麌

楀

詩曰：「楀維師氏。」寵臣之族也，後氏焉。《古今姓氏書辨證》引。

二十六産

簡

晉大夫狐鞫居，食采續邑，號爲簡伯。《古今姓氏書辨證》引。

三十六養

爽鳩

少皞氏司寇曰爽鳩氏，封爲諸侯，居齊地，以地爲氏。《古今姓氏書辨證》引。

三十八梗

邴意

望出千乘、博昌。《古今姓氏書辨證》引。

二十五願

萬

畢萬之後，一云芮伯萬之後。孟軻門人有萬章。《古今姓氏書辨證》引。

三十諫

諫

漢有治書侍御史諫忠，見《風俗通》。《古今姓氏書辨證》引。

三十七號

到

宋、梁間有到彦之、到溉、到洽，望出彭城、太原。《古今姓氏書辨證》引。

三十九過

夏

夏后之後。《古今姓氏書辨證》引。

斥

充夜切。今蔡州有此姓，出《爾雅》「斥山」。《古今姓氏書辨證》引。

華士

晉有隱者華士，太公誅之。《古今姓氏書辨證》引。

四十一漾

相里

里氏居相城者，爲相里氏。《莊子》有「墨者相里勒」。後漢謁者相里斥。《古今姓氏書辨證》引。

四十三映

競

楚大夫以所食邑爲競氏。《古今姓氏書辨證》引。

四十九宥

廖叔

古廖叔安之後。秦惠公大夫有廖叔翘。《古今姓氏書辨證》引。

一屋

牧

《孟子》有「牧皮、牧仲」。《古今姓氏書辨證》引。

陸終

王莽曾孫孺興，與東平陸終氏有惡。《古今姓氏書辨證》引。

遬僕

漢校尉遬僕多，見《霍去病傳》。《古今姓氏書辨證》引。

獨狐

延壽新蔡公。《金石録・唐獨狐使君碑跋》引。○《碑》作「新蔡男」。當以《碑》爲正。

五質

悉居

西域人姓。《古今姓氏書辨證》引。

叱門

後改爲門。《金石録・後魏叱閭神寳脩關城銘跋》引。

十二葛

妲

紂妃妲姬之後。《古今姓氏書辨證》引。

二十陌

伯高

列子友伯高子進。《古今姓氏書辨證》引。

二十二昔

奭

漢元帝時避諱，改爲盛。《古今姓氏書辨證》引。

二十五德

北殷

《史記》：湯後。《古今姓氏書辨證》引。

三十帖

牒

後魏牒云氏，改爲牒氏。《古今姓氏書辨證》引。

宋本廬山記校勘記

李常序

愛其泉石塔廟之□□□□志之不詳 元禄本「之」下，乃「盛而恨圖」四字。

言□辭贊 元禄本「言」下，乃「鄙」字。

夜則發書考之 元禄本「考」，誤作「致」。

庶幾成令舉之□□□□□充祕閣校理李常序 元禄本「之」下，乃「志云朝散郎」五字。

劉渙序

雜爲□□ 元禄本作「雜爲一編」。

以言事□於是邦 元禄本「事」下，乃「斥」字。「邦」，誤作「乎」。

仕不二十歲 元禄本誤作「任不卒歲」。

卷第一

尚書屯田員外郎嘉禾陳舜俞令舉撰 元禄本同閣本，作「宋陳舜俞撰」。

總叙山水篇第一 閣本脱「水」字。

乾封中 元禄本同，並誤。當從閣本作「元封中」。

釋惠遠廬山記略曰 「釋惠遠」以下至「略舉其異耳」，凡三百八十四字，閣本均脱。

有匡俗先生者 「俗」，元禄本、閣本均作「裕」。以下均同。

遂寓精於洞庭之山 「精」，閣本作「情」。
張僧鑒潯陽記云 閣本無「云」字。
山南有三宫 閣本作「山東南」。
所謂天子都也 閣本作「所謂三天子都也」。
其中宫 閣本無「其」字。
悉是文石 閣本「文」作「大」。
有小圓峯特奇 閣本脱「特奇」二字。
號爲右障峯 閣本作「號爲石障封」。
石形若羊馬來道相對 閣本「石」作「爲」，「來」作「夾」。
周回二百五十里 閣本作「圓基周回五百里」。
疊障九層 閣本「疊障」上有「廬山」二字。
崇襄萬仞 閣本「襄」作「巖」。
秦始皇七十年 「七十」，閣本作「十七」。此本「七十」二字旁，加墨指示：「二字倒植。」元禄本作「七十」，誤。
至上霄峯 元禄本脱「至」字。閣本有。

江陽之名獄　「獄」字誤。元禄本、閣本均作「嶽」，是。

張野記曰　閣本作「張野《廬山記》」。

則有白雲或冠峯巖或亘中嶺　閣本誤作「則有白雲峯，或亘巖中」。

昔哉　閣本作「惜哉」。

略絶故人跡自分　「略」字誤。元禄本、閣本作「路」。

眇忽翳景而入直　「直」字誤。元禄本、閣本均作「冥」。

咸豫聞其清塵　「咸」，閣本作「或」。

妙無得之稱名也　「之」，閣本作「而」。

若其南面巍崛　「崛」，閣本作「崌」。

七嶺重嶸而疊勢　「嶸」，閣本作「嵲」。

甘泉涌霤而先潤　閣本「泉」誤「原」，「涌霤」誤「通窟」。元禄本「先」誤「光」。

梁元帝序曰　閣本作「梁元帝《廬山記》」。

見捐寶之可拾　「捐」，閣本誤「指」。

山中難久　元禄本「久」誤「之」。

多見淹流　閣本「流」作「留」。

即其故北　「北」，當從閣本作「址」。元禄本作「地」。

因侯景之辭　「辭」，當從元禄本、閣本作「亂」。

適中古毿　「適」，閣本誤「通」。「毿」，元禄本誤「梵」。

匡山暖遠壑　「匡」，閣本誤「閑」。「暖」，元禄本作「曖」，是。

與浩等談詠竟坐　「坐」，閣本作「夕」。

實非當日秋夜所登之遺此也　「此」，當從元禄本、閣本作「址」。

割星子與建昌都昌三縣　元禄本「三」誤「王」。

叙山北第二　閣本「北」下有「篇」字。

舊名羅漢壇　閣本「漢」誤「溪」。

仕官有才略　「官」，當從閣本作「宦」。

因家尋陽之別墅于附郭　閣本作「因家尋陽，創別墅于貢「負」之譌。郭」。

因則敬待　「則」，當從閣本作「加」。

巖南抵吴章嶺　閣本「嶺」作「山」。

游泳甚狃　「狃」，當從閣本作「狎」。

由雲慶還寶嚴亦三里　閣本「還」作「過」。

此以下別之　閣本「此」上有「故」字。
由白鹿臺十五里　「鹿」，元禄本誤「塵」。
由仁壽十里　閣本「壽」下有「院」字。
由香積三十里　閣本「積」下有「院」字。閣本此下脱「至長嶺院」至「香積之西」五十三字。
長嶺者　閣本「嶺」下有「院」字。
舊曰太乙宫　閣本「曰」作「名」。
人貿杏者　閣本「貿」作「買」。
及有保大十二年記　「及」，當從閣本作「又」。
氣象蕭然　「蕭」，當從閣本作「肅」。
或曰真人杏林在山　閣本「山」下有「南」字。此脱。
讙國于季父　「讙」，當從閣本作「讓」。
不知尾之長知　「長知」，當從閣本作「長短」。
世高向之胡語　「胡」，閣本作「梵」。
故名其高曰虵岡　「高」，當從閣本作「岡」。
峯頂有蓮花庵　元禄本脱「庵」字。

巡綽人間　閣本「綽」作「糾」。

隨類致木　「致」，閣本誤作「至」。

儀仗符緯甚偉　「符緯」，當從閣本作「侍衛」。

行長史楊楚王　「王」，閣本作「五」。疑均「玉」之譌。

行司馬皇父楚玉　「皇父」，當從閣本作「皇甫」。

其碑歲久訛缺　閣本「訛」作「誤」。

御史大夫徐鉉撰　「大」誤「丈」。「鉉」，閣本誤「玄」。

三龍潭在院之東南之山上　閣本脱「三龍潭」三字。

若歲旱　閣本「旱」誤「皇」。

上有清溪亭　閣本作「溪上有清溪亭」。

爲書其榜神運之□四□　元禄本、閣本「之」下乃「殿」字，「四」下閣本作「字」。

又有木數尺　元禄本脱「又」字。閣本有。

爲捐私錢以偈　「偈」，當從元禄本、閣本作「倡」。

今刊於名　「名」，當從元禄本、閣本作「石」。

流泉臣寺　「臣」，當從元禄本、閣本作「叵」。

與語道合　「道合」，閣本誤作「合道」。

梵僧佛馱耶舍　元禄本此下有「佛陀跋陁羅」。此本旁注「十八人」，是書無「跋陀羅」。閣本亦云原本脱「佛馱跋陀羅」。據《蓮社高賢傳》補。

□見夜有光艷　「見」上一字紙殘損，尚可見下半，乃「常」字。閣本正作「常」。元禄本脱「艷」。閣本作「焰」。

旁有誌云　閣本作「旁有《誌》記云」。元禄本誤作「旁□髣髴矣有《誌》云」。

常往复口　「复」，當從元禄本、閣本作「夏」。

惟像屋獨存侃移督江州以像神靈使人迎以自隨復爲風濤所溺　閣本同元禄本作「惟像屋並爲風濤所溺」，中間脱十七字。

至峯頂佛手巖天池有見光相者　閣本「峯」下衍「頭」字。

舊號亘帝輦　此及下「亘玄舊輦殘雲濕及亘玄篡位」，又稱「亘輦」、「亘安」，音近。諸「亘」字閣本並作「桓」，此殆避欽宗諱，省「木」旁。

玄□奔尋陽　閣本「玄」下乃「亦」字。元禄本亦缺。

猶備帝者之義　「義」，當從閣本作「儀」。

於是迫平□西上　閣本「平」下乃「固」字。元禄本亦缺。

經之跋尾　閣本「跋」作「帙」。

常有服珥之資　「珥」，閣本誤作「弭」。

以主秘藏　閣本「主」誤作「至」。

故有韋丹韋宙寫真　閣本脱「真」字。

其旁舊有具銜　閣本脱「舊」字。

不□者因粉飾而漫滅之　閣本「不」下乃「識」字。元禄本亦缺。

皆其□施　閣本「其」下乃「所」字。

澈夫嘗封紀　「夫」，當從元禄本、閣本作「未」。「澈」，閣本誤「徹」。

郡守孫考功追構之　閣本「構」作「建」。

後復亡失　閣本脱「後」字。

詔史館書校而賜者　閣本「校」誤作「授」。

景福二□　元禄本、閣本「二」下乃「年」字。

今□□卷寺僧抄補用以諉舛今廬山記略　「今」下，閣本乃「本十」兩字。元禄本誤作「今《廬山記略》」，中脱十二字。

鳩摩羅利度之　「利」，閣本作「刹」。

與同學集業　閣本「集」作「習」。元禄本脱。

先特釋迦舍利三粒自隨　「特」，當從元禄本、閣本作「持」。「粒」，閣本誤「數」。

七月己丑朔十五癸卯建　閣本「五」下有「日」字。

每游此峯頂　閣本「此」作「北」。

爲元宗□遇　元禄本、閣本「遇」上乃「所」字。

今子□在東林　閣本「子」下乃「孫」字。元禄本亦缺。

聰明泉　閣本「泉」下有「者」字。

乃殷仲堪之訪遠公也　閣本無「乃」字。

相與談易於松間　「松」，閣本誤作「林」。

遠公佛影銘五首載高僧傳　閣本誤作「遠公《佛影銘》載五百《高僧傳》」。

影侔袖造　「袖」，當從元禄本、閣本作「神」。

影□東來　閣本「影」下乃「圖」字。元禄本亦脱。

影圖者　元禄本此下有「梁天監三年，僧恩律師、隋僧智鍇大師，大業二年慧」二十字。乃下「是歲晉太和之二年」句，下文錯列在此。閣本不誤。

□影也　閣本「影」上乃「佛」字。元禄本亦缺。

文人碑志　閣本「人」誤作「志」。

今著其事於後篇　元禄本此下脱「遠公，大中六年謚辨覺法師」以下二百五十餘字，錯列下「是歲晉太和之二年」句下。閣本不誤。

謝靈運翻經貝名葉　「名」，當從閣本作「多」。

事亦具高傳　「高」下脱「僧」字。閣本未脱。

寺僧亦不知□髣髴矣　閣本「知」下乃「其」字。元禄本「知」下缺四字。

名其塔曰實智之塔　元禄本「智」誤作「知」。

每欲禪思　閣本「思」誤作「師」。

南唐褒國孝定公徐景運重修　閣本「褒」誤作「喪」。

赤東林之亞也　「赤」，當從元禄本、閣本作「亦」。

遂在喧闠之中　「闠」，當作「闐」。三本均誤。

上有三蘭若墓　「墓」，當從元禄本、閣本作「基」。

由聖僧巖二里至石盆庵　元禄本脱「由聖僧巖」四字。

雖旱不竭　元禄本「旱」誤「早」。

而反平廣　元禄本脱「反」字。

穎士困躓不遇　元禄本「躓」誤「躓」。
羣峯巀嵲　「嵲」，當從元禄本、閣本作「嵲」
因石爲渠　元禄本「渠」作「梁」。
若以山形此人骨　「此」，當從元禄本、閣本作「比」。
由天池直下山十五里　「由」，閣本誤「田」。
往往種瑞香　元禄本脱「種」字。
今移貿幾遍天下　「貿」，閣本作「植」。
前有石門　「前」，閣本作「則」。
其源出於石門間　「間」，閣本作「澗」。
猿嘯白雲裏　閣本此下脱「遠公記」至「已上並述石門之勝」二百三十六字。
今自保寧庵沿澗東行　閣本脱「今」字，「沿」作「泝」。
雲物未有不出焉　閣本無「焉」字。
由寶寧庵五里至福海庵　閣本「寶寧」下無「庵」字。
晉田晃書堂　閣本「晉」下空一格，失「田」字。
其旁半里有羅漢嵒　閣本此下脱「遠公《山記》云」至「亦所謂阿羅寺之類也」四十四字。

亦所謂阿羅寺之類也　「寺」，元禄本作「漢」。

上有□□□　元禄本、閣本均作「上有雲頂峯」。

特然□□□也　元禄本、閣本均作「特然而高者也」。

有靈□□□靈泉七里至報國庵　「靈」下，元禄本、閣本均爲「泉庵由」三字。

東南出官□□甘泉驛　「官」下，元禄本、閣本均爲「道過」二字。

至崇勝禪院　「勝」，閣本作「聖」。

始南唐乾德六年置　「乾」，閣本作「元」。案：南唐無「乾德」，亦無「元德」。

及道濟所衣三事衲　閣本「衣」誤作「依」。

廣福以上　閣本脱「廣福」二字。

卷第二

飛泉被嵒而下者二三十派　閣本「被」作「破」。

□□□是也　閣本作「考之非是也」。元禄本「非」作「不」。

楚康王昭以春秋魯襄公之二十八年□　閣本「年」下乃「卒」字。元禄本以意補「及」字，非。

去王翦虜負芻　閣本脱「王」字。

自栗里三里至承天歸宗禪院　閣本「至」作「及」。

江州刺史李勃　「勃」，當從元禄本、閣本作「渤」。
春夏泉流不可辨　閣本「流」作「源」。
并有棋樹　「棋」，元禄本作「琪」。閣本作「桂」。
欲來示世人　閣本「示」上空一格，無「來」字。
名宦者十有三人　「宦」，元禄本、閣本均誤「官」。
其賢順妃實成其志　元禄本「妃」誤作「如」。
李達謚昭孝　「達」上脱「景」字。閣本有。
皆百步相望　閣本「皆」下衍「有」字。
二塔即歸宗之方墳也　閣本「二塔」誤作「二墳」。
一峯在其上百餘步　閣本「百餘步」作「百步餘」。
峯頂有鐵浮圖九級　閣本脱「峯」字。
權即召會詰曰　閣本「詰」誤作「誥」。
以銅瓶加几　閣本「加几」誤作「如梵」。元禄本「几」誤「凡」。
鎗然有聲　閣本「鎗」作「鏘」。
擊之入鐵石碎　閣本「入」作「以」。

亦墳於靈棲靈棲之下八里　「靈棲」，閣本作「棲靈」，下「由靈棲至重雲庵四里」同。

至白雲峯　閣本「峯」作「庵」。

洞中流泉　閣本「洞」作「其」。

皆知其出於白雲洞也　閣本無「也」字。

其西北半里有柳大卿　閣本脱「半」字，「卿下」空一格。

五年三月即化　閣本作「五年三月卒即之」。

有黑龍羣鶴之異　閣本「黑」誤作「異」。

故張祜詩曰　閣本「祜」誤作「祐」。

一寫山水音　閣本「水」誤作「中」。

觀門外有先生煉丹井　閣本「先」誤「光」。

澗中有許堅曬衣石　閣本脱作「許」字。

橋有石井曰招隱泉在陸羽茶經第六品　閣本脱「在陸羽《茶經》第六品」八字。

堅礦不爲鑱刻　閣本「礦」作「鑛」。

此其是也　閣本「是」作「事」。

泉石松竹　閣本作「泉、石、竹、松」。

出爲洛州刺史　元禄本「洺」作「洛」。

蒼崖四立怒瀑中瀉　閣本「立」誤「五」，「怒」誤「禪」。

次有寶慶庵　元禄本脱「庵」字。

次有淨隱院　閣本「淨」作「静」。

卜居星渚　閣本「星渚」誤作「屋子」。

由寶林至稠木庵三里稠木至幽邃庵三里　閣本「稠木」誤作「稠水」。

由幽邃至赤眼禪師塔　閣本「師」下衍「庵」字。

其間三里喬林繁陰　閣本脱「三里」二字。

耆舊謂之棲賢澗西諸庵岀　「謂之」，閣本作「云」。

今名寶覺　元禄本「寶覺」誤作「寶學」。

置寺於尋陽西南二十里　閣本脱「南」字。

以僧智常居之智常學者數百人　元禄本「智常」作「知常」。

其榜催勘使將仕郎守太子通事舍人鍾匡時書　閣本「榜」作「牓」，乃「牓」之譌。

時江西觀察使鍾傳奉行焉　閣本「傳」作「傅」。

三峽澗出寺左　閣本脱「左」字。

方暑雨之荐至也　閣本「荐」作「洊」。

爲一時之勝　閣本「之」下有「名」字。

嘗爲郡守李承薛弁章奏　閣本「奏」下衍「事」字。

觀中有大杉　閣本「杉」下衍「木」字。

此杉幾伐焉　閣本「伐」誤作「代」。

亦纔五里　閣本「纔」作「幾」。

傍澗行半里　閣本「行」上有「而」字。

有金師臺　閣本此下脱「昔黄海僧道邈姓金，故名金師臺」十三字。

勅印經院賜焉　閣本誤作「勅賜印經院」。

至上五峯香林院　閣本「院」誤作「阸」。

中道過幽澗　閣本脱「過」字。

舊名靈源　閣本「源」作「真」，此下脱「由福源半里至石泉庵，由石泉二里上凌霄嵒明真院，凡自淨住至明真」二十八字。

水石無不佳者　閣本脱「者」字。

崖上有流泉　閣本「泉」作「水」。

舊依李渤學于此山　閣本「渤」下衍「海」字。

西北直上有鷹觜臺　閣本「上」作「下」。

依以肆業　元禄本「肆」誤作「隸」。

有若大雄演法之地　閣本「地」作「勢」。

復出官道行田間七里至佛殿庵　閣本「復」作「後」。

張山之西三里　閣本「三」作「二」。

唐貞元中李女真所牀　閣本「真」誤作「貞」。

女真名騰空　閣本「真」誤作「貞」，下李太白《送李女真歸廬山》詩及以太白《送女真歸山》詩，並《送内尋騰空》詩刊石於祠壁，同。

亦山之一佳處　閣本作「亦山之佳處」也。

詠真洞天第八　閣本「詠」誤作「永」。

女真蔡尋真居之　閣本「女真」誤「女貞」。

尋陽記云　閣本脱「記」字。

爲安世，高所度　閣本「高」下有「之」字。

説具蛇岡　閣本「説具」誤作「蜕於」。

至今舟人往來猶禱焉神林灣在湖之西北　「神林灣在湖之西北」八字，閣本錯列在前「悉還二女」句下。

山有興善院　閣本「善」誤作「禪」。

出建昌門　閣本「建」下空一格，失「昌」字。

由康王觀至于慧日之北慈雲　閣本「慈雲」誤作「窗雲」。

無能爲予言者　閣本「者」誤作「庵」。

卷第三

《山行易覽第四》**楞枷之上三里至證道院注舊名上白石**　元禄本「舊」誤作「曰」。

大富莊之東北十里至慧日禪院　元禄本脱「大富莊」三字。

出官道二十里至尋真冲虚觀　元禄本「二」誤作「一」。

一里至明心院注舊名翠薇　「薇」，殆「微」之譌。元禄本又誤作「文」。

善才三里至淩雲庵　元禄本「善」誤作「三」。

《十八賢傳第五》**今□書可考**　元禄本作「今亦無有可考」。

亦末如之何也　元禄本脱「也」字。

《社主遠法師》**年十□**　元禄本作「年十二」。

中原□亂　元禄本作「中原寇亂」。

其斯人乎　「人」，元禄本誤作「遠」。

《釋道敬法師》**但稟□戒**　元禄本「戒」上乃「一」字。

遠□□□□莫耶山　元禄本作「遠公歸寂入莫耶山」。

《釋曇詵法師》**頗□□□**　元禄本作「頗通外學」。

洞曉草□□□善惡甘苦之味　元禄本作「洞曉草木、枝幹、善惡、甘苦之味」。

卷第四

《古人留題篇第六》**夫文章之可傳也**　元禄本無「夫」字。

皆一時間人　元禄本「間」作「聞」，是。

相貴耳而賤目　元禄本「相」作「非」，是。

《慧遠遊廬山》**有客獨直游**　「直」，當從元禄本作「冥」。

逕然忘所適　元禄本「逕」誤「遥」。

妙同趣自拘　閣本《廬山記略》「拘」作「均」，且此下尚有「一悟超三益」句。此誤脱而注未見全文，非也。

《張野奉和》**遼朗中大盼**　閣本《廬山記略》及元禄本均作「天」。

《張正允題簡寂觀》**眼榜映仙宫**　「眼」，當從元禄本作「銀」。

唯當遠望　此句脱「一」字。元禄本「遠」下加□，是。

《劉删登廬山》**瀑布柱中天**　元禄本「柱」作「拄」，是。

《崔融遊東林寺》**蓮華刻處**　此句脱「一」字。元禄本「處」下加□，是。

《孟浩然晚泊尋陽望廬山》**桂席幾千里**　「桂」當作「挂」，元禄本不誤。

《彭蠡湖中望廬山》**渺漫湖中**　此句脱「一」字。元禄本「湖」上有「彭」字。

黤黕容霽色　元禄本誤作「黤容日霽色」。

《李白廬山謡》**回崖杳嶂凌蒼蒼**　「杳」，當從元禄本作「沓」。

《望廬山五老峯》**吾將此地鏁雲松**　元禄本「鏁」作「巢」。

《顔真卿栗里》**自爲義皇人**　「義」，當從元禄本作「羲」。

辯隨飛鳥泯　元禄本「辯」作「辭」。

《韋應物春日觀省屬城始憩東西林精舍》**心嘗同所奇**　「嘗」字誤。元禄本作「賞」，是。

《題從姪緒西林精舍書齋》**棲心始多暮**　「暮」字誤。元禄本作「慕」，是。

慕謝始精舍文　「始」，當從元禄本作「結」，「文」字衍。

松筠疎舊峭　「舊」，元禄本作「蒨」，是。

雖甘巷北單豈寒青紫耀　元禄本作「雖甘陋巷簞，豈塞青紫耀」。

《簡寂觀西澗瀑布下作》**窺羅玩猿鳥**　「羅」，元禄本作「蘿」。

《包吉翻經臺》**科斗頻更改**　「科」下原落「一」字，後補「斗」。元禄本仍作□。

題西林寺故蕭郎中舊堂　元禄本脱「故」、「中」二字。

《白居易訪陶公舊宅》**子孫雖聞**　此句脱「一」字。元禄本「雖」下補「無」字，是。

《春游二林寺》**二月匡廬**　「廬」下脱「一」字。元禄本作「北」。

熙熙風土暖　元禄本「暖」誤作「煖」。

是年准寇起　「准」，元禄本作「淮」，是。

《香鑪峯下新置草堂即事詠懷題於石》**白石何鑿**　脱一「鑿」字，當據元禄本補。

《登香鑪峯頂》**闊狹無數交**　「交」，當從元禄本作「丈」。

歸去思自差　元禄本「差」作「嗟」。

《宿西林寺》**一宿西林使却回**　「使」，當從元禄本作「便」。

《上香鑪峯》**青節竹杖白紗巾**　「節」字誤，當從元禄本作「筇」。

香鑪峯下山居草堂初成偶題東壁　元禄本脱「草」字。

石衛挂柱石編牆　「衛」，元禄本作「堦」。

《攜諸山客同上香罏峯遇雨而還沾濡狼藉互相笑謔題此解嘲》**龍鍾過雨回**　「過」，元禄本「遇」，是。

題別遺愛草堂兼呈李十使君注李方廬山常居白鹿洞　元禄本《注》作「**李方帶**疑「常」之誤。**居廬山白鹿洞**」。

《出山吟》**迴別緑巖竹**　元禄本「緑」作「緣」，是。

池荷手自裁　「裁」，殆「栽」之誤。元禄本亦誤「裁」。

《孫魴簡寂觀》**郎殿與雲連**　元禄本「郎」作「廊」，是。

《江爲簡寂觀》**吟餘却歎浮生易盡**　此下脱二葉，元禄本同。

《周碏題東林寺》**宏閈新高碧嶂前**　元禄本「閈」作「閣」。

《貫休懷西林諸道者》**青衲瀾無塵**　元禄本「衲」誤「袖」，「瀾」作「闊」，是。

《齊已遠公影堂》**何人到此思高躅**　元禄本脱「高」字。

風默苔痕滿粉牆　「默」，元禄本作「點」，是。

《落星寺》**樓閣兩回青嶂冷**　「兩」，元禄本作「雨」，是。

颭月寒濤響夜堂　「颭」，元禄本作「颭」。

《西林水閣》**窗檻任閑開**　元禄本「任」下空一格作□，無「閑」字。

《題東林寺聯句》**節度使時進檢校太尉平章事徐知證**　「時進」，當從元禄本作「特進」。

司理參軍掌表奏孟拱宸　元禄本誤作「掌表奏孟司理參軍拱辰」。

管句官賜紫金魚袋鍾敬倫　「句」，當從元禄本作「勾」。「鍾敬倫」，元禄本誤作「鐘敬倫鐘」。

文通大師匡白題東林寺二首**到此祇除重結社**　元禄本無「祇」字，但作□。宋本此二詩下，尚有末葉首存七律第三句下半「人似鶴」三字。更後尚有《落星寺》五律一首，卷四乃完。但此葉上有脱葉。元禄本則止於匡白二詩，無末葉。

紅鹿路上事如麻　「鹿」，當作「塵」。

卷第五

太乙觀真人廟記**登仕郎守宣州司户參軍掌表奏**　元禄本脱「奏」字。

又一本**道士鍾德載書篆**　元禄本脱「書」字。

兀兀禪師　「師」下脱「碑」字。元禄本有。

范陽縣開國男張廷珪書　元禄本「男張」二字誤倒。

顔真卿題碑側□□□十六字　元禄本作「凡一百一十六字」。

唐故東林寺律大德熙怡大師碑銘　此後有「東林寺經藏碑及唐故東林寺律大德粲公碑」，凡八行半葉。元禄本錯列慧遠法師碑銘前。

唐廬山東林寺故寶稱大律師塔碑**守江州司户參軍員外置同正員陳去疾書前振武節度參謀試太常卿奉禮郎**

李廷彥篆額　元祿本脫「員外置同正員陳去疾書前振武節度參謀試」十八字。

《廣平公舊因記》**行内省内侍**　元祿本「侍」誤作「待」。

《廬山東林寺大師堂記》**試大理評事掌奏**　元祿本脫「奏」字。

《德化王於東林寺重置白氏文集記》**管内僧正講經論大德賜紫金沙門匡白記**　「紫」下衍「金」字。元祿本無。

《廬山簡寂觀之碑》**安定胡惟楚書並題額**　元祿本脫「安」字。

《有唐廬山簡寂觀熊君尊師偈》**柱國于德晦撰**　元祿本「于」誤「千」。

廬山簡寂觀重造大殿　「殿」下脫「記」字，元祿本有。

《韋宙第二題名》**余雖擇甲戌事**　「擇」，元祿本作「擴」，均「擐」之譌。

男安南柔遠軍判官試左内率府胄參軍升從行　「胄」下脫「曹」字。元祿本同。

宋槧文苑英華殘本校記

卷第二百三十一 書口作「文二百三十一」，明刊作「二百三十一卷」。下同，不悉記。

《酬吴處士》**秋霖見月疎** 明刊「見」，誤作「九」。

此詩二百四十六卷二百六十一卷重出並已削去注異同爲一作 此白字一行，明刊改爲黑字。以後白字，明刊皆改黑字，不悉記。

送沈處士赴蘇州李中丞招以詩贈行 題目皆低四格，明刊改低三格。下同，不悉記。

滔滔大君一作公**子** 明刊脱「一作公」三字。

將赴京師留題孫處士山居二首 此詩第二首題目低五格，書「二」字。明刊改低三格。下同，不悉記。

《題獨孤處士村居》**薛逢** 明刊本「逢」，誤作「蓬」。

《處士盧岵山居》**遥識楚**集作指主**人家** 明刊作「遥識楚人《集》作「主人」。家」。

《題李處士幽居》**捲簾看畫更**集作静**無人** 明刊脱「《集》作静」三字。

谷口徒稱鄭子真 「徒」，明刊作「空」。

《贈黄處士》**竹灣松榭藕絲**集作苗**衣** 明刊脱「《集》作苗」三字。

《送房處士閑遊》**長揖稻粱愁** 「粱」，明刊誤作「梁」。

《贈包處士》**秋思枕月卧瀟湘** 「秋」，明刊作「愁」。

虎丘寺贈魚處士　「魚」，明刊誤作「漁」。

水闊夕陽多　「水」，明刊誤作「冰」。

唯君閑勝我　「君」，明刊作「思」。

《送陸處士》**罇前放浩歌**　明刊「罇」作「鐏」。

《題仇處士郊居》**洞裏客來無俗話**一作語　明刊脱「一作語」三字。

《寄張十二山人彪》**眭兕彌宇宙**　明刊「宙」，誤作「苗」。

旅懷一作懷賢**殊不愜**　「旅」，明刊誤作「旋」。

《送范山人歸太山》**初行若片雪**一作雲　明刊脱「一作雲」三字。

送鄭山人還廬山別業　明刊本「別業」上，衍「人」字。

忘一作無**機賣藥罷**　明刊無「一作無」三字。

《送韋山人歸鍾山別業》**千山不掩**集作千峯不閉**門**　明刊省《注》中「千」字。

野渡後篇一作野逕　明刊脱此六字，但在「緑楊垂野渡」下注：「一作徑。」

此詩二百七十一卷重出　明刊脱「一」字。

題贈韋山人　明刊本「題贈」二字，誤倒。

文苑英華卷第二百三十一　每卷後題皆隔二行書之。明本皆改列末行。

登仕郎胡柯鄉貢進士彭叔夏校正　每卷後題後隔一行，皆有此款。明刊皆删去。

卷第二百三十二

池上贈韋山人　明刊作「池上贈山人韋君」。

《贈王山人》**纔能勝夭折**　明刊「折」，誤作「拆」。

松樹千年朽　明刊「朽」，誤作「杇」。

《寄崔之仁山人》**仙方揀客示**　「揀」，明刊誤作「楝」。

《送褚山人歸日本》**去入杳冥間**　明刊「入」，誤作「人」。

《送朴山人歸日本》**儻因華夏使書禮轉悠哉注集作歲周逢舊岸西想始悠哉**此行補刊末葉末行　明刊脱此注。

《題簡山人》**心地語來知**　明刊「語」，誤作「與」。

竹落穿窓葉　明刊「穿窓」，誤作「忽穿」。

《送謝山人歸江夏》**黄鶴春風二千里**　明刊「二」作「三」。

《題鄭山人郊居》**盡日**一作肆目**南山不欲迴**　明刊「肆目」，誤作「肆日」。

同前**稽康訝一絃**　「一」，明刊作「下」。

《山行尋隱者不遇》**何必見夫子**一作待夫子一作見之子　明刊本於「見」下注：「一作待。」

《隱士》**本末一相返**　明刊「末」作「未」。

寢興思其義一作載原　明刊「原」作「源」。

《和盧常侍寄華山鄭隱者》**數片鮮**集作石**花冠**　明刊「蘚」作「蘇」。

《寄紫閣隱者》**野**一作夜**鹿伴茅屋**　明刊誤將「一作夜」三字，列上句「無路可相尋」下。

《贈隱者》**時聞**一作時時**使鬼神**　明刊注：「一作時。」

《送孫逸人》**衣履**集作屨**猶同俗**　明刊注：「屨誤作履。」

《懷紫閣隱者》**棃栗猿喜熟**　「猿」，明刊誤作「徕」。

《題終南山隱者居》**春夢閉雲房**　明刊「閉」，誤作「閑」。

《贈隱者》**平生向此樓**　明刊「此」作「北」。

卷第二百三十三

《天安寺疏圃堂》**晻曖矚遊絲**　明刊「矚」，誤作「矚」。

倐然寧有飾　明刊「飾」，誤作「即」。

《游栖霞寺》**新雨**集作時雨　「新雨」及《注》乃《校記》，故宋刊「新雨」上空二格，不與題目相連。明刊不空格，誤。

朽謝豈矜矯　「朽」，明刊誤作「杇」。

《明慶寺》**淮海作桑田**　明刊誤作「淮海桑田」。

《和七名法師秋夜草堂禪房月下》**步逕**一作迥**逐涼風**　「迥」，明刊誤作「迴」。

奉和同太寺浮圖　明刊脱「同」字。

栱積行雲礙　明刊誤作「拱積浮雲礙」。

花飛如始落一作泊　明刊「泊」，誤作「瀰」。

珠朝火更明　明刊作「珠火朝更明」。

天香下桂殿　明刊「桂殿」作「殿桂」。

《和崔侍中從駕經山寺》**巖端畫栱明**　明刊「栱」，誤作「拱」。

《登白馬山護明寺》**訪道挹中衢**　明刊「挹」，誤作「把」。

丹霞映栱櫨　明刊「栱」，誤作「松」。

《和王記室從趙王春日遊陁山寺》**葉暗龍宮密**　明刊「宮」，誤作「舟」。

同前**真乘引妙車**　明刊「引」，誤作「飲」。

《宿雲門寺》**曙華忽葱蘢**　明刊「華」，誤作「莗」。

寅緣緑篠岸　明刊作「夤緣緑篠岸」。

《襄州景空寺題融上人蘭若》**偏入窅冥心**　「窅冥」，明刊誤作「冥窅」。

《㶚湖山寺》**香臺豈是世中情**　明刊「香」作「春」。

《遊龍山靜勝寺》**苦霜衰**集作裛**野草**　明刊「裛」，誤作「豪」。

南識恒山集作桓公**臺**　明刊「桓」，誤作「恒」。

《慈恩寺二月半寓言》**問津窺彼岸**集作法鏡　明刊脱注。

蓬篳愴焉如　明刊「篳」，誤作「蓽」。

《詞紫蓋山塗經玉泉諸山寺》**泠泠澗谷深**　明刊「泠泠」，誤作「冷冷」。

高僧聞逝者　明刊「聞」，誤作「問」。

《同皇甫兵曹天宫寺浴室新成招友人賞會》**水絜三空性**　明刊「絜」作「潔」。

清心多善友　明刊「善」作「苦」。

《和崔司馬登稱心山寺》**生滅紛無象**　明刊「紛」，誤作「分」。

卷第二百三十四

《遊化感寺》**郢路雲端迥**　明刊「迥」，誤作「廻」。

香飯青菰一作葫**米**　明刊「葫」，誤作「萌」。

《登辯覺寺》**嫩草承趺坐**　明刊「趺」，誤作「跌」。

《藍田山石門精舍》**誰知清流轉**　明刊「清」，誤作「情」。

陪張丞相禮集作祠**紫蓋山**　明刊「祠」，誤作「詞」。

《同王九題就師山房》**竹閉窗裏日**集作竹蔽簷前日　明刊「簷」，誤作「詹」。

《雲公寺西六七里聞符公蘭若最幽與薛八同造》**密篠夾路傍**　明刊「篠」，誤作「蓧」。

清泉流舍下集作雲簇興坐隅天空落階下　明刊「隅」，誤作「偶」。

《奉和裴十四迪新津山寺寄王侍郎》**老夫探賞**集作佛**日**　明刊「佛」，誤作「典」。

《宿開善寺贈陳十六》**駕車出人境**　明刊「人」，誤作「入」。

《題鶴林寺》**珊珊寶幡挂**　明刊「挂」，誤作「桂」。

甦忝集作添又作令**身心調**　明刊「令」，誤作「冷」。

《宿龍興寺》**松清古殿扉**　明刊「清」作「青」。

《洛陽尉劉晏興府縣諸公茶集天宮寺岸道人房》**遠宦滄海東**　明刊「宦」，誤作「官」。

《香積寺禮萬迴平等二聖僧塔》**真無御化來**　明刊「真」，誤作「俱」。

卷第二百三十五

《自道林寺西入石路至麓山寺過法崇禪師故居》**何人更渡盃**　明刊「渡」作「度」。

《登思禪寺題上方》**臺樹隱朦朧**集作上方幽且暮臺殿隱蒙籠　明刊「蒙籠」作「朦朧」。

《陪元侍御遊支硎山寺》**古木閉空山**　明本「閉」，誤作「閑」。

《登揚州栖靈寺塔》**雨飛千栱霽**　明刊「栱」，誤作「拱」。

《無名上人東林禪居》**蘿篠慰春**疑**波**　明刊「篠」，誤作「蓧」。又脱「疑」字。

且願啓關籥　明刊「關」誤作「開」。

《雪後與羣公過報恩寺》**紗閉一燈燒**　明刊「燒」，誤作「繞」。

竹外山低塔　明刊「外」，誤作「林」。

《登嘉州凌雲寺作》**迥闊煙景豁**　明刊「迥」，誤作「廻」。

訓裴補闕吴寺見尋　明刊「訓」，誤作「訓」。

同中書劉舍人題青龍上方　明刊「方」，誤作「房」。

笑問集作從非**金人偈**　明刊「非」作「疑」。

題薦福寺衡岳暕師房　明刊「暕」，誤作「煉」。

《題少室山寺》**月掛拂簷香**　明刊「掛」作「桂」。按：作「桂」是。

《栢要寺南望》**青山霽後雲猶在**　明刊「後」，誤作「夜」。

入南山至全師蘭若　明刊「全」，誤作「金」。

《宿深上人院聽遠泉》**君問源窮處**　明刊誤作「君問窮源處」。

《題雲際寺準公房》**錫杖銅缾對緑苔**　明刊「緑」，誤作「緣」。

潭底龍游水沫開　明刊「沫」，誤作「沬」。

卷第二百三十六

《春日陪李庶子遵善寺東院曉望》**花時此**集作比**見君**　明刊脱注「《集》作比」三字。

多有謝公文　明刊「謝」，誤作「諸」。

《同崔峒慈恩寺避暑》**應將火宅同**　明刊「火」，誤作「大」。

《與盧陟同遊永定寺北池僧舍》**閑齋春樹陰**　明刊「閑」，誤作「寒」。

《答河南李士巽題香山寺》**舊遊況存没**　明刊「存」作「沈」。

奉和皇甫大夫夏日遊花巖寺　明刊「巖」，誤作「巗」。

初地花巖會　明刊「巖」，誤作「巗」。

秋夜招隱寺東峯茶宴送内弟此詩已見二百十五卷　明刊脱此注。

《題招提寺》**泠泠送客迴**　明刊「泠泠」，誤作「冷冷」。

《夏遊招隱寺暴雨晚晴》**竹栢清風**一作風雨**過**　明刊誤將小注列「過」字下。

山僧引清梵　明刊作「山僧隱一作「引」。清梵。」

《題竹林寺》**前人**　明刊「前人」作「朱放」。

秋日遥賀盧使君游柯山寺宿敭上人上方論涅槃經大義　明刊「敭」，誤作「歇」。

奉陪陸使君長源裴端公樞春遊虎丘寺　明刊「長」，誤作「張」。

遥疑涌平陂　明刊「涌」，誤作「滿」。

卷第二百三十七

《春雪題興善寺廣宣上人竹院》**竹風催淅瀝**　明刊「淅」，誤作「浙」。

《宿陟岵寺雲律師院》**涼風當夏日**　明刊「風」，誤作「扇」。

《宿誠禪師山房題贈》**清江直下看**　明刊「清」，誤作「青」。

《送王十八歸山寄題仙遊寺》**曾在太白峯前住**　明刊「住」，誤作「往。」

菊花時節羨一作待**君廻**　明刊「待」，誤作「侍」。

《宿靈巖寺上院》**太湖煙水渌沉沉**　明刊「渌」，誤作「緑」。

憶登栖霞寺峯懷望　明刊「栖」，誤作「西」。

耀月宇參差□顧眺匪悠　明刊空處補「虚」字。

涉澗更躊躇烏噪啄秋果　明刊「涉」，誤作「沙」；「烏」，誤作「鳥」。

落影摽林於　明刊「摽」，誤作「標」。

《靈準上人院》**草色幾牙春**　明刊「牙」作「芽」。

以下七首並見集本白字　明刊脱此八字。

《青龍寺縱公房》一作皆高僧詩白字　明刊脱此六字。

《寄題廬山二林寺》日杲晉朝松　明刊「杲」，誤作「果」。

窸籟虛聞（犺）〔狖〕　明刊「犺」，誤作「伉」。

《入隱靜寺途中作》猶言過數峯集作更遇樵人説猶言過數峯　明刊小注「更」，誤作「史」。

《宿隱靜寺上方》一宿五峯杯渡寺　明刊「杯」，誤作「林」。

高鳥集作幽鳥　此六字在句末，空一格。明刊脱。

《題景玄禪師院》擁褐老猿愁　明刊「褐」，誤作「楬」，「猿」，誤作「⿰彳袁」。

《秋晚與友人遊青龍寺》暮鳥投𣎆木　明刊「𣎆」，誤作「嬴」。

川疑暝宿僧房　明刊脱小注「疑」字。

卷第二百三十八

張祜七首　明刊「祜」作「祐」。

《月中宿雲居寺上方》還逐曉光生　明刊「曉」作「晚」。

題中南佛塔院　明刊「院」作「寺」。

《題恩德寺》未竟集作盡平生意　明刊脱「《集》作盡」三字。

與裴三十秀才自越西歸望亭阻凍登虎丘精舍集作山寺前人　明刊脱小注及「前人」二字。

和河南楊少尹春陪薛司空石筍詩　明刊「春」作「奉」。

《冬日題無可上人院》**茶**疑**閑踏葉行**　明刊脱小注「疑」字。

《遊雲際寺》**鍾定虎常**一作長**來**　明刊作「鍾定虎常來」。「常」，一作「長」。

《題翠微寺》**月上僧皆近**集作「初定」　明刊「皆」作「偕」。

《題甘露寺》**曙色煙中滅**　明刊「曙」作「曙」，誤从「目」。

《初入寺居寄上元相公》**前人**　明刊脱「前人」二字。

波上前編作江上　此七字原列「遶竹」之上。明刊脱去。

《早發剡中法堂寺》**暫息勞生樹色間**　明刊「息」，誤作「夕」。

《題寶林山禪院》**周迴萬室在簷前**　明刊「周」作「週」。

《書法華寺上方禪師壁》**一徑穿緑應在**集作就**郭**　明刊「緑」作「緑」。

杭州孤山寺張祜　明刊「祜」，誤作「祐」。

《常州無錫縣惠山寺》**重階夾瘦莎**　明刊「瘦」，誤作「庾」。

殷勤入集作望**城市**　明刊誤作「殷勤《集》作「望」。入城市」。

《秋夜登潤州慈和寺上方》**僧房閉盡下樓**集作山**去**　明刊脱小注。

卷第二百三十九　詩八十九　明刊脱去「詩八十九」四字。

《題石甕寺》**山迥五陵東**　明刊「迥」，誤作「廻」。

題廬山寺　明刊「廬」，誤作「盧」。

宿淩上人房　明刊「淩」作「憐」。

《舟次通泉精舍》**秋隨絳帳還**時谷將之瀘州省拜恩地　明刊「瀘」，誤作「盧」。

題兜率寺閑上人院　明刊「上人」，誤作「人上」。

箕來何處集作事**不歸空**　明刊脱小注。

《題山僧院》**閑雲是院通**　明刊「是」作「別」。

《題甘露寺》**畫角間清鍾**　明刊誤作「畫閣本作「角」。間清鍾」。

《題玄公院》**院深塵目外**　明刊「目」作「自」。

《福州開元寺塔》**霧**集作社**迷心若無**　明刊脱小注。

《封禪寺居》**滴露**京本作泫露　此七字在題下，低一格。明刊脱。

《般若寺》**晝出夕陽歸**一作高僧閑引步晝出夕陽歸　明刊小注「晝」，誤作「書」。

《兜率寺》**照魚潭**照集作落　明刊脱小注「照，《集》作落」四字。

佛影照魚潭　明刊「魚」，誤作「漁」。

朽枿雲斜映　明刊「朽」，誤作「杇」。

《題岳州僧舍》孤洲一作舟橫晚烟　明刊「洲」，誤作「州」。

卷第二百四十　詩九十　明刊奪「詩九十」三字。

王僧孺一首　明刊「孺」，誤作「儒」。

《訓聞人侍郎別》凌朝集作湖非　明刊「非」，誤作「日」。

君往青山上類聚集本並作君住青門上　明刊小注「君」，誤作「居。」

我發霸陵頭　明刊「霸」，誤作「灞」。

子憐三湘薛集本薛與薛同莎也此字相類當考　明刊「薛」，皆誤作「薛」。

《和蕭洗馬古意》蛾類聚作鵝飛愛淥潭　明刊「淥」，誤作「緑」。

《酬蕭新浦王洗馬三首》留客袂紛吾　明刊「袂」，誤作「袂」。

今成桓山上　明刊「桓」，誤作「栢」。

獨對東風酒　明刊「風」，誤作「方」。

三　明刊「三」，誤作「二」。

角觝良家兒　明刊「觝」，誤作「觗」。

《答吴均三首》曀曀疑夕雲起　明刊脱「疑」字。

《酬謝宣城朓》從宦非宦侶　明刊「宦」，均誤作「官」。

《秋日愁居答孔主簿》**樹影逐風輕**　明刊「輕」，誤作「塵」。

答張貞威一作成皐　明刊「貞」，誤作「真」。

一作皆藝文類聚白字　此七字在詩末，空二格。明刊脱。

《訓陸長史倕》**洌洲財**集作裁**賦惣**　明刊「《集》作裁」，脱「裁」字。

比質非所任　明刊「比」，誤作「此」。

因之泝廬九　明刊「泝」，誤作「沂」。

岧岧集作迢迢**凌太清**　明刊「凌」，誤作「陵」。注「迢迢」，脱下「迢」字。

倚巖忽廻集作迴**望**　明刊脱「《集》作迴」三字。

復憩集作息**周王城**　明刊脱「《集》作息」三字。

交峯隱玉霤　明刊「霤」，誤作「流」。

偶集作過**憩庵園閣**　明刊脱「《集》作過」三字。

聊比集作同又作因**化城樂**　明刊脱小注六字。

慧義似傳燈　明刊「慧」，誤作「惠」。

《答何記室遜》**瞻途杳未**一作無**窮**　明刊脱「一作無」三字。

荻苗一作笋**抽故叢**　明刊脱「一作笋」三字。

忽憶園間一作中**柳**　明刊脱「一作中」三字。

紛余集作紛紛**似鑿枘**　明刊脱「《集》作紛紛」四字。

黑貂久自弊　明刊「弊」作「敝」。

若厭蘭臺右　明刊「右」，誤作「石」。

《答張左西》**持此連枝**集作理**樹**　明刊脱「《集》作理」三字。

若人惠思集作思惠**我**　明刊脱「《集》作思惠」四字。

方假排虚翮　明刊「方」，誤作「力」。

《和衛尉新喻侯巡城口號》**銅烏迎早風**　明刊「烏」作「鳥」。

和洗掾登城南坂望京邑　明刊「掾」，誤作「椽」。

玄風隔疑**黎庶**　明刊「隔」作「融」，奪小注「疑」字。

端拱肅巖廊　明刊「拱」，誤作「共」。

處處歌鍾鳴一作聽歌鍾　明刊脱「一作聽歌鍾」五字。

喧闐一作喧喧**車馬度**　明刊脱「一作喧喧」四字。

是月一作正是**冬之季**　明刊脱「一作正是」四字。

和入京**既謝**一作得**平吴利**　明刊脱「一作得」三字。

奉報寄洛州　明刊「洛」，誤作「路」。

甲子陣東隣　明刊「陣」作「陳」。

長旍析鳥羽　明刊「析」，誤作「拆」。

《和劉儀同》璧池寒水落　明刊「璧」，誤作「壁」。

雄辯塞飛狐　明刊「辯」，誤作「辨」。

奉和重適陽關　明刊「奉和」，誤作「和奉」。

珠簾夜暗開　明刊「珠」，誤作「朱」。

《答賀屬》何曾説一作悦馬卿　明刊脱「一作悦」三字。

揚波豈亂清　明刊「揚」，誤作「楊」。

《詶陸常侍》儵焉逾二紀　明刊「儵」作「倏」。

一旦埋一作邁蒿里　明刊脱「一作邁」三字。

著書試詞一作經理　明刊脱「一作經」三字。

《答江學士協》落景促一作惜餘暉　明刊脱「一作惜」三字。

《答楊世子》可以蠲憂歎一作難　明刊脱「一作難」三字。

懷袖終不滅　明刊「袖」，誤作「軸」。

《和周記室遊舊京》**風塵起青壇**　明刊「壇」，誤作「毡」。

同病亦連一作漣**如**　明刊脱「一作漣」三字。

己巳正月，見内庫宋槧殘本一册，存二百三十一至二百四十，計十卷。宋印、宋裝。前有内殿文璽御府圖書，後有緝熙殿書籍印。書衣末有景定元年十月初六日裝背，臣王潤照管訖墨戳。每半葉十三行，行二十二字，間有二十一字、二十三字者。考周益公《平園集·文苑英華跋》，知此書初僅寫本，藏之秘閣。舛誤不可讀，乃以嘉泰初年爲之校訂，至四年秋訖。知此爲周益公校訂後刊本，殆刊于寧宗朝而裝印于理宗朝者也。爰以三日之力，取校明刊本，並書後以記歲月。二月二日，貞松老人書于遼東扶桑町寓居。

整理後記

本集計：《敦煌唐寫本周易王注殘卷校字記》一卷，《敦煌唐寫本隸古定尚書孔傳殘卷校字記》三卷（夏書、商書、周書各一卷），《敦煌古寫本毛詩校記》一卷，《毛鄭詩校議》一卷，《毛詩草木鳥獸蟲魚疏新校正》一卷，《道德經考異》一卷《補遺》一卷，《敦煌唐寫本南華真經殘卷校記》一卷，《敦煌六朝寫本抱朴子殘卷校記》一卷，《敦煌唐寫本劉子殘卷校記》一卷，《敦煌姚秦寫本僧肇維摩詰經解殘卷校記》一卷，《元和姓纂校勘記附元和姓纂佚文》一卷，《宋本廬山記校勘記》一卷，《宋槧文苑英華殘本校記》一卷。共十三種、十六卷，爲《羅振玉學術論著集》第四集。因原本校勘不細、誤字頗多，今細加校讎，于脱誤字悉加改正。司其事者乃陳維禮同志，其中《周書》一卷則出叢文俊同志手寫，予加覆核定稿，其中仍難免有誤，希讀者指正。

一九八五年七月繼祖謹識于長春吉林大學古籍研究所